山东省社会科学规划研究项目文丛·重点项目
山东工艺美术学院学术著作出版基金资助

# 新时期中国画家
# 传记研究

王凌云 ◎ 著

中国社会科学出版社

# 图书在版编目(CIP)数据

新时期中国画家传记研究/王凌云著. —北京：中国社会科学出版社，2016.4
ISBN 978-7-5161-7693-1

Ⅰ.①新… Ⅱ.①王… Ⅲ.①画家—传记—研究—中国—现代 Ⅳ.①K825.72

中国版本图书馆 CIP 数据核字（2016）第 037557 号

| | | |
|---|---|---|
| 出 版 人 | 赵剑英 | |
| 责任编辑 | 郭晓鸿 | |
| 特约编辑 | 席建海 | |
| 责任校对 | 周　昊 | |
| 责任印制 | 戴　宽 | |

| | | |
|---|---|---|
| 出　　版 | 中国社会科学出版社 | |
| 社　　址 | 北京鼓楼西大街甲 158 号 | |
| 邮　　编 | 100720 | |
| 网　　址 | http://www.csspw.cn | |
| 发 行 部 | 010-84083685 | |
| 门 市 部 | 010-84029450 | |
| 经　　销 | 新华书店及其他书店 | |
| 印　　刷 | 北京君升印刷有限公司 | |
| 装　　订 | 廊坊市广阳区广增装订厂 | |
| 版　　次 | 2016 年 4 月第 1 版 | |
| 印　　次 | 2016 年 4 月第 1 次印刷 | |
| 开　　本 | 710×1000　1/16 | |
| 印　　张 | 14.5 | |
| 插　　页 | 2 | |
| 字　　数 | 236 千字 | |
| 定　　价 | 56.00 元 | |

凡购买中国社会科学出版社图书，如有质量问题请与本社营销中心联系调换
电话：010-84083683
版权所有　侵权必究

# 目 录

序 ……………………………………………………………（1）
导论 …………………………………………………………（1）
  一　从古典的传记到现代的传记文学 …………………（1）
  二　研究对象的提出、意义及方法 ……………………（23）

**第一章　新时期中国画家传记创作综论** ………………（31）
 第一节　新时期画家传记创作概述 ……………………（31）
 第二节　新时期画家传记中的"名人"现象 …………（41）
 第三节　新时期画家传记的主题向度 …………………（54）

**第二章　历史与文学中的艰难选择** ……………………（74）
 第一节　传记文学的历史性与文学性 …………………（75）
 第二节　新时期画家传记中的真实与虚构 ……………（83）
 第三节　新时期画家传记中的人与史 …………………（99）

**第三章　"生命与生命的对话"** ………………………（112）
 第一节　传记文学中的传者与传主 ……………………（113）
 第二节　新时期画家传记中的自我意识 ………………（128）

第三节　新时期画家传记中的"避讳"现象……………………（141）

## 第四章　艺术手法的多元化探索……………………………（158）
第一节　新时期画家传记的叙述策略……………………（159）
第二节　新时期画家传记的写人艺术……………………（175）

结语………………………………………………………………（202）
参考文献…………………………………………………………（210）
后记………………………………………………………………（220）

# 序

只要留心一下新时期以来的中国出版物,就会发现一个事实:各种各样的传记作品,正在越来越多地占据着各类图书市场,传记已经成为当代中国文化市场的领跑者。人们喜欢阅读人物传记,好多传记作品一出版便登上销售榜的首位,成为风靡一时的畅销书。这在不大景气的文学事业的今天,确实是一个值得关注的现象。传记这一古老文体的当代勃兴,一个重要的原因,就是传记有着其他文体所没有的强烈的社会道德功能。无论何种传记,其传主一般都是实际存在的真实人物,而且多是一个时代、一个领域的佼佼者,因而对于普通的读者来说,具有特别强烈的吸引力和感染力。因为这些传主的人生经验,为后来者提供了借鉴,也提供了信心。一个人,当他成功的时候,他会从这些传主身上得到教训;一个人,当他失败的时候,他也会从这些传主身上获得力量。记得曾在2004年11月6日的《北京青年报》上读到一篇题为《电子系统落马"副部",铁窗内日行一万步》的采访文章,采访对象是因涉嫌受贿罪而被关进看守所的原电力系统副部级干部、曾任华中电力集团公司总经理的林孔兴。当记者问他在看守所的生活时,他回答说主要是看书,最喜欢看的是什么书?他坦言,最喜欢看的书是传记。"精神寄托呀,你们的报纸我也看,现在看得最多的是关于邓小平的书,很受启发。(略有迟疑,有些尴尬地笑)咱跟别人没法比,他是伟人,但他的经历还是教会了我许多东西。"尽管这不是一个正面的例子，但也足以说明传记具有何等强大的社会作用与人格作用。比起当代中国传记写作的繁荣，有关传记的研究就显得有些萧条。新时期以来，虽然也有不少学者对当代传记有所关注，但全部身心投入者并不多，从某种意义上说，传记研究更像是一些学者偶一为之的业余科研活动。不过，近些年来，传记研究薄弱的局面有所改观，一个重要的原因，就是更多年轻一代学者加入传记文学的研究队伍。他们冲劲足，思维活跃，写出了不少有新意的学术文章专著。摆在我们面前的《新时期中国画家传记研究》就是其中的一部。

这部新著是王凌云在她的博士论文基础上修改、充实后完成的。作为一部研究性学术著作，它最重要的学术意义在哪里呢？我以为，首先是它的开拓性。与其他传记研究不同的是，这是一部专门研究画家传记的学术著作，就我所知，虽然新时期以来出现了大量画家传记，目前国内学术界专门研究画家传记的成果不多，系统而全面的研究性专著几乎没有，这与画家传记写作十分繁荣的现状是不相匹配的。在相当长的时期里，传记研究是不分类的，无论传主为何人，都是传记，只要是传记，便都是研究者的研究对象，不分彼此。在传记写作并不繁荣的年代，传记作品数量有限，这样的研究当然是没有问题的，但是，随着越来越多的人加入到传记写作队伍，越来越多的人成为传记描写的对象时，这样单纯的研究就不够了。正是在这样的情况下，近些年来，有研究者开始进行更为细致的分类研究，比如从传记文体上进行的分类研究，如叙传研究、评传研究、自传研究、画传研究；从传主社会身份上进行的分类研究，如领袖传记、学者传记、作家传记、名人传记，等等。分类研究的一个最大好处是，它可以从更为具体的角度深入传记写作的不同领域与方面，从而更好地把握传记的思想艺术成就。但是，虽然分类传记研究出现了不少，但画家传记似乎没有多少人关注。无人问津的原因，我想可能与人们对画家独有的技术性难以把握有关。画家传记的主人公是画家，而画家的一生是与绘画连在一起的，绘画艺术必然是传记中重要的内容，这也是研究画家传记时无法回避的问题，如果对绘画本身没有相当的研究，恐怕也不会贸然闯入这一领域。王凌云能够率先突入这一领域，绝不是一时冲动，这与她长期在艺术院校从事教学工作有关，由于教学的需要，她不仅认识了许多画家，也对绘画的历史、现状与发展状况有着比较多的了解，所以她才有胆量也有能力切入这一颇有一些技术难度的领域。我当年同意她在攻读博士学位期间作有关画家传记的研究，并将其作为博士毕业论文，也主要是考虑到她有这方面的知识准备与学术条件。应该说，王凌云的这部专著开了画家传记研究之先河，是传记研究中的新开拓。

当然，开拓新领域，固然重要，但这还仅是第一步，如何在新领域中提出更有学术性的见解才是最重要的工作。王凌云在写作的过程中，我也曾经有过担心，怕她无法在理论上有新的发现。因为画家传记研究虽然有其独特性，但毕竟也是传记，如何处理画家传记的特殊性与一般传记的普遍性问题呢？这当然是个问题，但王凌云还是比较好地解决了这个问题。通过对复杂的创作现象与文本的深入分析与研究，她不仅很好地把握住了画家传记的特殊性与一般传记的普遍性之间的关系，并通过她很有新意的话语把它表述了出来。她的基本做法就是，首先将画家传记作为一般传记去认识，用一般传记的基本理念去认识理解画家传记，然后再深入探讨画家传记写作的特殊性，反过来推动、丰富和发展普通传记理论。尽管这看起来似乎并没有什么特别之处，但事实上却是很有建设意义的，对于其他类型传记的研究提供了一个极其有效的方式与方法。需要说明的是，要进行这样的研究，没有大量的阅读与深入的分析是不行的。事实上，王凌云确实读了大量的传记文学作品与理论书籍，这从本书的具体论述中即可看出，古今中外的代表性传记作品与传记理论，可以说能够找到的她都找来了。在这样一个浮躁的年代，能够坐下来扎扎实实地读书做学问的人越来越少，王凌云能够不为俗事所扰，认真读书，难能可贵。这也是她的这本学术著作之所以成功的关键因素之一。

还应当特别指出的是，作为一个女性研究者，王凌云有着十分深厚的人文情怀，她不仅用严谨的科学态度透视她的研究对象，还以深情的人道主义关怀她的研究对象与传主，也与传主进行心灵的沟通与对话。作者不满足于学术上的科学探讨，更注意人生意义的发现，因此，她非常注重从人的角度去理解传主，理解传者，也正因为这样，她才能够在传记文本的阐释中经常有非常中肯的发现，并予以清晰明白地表达。事实上，在本书中，有关画家传记的许多精彩论述，正是来自王凌云对人生的深刻体察与深度感悟。那些有关画家人生的独特理解，不仅使本书有了更多的学术亮点，也让本书增添了更多的可读性。

王凌云是我2007年招收的博士研究生。她原先就在大学里从事文学教学与科研工作，读博之前，已经是副教授了。作为一名女性，行走在事业与家庭之间，其辛苦劳累是不言而喻的。她考博那年，恰逢女儿升高中之时，自己要准备博士入学考试，还要照顾马上中考的女儿，身体和精神都受到极大影响。我曾经劝她，别把自己搞得太累了，你已经是副教授了，读不读博士，都不是大问题，也不影响你事业的发展，还是多照顾一下孩子，免得留下遗憾。但是，王凌云很坚定，她说她很想在学术研究上有所突破，因此也非常看重这次再回母校学习的机会。功夫不负有心人，经过个人的努力，她终于顺利地通过了博士研究生考试，女儿也顺利地升入了理想的学校。对于这次来之不易的学习机会，王凌云十分珍惜，读博三年，非常用功。但是，这三年对于她来说，也是人生中一段极为难熬的日子。既要完成原单位的教学任务，又要照顾正读高中的女儿，还要完成自己的学业，日夜在学校、单位、家庭之间奔走，有时一天变换好几个角色，也确实难为了她。但对于我交代她读的书，写的课程论文和毕业论文，她却从不马虎。记得进入博士论文写作阶段时，为了有更多的时间讨论她的论文，保证论文的质量，我要求她在春节前后一定要把论文初稿交给我。虽然给她提出了时间上的要求，其实也只是严格要求而已，内心并没有强制的意思，没想到的是，她竟然在正月初一那天就交到了我的手上。虽然她按时完成了任务，但看到她疲惫憔悴的样子，却让我感到了些许不安，是不是自己太不近人情了？连春节这样万家团圆、举国欢庆的重大节日都没有让她轻松度过，而且，她的女儿也正处在高考前的紧张冲刺中，时刻需要母亲的生活上的关心与精神上的鼓励。但也正是因为她有着这种拼命精神，才在如此困难的情况下圆满地完成了学业。更可喜的是，她的女儿也考入了一所全国知名的重点大学。而今，她的博士论文经过再次修改、充实，马上就要出版，三年的努力终于结出了可喜的果实，这又让我感到无比的欣慰。希望王凌云依然保持着既往踏实肯干的作风，在今后的学术生涯中再接再厉，取得更大的成就。

是为序。

房福贤

2015 年 10 月 23 日

# 导　论

## 一　从古典的传记到现代的传记文学

　　传记文学是一种古老的文体，"传记之书，其流已久，盖与六艺先后杂出"①。从形式到内容都是伴随着人类社会的发展而不断地发展变化的。在现代汉语中，"传记"一词的含义是非常明确的，《辞海》（上海辞书出版社1981年版）的解释是："传记，或单称'传'，记载人物事迹的文章。"但在中国古代，"传"与"记"分别表达了不同的意思，"传"，本义是指传车驿马，即指古代的一种快速的交通设施，许慎《说文解字》说："传，遽也。""传"还有一个含义是指解释经义的著述，刘知几《史通·六家》说："孔子既著《春秋》，而丘明受经作传。盖传者，转也；转受经旨，以授后人。或曰传者，传也，所以传示来世。""其言简而要，其事详而博，信圣人之羽翮，而述者之冠冕也。"②而"传"字引申作为记载人物事迹以传于世的文体的名称，见于刘勰《文心雕龙·史传》："及史迁各传，人始区，详而易览，述者宗焉。"赵翼《廿二史劄记》也说："其专记一人为传者，则自迁始。"章学诚《文史通义·传记》中指出："盖包举

---

① （清）章学诚著，叶瑛校注：《文史通义校注》，中华书局1985年版，第248页。
② （唐）刘知几撰，黄寿成校点：《史通》，辽宁教育出版社1997年版，第3页。

一生而为之传，《史》《汉》列传体也。"美国学者汪荣祖的《史传通说》也强调："传之义多矣。左氏传述经旨，贤人之书也，无与一人之始终。纪一人始终，肇自迁始。太史公草创本纪、世家、列传，载一人一事之事迹，以传于后世。班固继之，后之史家卒莫能易。"① 在《四库全书总目》中将"传记类"归为"史部"，并作了进一步的阐释："传记者，总名也。类而别之，则叙一人之始末者，为传之属；叙一事之始末者，为记之属。"指出了"传"与"记"分别具有不同的释义。

"传记"作为一个词语，最初出现在汉代，唐代历史学家刘知几说："夫纪传之兴，肇于《史》《汉》。盖纪者，编年也；传者，列事也。编年者，历帝王之岁月，犹《春秋》之经；列事者，录人臣之行状，犹《春秋》之传。《春秋》则传以解经，《史》《汉》则传以释纪。"② 章学诚《文史通义》中的"传记"篇在探讨传记文体的源流与历史演变时，对传记的源流有专门的辨析："古人文无定体，经史亦无分科。《春秋》三家之传，各记所闻，依经起义，虽谓之记可也。经《礼》二戴之记，各传其说，附经而行，虽谓之传可也。其后支分派别，至于近代，始以录人物者，区为之传；叙事迹者，区为之记。""盖皆依经起义，其实各自为书，与后世笺注自不同也。后世专门学衰，集体日盛，叙人述事，各有散篇，亦取传记为名，附于古人传记专家之义尔。"③ "传"与"记"两个字连用组成一个名词"传记"，实际上指的是中国古代叙述个人生平事件始末的人物传，而"传记文学"的名称在中国最早是由胡适在1914年提出的，他将自己9月23日的日记题为《传记文学》，并对传记文学的特性和文体样式进行了简要的分析论述。

在西方，"传记"一词出现于17世纪。1662年，英国学者富勒在他的《英国伟人史》一书中首次使用了"biography"这一词语，1683年，达尔顿在《希腊罗马名人传》的英文序言中将"biography"定义为"特定人物的生平史"。18世纪后，出现了"传记文学"的概念并兴起了传

---

① ［美］汪荣祖：《史传通说——中西史学之比较》，中华书局2003年版，第78页。
② （唐）刘知几撰，黄寿成校点：《史通》，辽宁教育出版社1997年版，第11页。
③ （清）章学诚著，叶瑛校注：《文史通义校注》，中华书局1985年版，第248页。

记文学的创作热潮，比较著名的传记有法国卢梭的自传《忏悔录》，美国华盛顿·欧文的《哥伦布传》《华盛顿传》，英国斯特拉奇的《维多利亚女王传》，法国罗曼·罗兰的《贝多芬传》《米开朗琪罗传》《托尔斯泰传》等，但西方传记文学真正的兴盛期和成熟期是在20世纪，法国的莫洛亚、特鲁瓦亚，德国的路德维希，奥地利的茨威格等被誉为世界四大传记文学家。在世界文学史上，由古代传记演变为现代传记的过程是在西方首先完成的。《新大英百科全书》中指出："传记作为一种独立的艺术形式，它主要是西方的产物。在东方（包括阿拉伯国家），尽管文学的历史悠久，传记文学却没有显示出西方传记那样的发展进程和重要性。在中国，由于司马迁的《史记》和班固的传统的影响，传记一直是学者们写历史和潜心研究治国术的附属物和副产品。这种情况直到20世纪初才结束。"①

什么是传记文学呢？《新大英百科全书》"传记文学"条目中将传记文学定义为："文学表现的最古老的形式之一。它试图用语言再现人的生活，这种生活可以是作者本人的，也可以是他人的。记忆和一切可以得到的证据，包括笔头的、口头的和图片，都可以成为传记文学凭借的材料的来源。"②《中国大百科全书·中国文学卷》将"传记文学"的特征描述为："①以历史或现实生活中的人物为描写对象，所写的主要人物和事件必须符合史实，不允许虚构；②所写的人物生平经历必须具有相当的完整性；③必须写出较鲜明的人物形象，较生动的情节和语言，具有一定的艺术感染力。"比较全面地概括了传记文学的特征，明确地指出了传记文学是以人物为表现对象的。但是，一直到新时期，理论界对"传记"与"传记文学"的概念还是存在争议的，《苏联百科辞典》（中国大百科全书出版社1986年版）没有列"传记文学"条目，对"传记"的解释是："对某人一生的记述，历史、文艺和科技散文的一种历史悠久的体裁。现代的传记展示人物成长的因果关系，历史的、民族的和社会的特定条件以及人物的心理特征等。"1986年出版的《中国大百科全书·中国文学卷》"传记文学"

---

① 朱文华：《传记通论》，复旦大学出版社1993年版，第73页。
② 梅江海、刘可译：《传记文学——〈新大英百科全书〉条目》，《传记文学》1984年第1期。

条目中对"传记"与"传记文学"解释为:"记载人物经历的作品称为传记,其中文学性较强的作品即是传记文学。"(1312页)将传记和传记文学作了一定程度的区分。《简明不列颠百科全书》对"传记"与"传记文学"也进行了细微的区分:"传记文学是最古老的文学体裁之一,它以各种书面的、口头的、形象化的材料和回忆为依据,用文学再现作者本人或他人生平。传记有时常被认为是史学的一个分支,最早的传记常被人们当作史料看待。现在举世公认,传记和史学是两种明显不同的文学形式";"传记文学经历了漫长的进程。今天,文字虽说不是唯一的或主要的叙事工具,但就目前来说,要展示人生的全过程,文字仍然是最好的工具。由于传记文学把基点放在事实真相的基础上,因此它的地位比文学艺术的其他体裁更趋稳定。"[①] 这种现象的出现主要是由对传记文学的本质属性的不同认识而引起的。

自从传记文学这种文体诞生以来,关于传记文学的本质属性问题就一直是传记文学理论界争议的焦点。《新大英百科全书》对此阐释道:"传记这种文类在长期发展过程中,出现了各种相异的形式。因此很难有一个定义能囊括所有重要传记体例。所以我们将它广泛定义为'真实生活的记录',以适用于各种不同的类别。"虽然争议不断,但是归纳起来,主要有以下几种观点:一是认为传记文学属于历史范畴;二是认为传记文学是一种文学样式,是文学和历史相结合的产物。在很长的一段历史时期之中,传记都被看作是历史学的一个分支,中国汉代司马迁的《史记》和古希腊色诺芬的《回忆苏格拉底》都被认为是史传文学的杰出代表,清代的《四库全书总目提要》将"传记"列为"史部",近代以梁启超为代表的学者认为传记必须绝对忠实于历史,"我以为史家的第一件道德,莫过于忠实。如何才算忠实?即'对于所叙述的史迹纯采客观的态度,丝毫不参与自己意见'便是。例如画一个人,要绝对像那个人"[②]。梁启超先生认为传记属于史学范畴,要遵循历史的"真实性"的原则,而胡适、郁达夫、朱东润等人则认为应当将传记归属于文学,强调传记的文学性与真实性同等重

---

① 朱文华:《传记通论》,复旦大学出版社1993年版,第11页。
② 梁启超:《中国历史研究法》,江苏文艺出版社2008年版,第154页。

要。胡适在《〈南通张季直先生传记〉序》中指出："传记写所传的人，最要能写出他的实在身份、实在神情、实在口吻；要使读者如见其人，要使读者感觉真可以尚友其人。"① 这显然是对传记的文学性的要求。1935年，郁达夫在《什么是传记文学》中对传记文学的文体进行了较为完整的理论阐释，并且强调了传记的文学性："若要写新的有文学价值的传记，我们应当将他外面的起伏事实与内心的变革过程同时抒写出来，长处短处，公生活与私生活，一颦一笑，一死一生，择其要者，尽量来写，才可以见得真，说得像。"② 传记文学理论家朱东润认为："现代的传记文学，是文学中的一个独立部门，其著述之多，销行之广，仅次于小说及剧本。但是在中国，有人还认为传记文学只是史学的一个支流，不是什么独立的文学样式。其实这样的看法不一定正确。"③ 也肯定了传记文学是一种独立的文学样式。

　　近代以来，胡适、郁达夫、朱东润等人在西方现代传记意识的影响之下，都把传记文学当作文学的一种类型加以倡导和写作，而且大多数传记理论家都是将传记文学当作文学的一个特殊的、与历史相结合的门类来加以研究的。在西方，直到19世纪末，传记属于历史学的观念才有所转变。在肯定传记的历史性的同时，一些学者也开始注意到了传记的文学性，认为传记是文学的一个分支。英国传记文学理论家尼科尔森说："直到二十世纪以前，没有人恪尽职守地使传记文学自成一家，把它从记叙体的同类样式中区分出来。现在我们用检验个性和真实性这两方面的方法，终于使传记文学与历史和小说二者画地为牢。今天，很少有人会认为一部从基本上既不涉及个性又不真实的作品是传记文学。"④ 尼科尔森强调传记文学应兼具"个性"与"真实"两个方面的属性。美国学者菲利普斯·布鲁克斯指出："传记，就其真正含义来说，是生平的文学，特别是个人生平的文学。"⑤ 布鲁克斯认为

---

① 胡适：《〈南通张季直先生传记〉序》，耿云志、李国彤编《胡适传记作品全编》第4卷，东方出版中心1999年版。
② 郁达夫：《什么是传记文学》，《郁达夫文集》第6卷，花城出版社1983年版。
③ 朱东润：《传记文学》，《人物》1982年第1期。
④ [英]哈罗德·尼科尔森：《现代英国传记》，刘可译，《传记文学》1984年第3期。
⑤ 杨正润：《现代传记学》，南京大学出版社2009年版，第22页。

传记属于文学,他的这一观点非常具有代表性。20世纪西方一些著名的传记作家,如法国的安德烈·莫洛亚、英国的利顿·斯特拉奇和弗吉尼亚·伍尔芙、德国的斯蒂芬·茨威格等也都将传记看作是文学的一个分支。

　　笔者认为,传记文学是一种独立的文学式样,对于传主生平事迹的介绍需要严格依照历史事实和历史资料,而对于传主性格的表现和形象的再现又需要运用多种文学性的表现手段,传记既具有历史属性又具有文学属性,是历史性和文学性相结合的产物。就像杨正润先生所讲的:"真正的传记应当不仅仅是回忆录、信件、日记等等,这一切应当通过一位有能力而又聪明的艺术家的心灵而出现在我们面前;我们绝非是要通过他的文字去了解细节,我们看到的是一幅完成了的图画或乐曲,而不只是一大堆细节或资料。"① 杨先生在这里明确指出了优秀的传记作品应当是"一幅完成了的图画或乐曲",是历史性与文学性完美结合的产物。鉴于以上的分析,在现代传记中,"传记"与"传记文学"的含义是相同的,本书使用的"传记""传记文学""传记作品"等指的都是兼具历史性与文学性的记述人物生平事迹的文学作品。

　　传记文学以真实、完整地再现生动形象的人物为目的,传记作家和传记主人公是传记文学中的两个主体,马克思说:"主体是人,客体是自然。"② 如何处理好传记作家与传主这两个主体之间的关系,就成为传记文学写作成功与否的关键。作为传记作家,首先要在充分尊重历史事实的基础上,再现传主主体意识的觉醒及其发展的过程,表现出传记主人公的独特的个性,同时又要充分发挥自己的主观能动性,与传记主人公进行深层次的心灵对话和交流,把握传主的精神本质与性格特征,对传主有自己独特的认识,还要充分运用文学性的表现手法还原真实可靠而又丰富复杂的传主形象。"传记本质上依赖于传记家对传主人格和行为的反应的敏感,依赖于传记家同传主的关系,依赖于传记家的眼光和他显示自己眼光时的技巧。"③ 杨正润先生在这里强调了传记作家与传记主人公之间要有良好的

---

① 杨正润:《传记文学史纲》,江苏教育出版社1994年版,第3页。
② 《马克思恩格斯选集》第2卷,人民出版社1995年版,第88页。
③ 杨正润:《传记文学史纲》,江苏教育出版社1994年版,第16页。

关系，指出了传记作家这个主体的重要性。

传记作家和传主之间的关系是非常复杂的，一部成功的传记作品首先体现在对于传主的选择上。古今中外的许多传记作家都喜欢选择自己敬佩或与自己经历相似、能够产生精神共鸣的人物做传主，借助传记主人公的生平遭际，抒发作者个人的情怀，表达自己的思想感情、理想抱负，体现传记作者的价值观、人生观。"传记作家总是要去写他对之怀有本能的同情的主人公，在这一过程中，展现其主人公，同样也展现他自己。"① 所以有人说，传记从某种意义上讲是作家个人的自传。

其次，传记作家应该认真对待传记材料的选择与加工。面对数量众多、内容复杂的材料，传记作者应该进行认真细致的甄别，选用哪些、舍弃哪些、如何组织安排材料，实际上反映了传记作家对传主的一种理解、一种阐释，反映了传记作家的人生态度和创作思想。克罗齐说："史料本身并不会说话，使得史料呈现出意义来的只能是历史学家的精神，他的精神世界越丰富和越具有创造性，他所揭示的历史的意义就越深刻。"② 优秀的传记作家非常重视材料的选用，往往生活中的一件小事甚至几句话语就能够将传主的性格生动形象地展现出来，林浩基的《齐白石传》中运用语言、动作等细节描写，记述了著名评剧演员新凤霞在50年代初与齐白石第一次见面的情景，从中可以看出90岁的老艺术家的率直的个性、纯真的童心，白石老人的形象栩栩如生地展现在读者面前。

最后，传记作家应该充分重视对传主及其作品的阐释。在现代的优秀传记作品中，阐释不只是一种文本指向，而且已经成了传记作家普遍自觉追求的一种传记要素。英国"新传记"的代表作家斯特拉奇有句名言："未经阐释的真实就像深埋在地下的金子一样没有用处。"优秀的传记文学作品是以真实地展现个性丰富的传主形象为目的的，因此在叙述外部事件的同时还要着重表现人物的内心世界，这就需要传记作家充分发挥自己的主体性，深入传主的心灵世界进行更深层次的挖掘，运用文学性的表现手

---

① ［英］艾伦·谢尔斯顿：《传记》，李永辉、尚伟译，昆仑出版社1993年版，第70页。
② 彭刚：《精神、自由与历史——克罗齐历史哲学研究》，清华大学出版社1999年版，第40页。

法使人物形象产生震撼人心的艺术魅力。司马迁的《史记·李斯列传》总共写了李斯的五次叹息,极其清晰地展示了李斯的心理变化和性格发展的轨迹;《史记·项羽本纪》在"垓下之围"中,作者写了项羽三次自白"天之亡我",表现了他虽然失败了但是并不服气,也没有认识到失败的真正原因,他唱的《垓下歌》则兼有儿女情和风云气,真实地再现了项羽这个失败了的英雄的形象。翟墨的《圆了彩虹:吴冠中传》则用诗性的话语对吴冠中的绘画生涯进行了全面而又深刻的阐释,读者从中既可以了解传主的艺术创作道路、个性特点,又可以看出传记作家对传主的情感投入。在这里,传记作家和传记主人公之间成功地进行了心灵的对话和交流。但是,真实是传记文学的生命,艾伦·谢尔斯顿曾经讲过:"即使富有想象力的传记作家,也不能离开相关的事实凭空捏造生活。"① 传记作家对传记主人公及其作品的阐释应该建立在充分尊重历史事实的基础之上,传记作家主体性的发挥必须要以历史事实为依据。

传记文学是一种真实地再现历史或现实中的人物的生平事迹及其性格特征的文体,它的产生和兴起取决于人类思想中的英雄崇拜观念以及纪念的本能,英雄崇拜的观念是人类远古时期形成的图腾崇拜的演绎。胡适在《〈南通张季直先生传记〉序》中指出,"传记起源于纪念伟大的英雄豪杰",英国传记文学理论家尼科尔森认为传记的产生是出于纪念的本能:"传记为满足纪念的天性而诞生:家庭希望纪念死者,人们写挽歌、悼词和用北欧古文字写的碑文;部落希望纪念自己的英雄,于是人们写英雄传奇和诗史;教堂希望纪念它的创立者,人们又写了圣者的早期生活传记。"② 法国的罗曼·罗兰扩展了传统的英雄的概念,对"英雄"进行了新的阐释:"我称为英雄的,并非以思想或强力称雄的人,而是靠心灵而伟大的人";"没有伟大的品格,就没有伟大的人,甚至也没有伟大的艺术家,伟大的行动者"。③ 所以,在他的笔下,贝多芬、米开朗琪罗、托尔斯泰、巴尔扎克等等艺术家、文学家都是"英雄"。

---

① [英] 艾伦·谢尔斯顿:《传记》,李永辉、尚伟译,昆仑出版社1993年版,第98页。
② [英] 哈罗德·尼科尔森:《现代英国传记》,刘可译,《传记文学》1984年第3期。
③ [法] 罗曼·罗兰:《巨人三传》,傅雷译,天津社会科学院出版社2004年版,第18页。

在中国，梁启超的传记创作也始终贯穿着崇拜英雄的思想主题。梁启超是中国19—20世纪最重要的思想家之一，以其毕生的精力推动了中国的启蒙文化运动，在传记文学的研究方面也提出了诸多具有现代传记文学意识的新理论，最早向国人介绍了西方的传记作品，对中国传记文学的写作产生了重大影响，并且身体力行地进行创作，是一位优秀的传记文学家。梁启超的传记文学创作主要集中在20世纪初，大体看来有这几类：一是欧洲历史人物传记，如《匈牙利爱国者噶苏士传》（1902年）歌颂的是19世纪匈牙利民族解放运动的领袖人物，《意大利建国三杰传》（1902年）赞颂了玛志尼、加里波的、加富尔三人的高尚情操，《近世第一女杰罗兰夫人传》（1902年）表现的是被梁启超称为"法国大革命之母"的罗兰夫人的形象，《新英国巨人克伦威尔》（1903年）中的克伦威尔是盎格鲁—撒克逊民族的代表，等等；二是中国历史人物传记，如《张博望班定远合传》（1902年）、《黄帝以后第一伟人赵武灵王传》（1902年）、《袁崇焕传》（1904年）、《中国殖民八大伟人传》（1904年）、《祖国大航海家郑和传》（1905年）、《王荆公》（1908年）、《管子传》（1909年）、《戴东原先生传》（1923年）等等；三是中国当代人物传记，如《殉难六烈士传》（1899年）、《南海康先生传》（1901年）、《李鸿章传》（1901年）等等。不管是欧洲的人物传记还是中国的人物传记，梁启超先生选择的传主都是在人类历史上的某一方面有特殊贡献的英雄人物，他的传记作品贯穿着一个基本的思想：崇拜英雄，赞颂英雄主义。

"英雄崇拜是人类崇拜心理的最高状态，是人类经过自然崇拜、图腾崇拜、神灵崇拜、偶像崇拜心理积累的结果，为什么这样说呢？因为自从英雄崇拜出现后，人类的崇拜心理经过对自然、图腾、神灵的崇拜，终于回到人的本身。这是人类对人类以外世界的认识不断深化的结果，也是人类对自身认识不断深化的结果。"[①] 托马斯·卡莱尔也讲："在世界历史的任何时代中，我们将会发现，伟人是他们那个时代不可缺少的救星——他

---

[①] 栗振宇：《挑灯看剑：英雄和英雄主义的诗学阐释》，解放军出版社2005年版，第5页。

们是火种；没有他们，柴火不会自行燃烧。我早已说过，世界历史是伟人们的传记。……不论何时，他们都不可能把活着的人们心中对伟人的某种特殊的崇敬彻底消除，这种真诚的敬仰、忠诚和崇拜，即使还是模糊不清和歪曲的，都不可能被彻底消除。只要有人类存在，就永远会有英雄崇拜。鲍斯威尔崇拜他的约翰逊，甚至在18世纪也是如此。不信宗教的法国人信仰他们的伏尔泰，对他掀起了一种非常奇特的英雄崇拜，在他生命的最终时刻，他们'把他隐埋在玫瑰花下'。"① "只要有人类存在，就永远会有英雄崇拜"，作为卡莱尔的信徒的梁启超在他的传记作品中也充分体现了英雄崇拜的观念，他在《新英国巨人克伦威尔》中说："凡一国家一时代社会之污隆盛衰，惟以其有英雄与否为断，惟以其国民之知崇拜英雄与否为断。""英雄"是梁启超选择传主的最重要的标准，在其传记中对传主的英雄主义大加褒扬，以此激励国人的精神，明确地体现了传记文学的功能。

第一，传记文学具有道德教化的功能。英雄崇拜可以激励民族精神，弘扬英雄主义和爱国主义，使人树立高尚的道德情操，有助于人格的培养与提升，这也是传记文学的道德教化的作用。唐代史学家刘知几认为史官应该具备惩恶扬善的社会道德责任感："夫人之生也，有贤不肖焉。若乃其恶可以诫世，其善可以示后；而死之日名无得而闻焉，是谁之过欤？盖史官之责也。"② 这同样应该是传记作家所应肩负的历史责任。李祥年在《传记文学概论》中指出："一般说来，传统的传记写作就其功能结构而言，大都不出'叙事'和'颂德'两类，……传统的传记写作一直被视为历史的一个组成部分，而更有人说历史则是通过榜样来施以教化的哲学，从这一观念中，我们既可以发现传记文学产生的始原，亦可理解那类'颂德式'传记何以会从古至今生生不息的原因。人类保存其祖先的记录，是出自对他们的怀念与尊敬，同时也因为祖先的生平事迹可以作为今人及后代的学习榜样。纪念与教化这两个方面的目的，便成为世世代代人们写作

---

① [英]托马斯·卡莱尔：《论英雄、英雄崇拜和历史上的英雄业绩》，周祖达译，商务印书馆2005年版，第15页。

② （唐）刘知几撰，黄寿成校点：《史通·人物》，辽宁教育出版社1997年版，第72页。

传记的充分依据。在绝大多数的'颂德式'传记的背后，便潜伏着人们强烈的教化愿望。"① 传记文学的道德教化作用在古今中外的传记作品中都有所体现。在中国的史传文学中，最能够体现道德批判力量的是作者在开头或结尾对人物进行的直接评论，"春秋左氏传，每有发论，假君子以称之。二传云公羊子、谷梁子，史记云太史公"。司马迁的《史记》使这种形式系统化，并直接以"太史公曰"对人物进行评论，后代的史传家们纷纷响应："既而班固曰赞，荀悦曰论，东观曰序，谢承曰诠，陈寿曰评，王隐曰议，何法盛曰述，扬雄曰撰，刘昺曰奏，袁宏、裴子野自显姓名，皇甫谧、葛洪列其所号。"② 司马迁在《史记》中歌颂了明君贤臣，讽刺批判了昏君佞臣，表现出了强烈的感情道德色彩："夫《春秋》，上明三王之道，下辨人事之纪，别嫌疑，明是非，定犹豫，善善恶恶，贤贤贱不肖。存亡国，继绝世，补敝起废，王道之大者也。"（司马迁《史记·太史公自序》）古希腊著名传记作家普鲁塔克经常在传记中通过对历史人物的褒贬评判来宣扬自己的伦理道德观念，他称写作的目的"是为了把历史当作一面镜子，照那些人物的善行为楷模指导自己的一生"，在《伯里克利传》中说："美德是有吸引力的，它能使人立即产生身体力行的冲动，不仅模仿它能使观看者的性格得以形成，就连研究它也能提供行动的准则。""我们心灵的目光应该专注于，凭借本身的魅力能将我们的心目引向完善境界的事物。"③

优秀的传记作品能够为社会提供理想人格的范例，树立道德的楷模，人们通过阅读传记可以汲取历史上杰出人物的人生经验，陶冶道德情操，在精神上得到鼓舞和激励，从而产生探索世界、追求积极人生的勇气和力量，增强民族凝聚力与民族自豪感。正如傅雷所讲："我们比任何时候都更需要精神的支持，比任何时候都更需要坚韧、奋斗、敢于向神明挑战的大勇主义。""这部《贝多芬传》对读者该有深刻的意义。"对作者本人也

---

① 李祥年：《传记文学概论》，安徽文艺出版社1993年版，第4页。
② （唐）刘知几撰，黄寿成校点：《史通·论赞》，辽宁教育出版社1997年版，第23页。
③ ［古希腊］普鲁塔克：《希腊罗马名人传》，陆永庭、吴彭鹏等译，商务印书馆1999年版，第461页。

有着非同寻常的意义,"疗治我青年时世纪病的是贝多芬,扶植我在人生中的战斗意志的是贝多芬,在我灵智的成长中给我大影响的是贝多芬,多少次的颠扑曾由他搀扶,多少的创伤曾由他抚慰"①,而拿破仑就是由于受到《亚历山大传》《恺撒传》等等帝王传记的影响而产生了强烈的英雄主义气概和渴望建功立业的雄心壮志。一个时代有一个时代的英雄。美国作家福克纳说:"作家的天职在于使人类的心灵变得高尚,使他的勇气、荣誉感、希望、自尊心、同情心、怜悯心和自我牺牲精神复活起来。"② 读者在阅读新时期画家传记的过程中,得到的是精神的激励和心灵的净化,可以帮助人们在认识外部世界的同时,反观自身,更加清晰地认识到自己的思想价值观念,碰触到灵魂的深处,有助于人格的提升。林浩基的《齐白石传》(学苑出版社2005年版)主要是依照齐白石生命的轨迹来表现他的艰辛曲折、丰富多彩的艺术道路的,通过这部传记,读者领受到的是齐白石一生对于艺术不懈的追求,从"艺术匠"到画坛巨匠的艰苦的精神追寻的旅程,而这也正是齐白石这位画坛大师吸引读者的魅力所在。翟墨的《圆了彩虹:吴冠中传》(人民文学出版社1997年版)充分展示了吴冠中极具个性特点的形象,这主要是通过对传主人生道路的五次重大的选择、对艺术的苦苦追寻这一历程来展现的。吴冠中以其顽强的毅力和韧性、不屈不挠地始终沿着自己选定的方向、以自己的方式在艺术追寻的道路上独立向前,"使吴冠中得以成为吴冠中"。美国著名传记作家欧文·斯通的成名作《渴望生活:梵高传》(北京十月文艺出版社2008年版)被译成了80多种文字,产生了广泛的社会影响,关键在于作者真实地再现了梵高短短的一生之中对于艺术的执着追求和艰难探索的过程,梵高悲惨而成就辉煌的人生震撼了无数的读者。

画家传记中所描绘的传记主人公对艺术的痴狂追求并为之奋斗终生的精神历程,是新时期画家传记中所展示的一种英雄主义精神,是传记作者向广大的读者呈现的一种新的英雄崇拜。传记文学的道德教化作用正如法

---

① [法]罗曼·罗兰:《巨人三传》,傅雷译,天津社会科学院出版社2004年版,第13页。
② 郑笑平:《新时期传记文学社会作用管窥》,《延安大学学报》(社会科学版)2004年第1期。

国作家莫洛亚所指出的:"无论我们喜欢不喜欢,传记是一种文学类型,它比其他任何类型更接近道德教训……每一件艺术作品就其唤起激情并因此产生行动的愿望而言,都涉及道德教训。但传记更接近些,因为叙述的可信性和读者确信书中人物的真实存在,使传记的影响更加强烈得多。"①

第二,传记文学具有审美功能。传记文学是为人物立传的,基本要求是在真实地再现传记主人公一生的同时,又要具有强烈的艺术感染力,以吸引读者,这应该是传记文学的审美功能赖以依存的基础。传记文学是历史性和文学性相结合的产物,这一本质属性要求传记作品在尊重史实的前提之下可以运用艺术性的表现手法,再现传主的丰富复杂的个性形象,给人以立体感,丰富文学史典型形象的画廊。读者通过阅读传记作品欣赏到一个个真实可信而又生动感人的传主形象,可以激发内心深处的爱憎情感,同时通过对传主高尚的道德情操和丰富的人生经历的深入了解,又可以丰富自己的人生阅历、指导自己的人生实践。萨缪尔·约翰生曾经说过:"没有任何其他种类的作品,像传记文学这样,挟着不可抗御的兴趣,更能牢牢实实地联系起人类的心灵,或像它那样在任何一种不同的情况下,都能广泛传播善言,……在芸芸众生之中,每个人都能发现许多与他自己处境相同的人物,对他来说,那些人物的错误与不幸,在人生中的逃避与探险,都将有立即而明显的用处。"② 传记文学的这种功能历来受到人们的重视。《史记》中的项羽给读者留下了深刻的印象,这是个失败了的英雄形象,是司马迁为中国传记文学史的人物形象长廊增添的一道亮丽的风景,人们在赞赏项羽这个人物形象塑造成功的同时,还能够从他的由于骄傲自大而导致失败的命运之中汲取历史的教训,这主要得益于传记作家对于传主的选择。作为传记作家,那些具有曲折坎坷的人生经历、丰富复杂的个性色彩的彪炳千秋的传记主人公更能够吸引读者,更能够展示人生不懈追求的壮美境界,也更容易产生审美价值。但是,韦勒克、沃伦曾讲:"传记作者在为一个政治家、一个将军、一个建筑家、一个律师或一个不参与政事的平民作传时,都没有什么方法上的差别。柯勒律治曾经说

---

① 杨正润:《传记文学史纲》,江苏教育出版社1994年版,第22页。
② 朱文华:《传记通论》,复旦大学出版社1993年版,第54页。

过，任何人的生平，无论它如何没有意义，只要如实地记述出来，都将是有益或引人入胜的。"① 普鲁塔克的《希腊罗马名人传》中的一部分人物并不是特别著名，但是由于作者对他们的生平、经历、思想活动等等各个方面的极富个性的展示，因而给读者留下了深刻的印记，有的人可能不知道古希腊罗马的某些帝王的名字，但对《希腊罗马名人传》中的人物形象却异常熟悉。胡适的《李超传》就是为一个素不相识的女子作的传记，是因为"她的一生遭遇可以用作无量数的中国女子的写照，可以用作中国家庭制度的研究资料，可以用作研究中国女子问题的起点"②，同样产生了很高的审美价值。

　　罗素认为历史不但是伟人的传记，而且是整个人类的传记，"历史学不止于是对伟大人物的记录而已，不管是多么伟大；历史学的领域不只要讲人们的传记而且要讲人类的传记；要把各个世代的漫长的行列表现为只不过是一个连续生命体的不断流逝着的思想；要在所有的人都在其中扮演他们自己的角色的这幕宏伟的戏剧的缓慢开展过程之中超越自己的盲目性和短促性。"③ 传记作家们为了更大程度地发挥传记文学的审美功能，除了精心选择传主之外，还要充分调动各种文学性的表现手法，塑造更加鲜活丰满的人物形象。当然，传记文学的文学性手法是在尊重历史事实的前提之下，通过对自然环境的描写、场面氛围的渲染，对传主精神历程的叙述、展现传主独特的个性气质，对人物的行动、语言的描写，日常生活中的轶事、细节的刻画，内心世界的揭示等等来塑造传主的形象，让人们在作品中重新结识这些历史的或现代的人物，感受他们的人性美，领略他们身上独具的、震撼人心的艺术魅力。廖静文的《徐悲鸿一生：我的回忆》（中国青年出版社1982年版）就是通过一个个日常生活的故事，来展现徐悲鸿的高尚的品格：热爱祖国、倾心艺术、才华横溢、风趣幽默，对待工作认真负责，对待家人体贴入微，具有很强的社会责任感，是一个值得她

---

　　① [美] 勒内·韦勒克、奥斯汀·沃伦：《文学理论》（修订版），刘象愚等译，江苏教育出版社2005年版，第75页。
　　② 胡适：《李超传》，《胡适传记作品全编》第4卷，东方出版中心1999年版，第193页。
　　③ [英] 罗素：《论历史》，何兆武、肖巍、张文杰译，广西师范大学出版社2001年版，第9页。

用一生去回忆的人。林浩基的《齐白石传》则主要是通过齐白石的语言、行动展示了传主率直的个性、纯真的童心，而正是这种个性的保持使得白石老人能够始终创造出情趣盎然的艺术形象。

英国历史学家卡莱尔认为是无数的传记汇聚成了历史。传记文学再现的真实的人物形象比一般的文学作品塑造的人物形象更具吸引力，也具有更强的教育功能和感染力量，因为传记文学真实地展示了传记主人公曲折坎坷的人生经历、丰富复杂的情绪情感、高尚纯洁的精神品格等等，通过描述传主对人生道路的选择、对社会的强烈的责任感、对人类的博大的爱心、对生命的深切关怀等等高尚的道德情操，表现出了传主奋发昂扬的拼搏精神，折射出了传主对真善美的执着追求，同时也反映出了传记作者的善恶褒贬情感和道德评判的标准。传记文学的道德教化和审美功能的体现依赖于传记作者对传主形象的真实再现，传主形象的成功再现又需要依据多样化的文学性笔法，而传记文学兼具历史和文学双重特性，这就要求传记作者要在严格地遵循历史事实的前提之下才能够运用文学性的表现手法再现传主的形象，要戴着"真实"这个"镣铐"才能去跳舞。

中国传记文学的发展历史悠久，作品异彩纷呈，风格多种多样。为便于研究，我们参照中国文学史的分期方法，将中国传记文学史按照时间顺序划分为三个时期：五四运动以前的传记文学统称为中国古代传记文学，五四运动至1949年的传记文学统称为中国现代传记文学，1949年以后的传记文学统称为中国当代传记文学，其中改革开放以后的传记文学称之为新时期传记文学。在传记文学的发展历程中，社会环境的影响、传记文学本质属性的限制等等因素决定了传记文学的发展并不是一帆风顺的。

中国古代的传记文学内容丰富，主要有史传、杂传、专传等，史传主要是指以《史记》《汉书》《后汉书》《三国志》等为代表的正史传记；杂传又称散传，包括传略、碑铭、墓志铭、行状、自序等，程千帆先生指出："西汉之末，杂传渐兴，魏晋以来，斯风大甚，方于正史，若骖随靳。其体实上乘史公列传之法，下启唐人小说之风，乃传记之重要发展也。"[①]

---

① 程千帆：《先唐文学源流论略》，《武汉师范学院学报》1981年第4期。

著名的杂传有刘向的《列女传》，皇甫谧的《高士传》《逸士传》，慧皎的《高僧传》，韩愈的《张中丞传后叙》《柳子厚墓志铭》，柳宗元的《段太尉逸事状》《童区寄传》《种树郭橐驼传》，苏轼的《方山子传》，宋濂的《秦士录》《王冕传》，戴名世的《画网巾先生传》等等；专传主要是指单独成书的篇幅较长的单人传记，"所谓专传与列传不同，列传分列在一部史中，专传独立成为专书。……大概从前的专传不过一篇长的行状，近人著行状，长至一二万字的往往有之，只能供作列传的取材，不能算理想的专传。我的理想专传，是以一个伟大人物对于时代有特殊关系者为中心，将周围关系事实归纳其中，横的竖的，网络无遗。……此种专传，其对象虽止一人，而目的不在一人"①。按照梁启超先生的划分标准，这种专传数量很少，流传下来的唐代慧立的《大慈恩寺三藏法师传》也不能算是很完备的专传，成熟的专传是20世纪初在西方现代传记的影响之下才大量出现的。通常情况下，中国现当代传记文学主要依据撰写人的身份将传记划分为自传和他传两大类，自传就是作者为自己立传，他传就是作者为他人写的传记。

在中国，传记文学的诞生是以公元前1世纪司马迁的《史记》为标志的，这比古希腊传记家普鲁塔克创作《希腊罗马名人传》的时间还要早两个世纪，而中国传记文学的最初萌芽则在先秦时期。《诗经·大雅》中的《生民》《公刘》《绵》《皇矣》《大明》五篇作品，赞颂了后稷、公刘、太王、王季、文王、武王等的业绩，反映了西周开国的历史，被认为是周族史诗。正如陆侃如、冯沅君的《中国诗史》中讲到的："《生民》是一篇很好的后稷传，它是周族传说中的始祖。《公刘》是一篇公刘传。公刘为后稷的裔孙，此诗叙他迁都事。《绵》是一篇古公亶夫传。……他是公刘的裔孙，文王的祖父，故诗中连带说及文王。《皇矣》是一篇文王传，也说及太伯、王季。《大明》是一篇武王传，也说及他的父母与祖父母。把这几篇合起来，可成为一部虽不很长而亦极堪注意的周的史诗。"② 先秦散文中的《论语》《墨子》《孟子》《庄子》《荀子》《韩非子》等等已经具

---

① 梁启超：《中国历史研究法》，江苏文艺出版社2008年版，第178页。
② 陆侃如、冯沅君：《中国诗史》，天津百花文艺出版社1999年版，第4页。

有了较为明显的传记文学的因素，《左传》有不少篇章已经写出了人物的一生或相对完整的某一阶段的生平事迹，《战国策》中有的篇章叙写了一个历史人物的生活片段，开始了以人物为中心的传记叙述模式，这说明《左传》《战国策》等已经具备了传记文学的特征，叙述了比较完整的故事情节，塑造了栩栩如生的人物形象；而屈原的《离骚》是带有自传性质的长篇抒情诗，也具有传记文学的因素。到了汉代，司马迁在综合前代史书各种体例的基础之上，以人物为中心来反映历史，创立了纪传体的史书——《史记》这部历史性和文学性完美结合的伟大作品，被鲁迅称为"史家之绝唱，无韵之《离骚》"。《史记》的艺术成就主要体现在人物形象的刻画上，全书记录人物4000多个，重要的人物就有100多位，人物大多具有强烈的个性色彩，形象鲜明，这主要是通过展现人物个性化的语言、行动以及细节的描写、心理刻画等等艺术手法来实现的。司马迁之后，班固的《汉书》、陈寿的《三国志》、范晔的《后汉书》等继承了《史记》的传统，袭用了"纪传体"的体例，为中国古代传记文学的发展增添了一抹亮色。但之后的中国古代传记文学长期处于一种衰微甚至停滞的状态，一直到19世纪末20世纪初梁启超的出现。

梁启超，这位戊戌变法运动的领导人，在中国传记从古典到现代的交替过渡过程中，在理论和创作两个方面都作出了开创性的贡献。他的理论著述主要有《中国历史研究法》《中国历史研究法补编》《新史学》等，介绍了西方的传记文学理论，并针对当时中国传记的创作情况提出了一系列新的传记理论主张。他将历史分为通史和专史，又将专史分为人的专史、事的专史、文物的专史、地方的专史、断代的专史，而其中"人的专史"就是指"传记"，肯定了传记作为一种史学文体的地位；十分重视传记的社会政治功能，认为传记和小说一样具有改良社会、开启民智的启蒙作用；介绍了西方传记作品，并且身体力行进行创作，撰写有《匈牙利爱国者噶苏士传》《意大利建国三杰传》《近世第一女杰罗兰夫人传》《张博望班定远合传》《管子传》《李鸿章传》等等大量的中外名人传记，传主大都是中外历史上的著名人物，梁先生希望通过传记来褒扬爱国主义、英雄主义的精神，宣传西方的自由、平等、博爱的思想，唤醒国人的自我意识，推动社会的进步。梁启超之后对中国传记文学作出重要贡献的是胡适，美国学者霍理斋这样分析道："胡适较梁启超晚生一代，对于西方文化亦较梁氏了解。胡适对传记的观念并非如梁氏来自实际写作的经验，而系基于对西方文学之认识而自理论上加以考虑。"① 比较中肯地指出了梁启超与胡适对中国现代传记所作出的贡献。胡适在他的日记《传记文学》中，对传记文学的特性和文体样式进行了简单的论述，着重比较分析了中西方传记的差异，"余以为吾国之传记，惟以传其人之人格。而西方之传记，则不独传此人格已也，又能传此人格进化之历史。"并进一步比较了东西方传记的优缺点，提出了比较完整的传记文学理论，尤其重要的是强调传记应当揭示传主的"人格进退之次第，及其进退之动力"。他的《〈南通张季直先生传记〉序》是一篇关于中国传记文学的重要的论述，认为"传记是中国文学里最不发达的一门"，强调"传记最重要的条件是纪实传真"。胡适清楚地看到了当时中国传记文学的创作及其研究的现状，之后在有关的论文、书信、演讲等活动中，积极提倡"传记文学"，强调传记文学的重要性，积极呼吁人们进行传记的创作实践，动员同时代的知名人物写作自传，并且身体力行创作了不少优秀的传记作品，如《四十自述》《章实斋先生年谱》《李超传》《吴敬梓传》《齐白石年谱》《丁文江的传记》等等，其中最重要的是《四十自述》，"我们赤裸裸的叙述我们少年时代的琐碎生活，为的是希望社会上做过一番事业的人也会赤裸裸的记载他们的生活，给史家做材料，给文学开生路"。② 继胡适之后，郁达夫、朱东润等在中国传记文学的理论建设以及创作方面也作出了重要贡献，促进了传记文学的繁荣。中国传记文学的真正繁荣时期是在 20 世纪，标志是现代自传的兴盛。

"五四"新文化运动的思潮唤醒了知识分子个性解放的思想意识，也带来了外来文化，西方的传记文学理论和传记文学名著的译介成为当时文学界的热门话题，尤其是受到法国作家卢梭的《忏悔录》的影响，广大的知识分子普遍关注人的生存环境，自我意识强烈，纷纷撰写自传和回忆

---

① 萧关鸿：《中国百年传记经典·序》，东方出版中心 2002 年版，第 4 页。
② 胡适：《四十自述·序》，安徽教育出版社 2006 年版，第 3 页。

录，张扬个性，表现自我，剖析自我，将作者的内心"赤裸裸"地展现在读者面前，使得中国现代传记文学的创作呈现出繁荣的局面，当时比较有影响的作品有胡适的《四十自述》，郁达夫的《日记九种》《达夫自传》，郭沫若的《沫若自传》、许钦文的《钦文自传》、庐隐的《庐隐自传》、沈从文的《从文自传》、谢冰莹的《女兵自传》、瞿秋白的《多余的话》、林语堂的《林语堂自传》等等，主要是一些著名的学者和作家创作的自传，内容既有历史事件、国家大事的记述，也有个人日常生活琐事的描述和个人内心情怀的抒发，中国的现代自传在20世纪二三十年代出现了一个创作的黄金期。这一时期他传的创作同样精彩纷呈：郁达夫的中外文人传记，《卢骚传》《卢骚的思想和他的生平》《屠格涅夫的〈罗亭〉》《屠格涅夫的临终》，详尽叙述了传主的生平、思想、创作，形象真实可信而又生动丰满；中国文人传记则多是片断性的回忆文字，如鲁迅、徐志摩、许地山、胡适等等，著名的雕塑家刘开渠，著名的画家徐悲鸿、刘海粟等也进入了郁达夫传记创作的视野。胡适的传记作品大约有40多篇，传主有名人也有普通人：名人如章实斋、吴敬梓、齐白石等，而在《丁文江的传记》中，胡适塑造的传主丁文江是一位献身科学而又极具个性色彩的著名的地质学家的形象，《李超传》中的李超是北京国立高等女子师范学校的普通学生，因不满封建旧家庭的生活而出门求学，结果却遭到了传统势力的迫害，短命而死。胡适之所以为李超作传是因为感觉到"他个人的志气可使人发生怜惜敬仰的心，并且他所遭遇的种种困难都可以引起全国有心人之注意讨论"，"我觉得替这一个女子作传比什么督军墓志铭重要得多"。在胡适创作的传记作品中，对历史史料的重视程度远远超过了对人物性格刻画的重视。

朱东润的《张居正大传》可以说寄寓了作者自己的政治理想，是我国第一部接近于西方传记风格的现代传记作品，在中国传记文学史上具有里程碑的意义，"我担保没有一句凭空想象的话"（《张居正大传·序》），同时又注意充分运用文学性的笔法来塑造人物形象，传主的形象真实可信而又不失生动。吴晗的《朱元璋传》的创作目的是政治批判，以朱元璋的政治活动为主要线索，突出他的专制、独裁、缺少人性，并没有展现出传主形象的复杂多元性。虽然,这一时期传记文学的理论研究和创作实践取得了一定的成绩,出现了一些优秀的传记作品,但是传记文学的创作始终是中国文学这个大家族之中最不发达的门类,正如胡适1953年1月12日在台湾省立师范学院的演讲中所指出的:"中国文学最缺乏、最不发达的是传记文学";"中国传记文学第一个重大缺点是材料太少,保存的原料太少,对于被作传的人的人格、状貌、公私生活行为,多不知道。"林语堂先生在《武则天传》的"原序"中说:"我不是把本书当作小说写的……书中的人物、事件、对白,没有不是全根据唐书写的。不过解释说明之处,则以传记最客观的暗示含蓄为方法。事实虽然是历史上的,而传记作者则必须叙述上有所选择,有所强调,同时凭借头脑的想象力而重新创造,重新说明那活生生的往事。"他的《苏东坡传》《武则天传》就是实践其理论主张的里程碑式的作品,从西方的文化观念出发对中国的历史事件、历史人物作出了探索性的阐释,艺术水准很高。

从1949年到"文化大革命"的17年中,传记文学的创作原则主要是"为政治服务",传记作品数量多,但呈现出一种概念化、公式化的倾向。这一时期陈寅恪的《柳如是别传》(1980年版,作者生前未出版)独具一格。在晚年孤寂、双目失明、疾病缠身的情况下,陈寅恪花了整整10年时间,洋洋洒洒80万字为一名"美人而兼烈女""儒士而兼侠女"的奇女子立传,是一部严谨的史学著述,主要目的是笺诗证史,几乎无一字无出处,内涵非常丰富,"说是明清之际的情爱史可也,明清之际的文人生活史可也,明清之际的政治史亦可也;同样也可以说是一部饶有特色的江南党社史或抗清纪略;还可以说是明清史料史或从新角度写就的南明史;当然更准确而宽泛一点说,应该是用血泪写成的色调全新的明清文化痛史"[①]。另外,这一时期比较有影响的传记作品还有冯至的《杜甫传》、朱东润的《陆游传》、溥仪的《我的前半生》等。

"文化大革命"中,传记文学的创作趋于没落,艺术成就较高的只有作为"交代"问题的彭德怀的《彭德怀自述》和陈白尘冒着风险记下的

---

① 萧关鸿:《中国百年传记经典·序》,东方出版中心2002年版,第8页。

《牛棚日记》。一直到新时期，在思想解放思潮的影响之下，传记文学的创作才出现了第二次高峰。

在西方，古希腊罗马神话中就蕴含着传记的因素。"历史的神话、准历史的神话或半历史的神话如果罗列出来，将是很长的一览表。"① 神话、传说本身就具有一定的真实性，上古的历史许多都是由文学家、史学家等依据大量的传说整理而成的，正如英国人类学家赫胥黎所指出的："古代的传说，如果用现代严密的科学方法去检验，大都是像梦一样平凡地消失了，但是奇怪的是，这种像梦一样的传说，往往是一个半睡半醒的梦，预示着真实。"② 马克思说："希腊神话不仅是希腊艺术的宝库，而且是希腊艺术的土壤。"③ 希腊文化蕴含着深厚的人文主义精神，这就为传记文学的发展提供了适宜的土壤，罗马文学在希腊文学的影响之下得到了进一步的发展，出现了一批杰出的传记作家，而普鲁塔克是其中的佼佼者，他的《希腊罗马名人传》中的传主上至半神话人物，下到一世纪的罗马皇帝，展现了历史上的"英雄"形象，其叙述结构是将一个希腊人物与一个罗马人物并列、比较，而这两个人物或经历相似或地位相近或性格相似，是因为"这位道德哲学家生活在罗马时代的希腊，他崇敬罗马的光荣和赫赫声威，仰慕罗马历史上的英雄人物；对于故土希腊光辉的过去，他也有一种出于本能的眷恋，所以他既歌颂罗马的伟人，也歌颂希腊的伟人，他要用希腊人教育罗马人，也要用罗马人教育希腊人"④。普鲁塔克的传记主要是歌颂自己所崇拜的英雄，这也是传记文学最早的社会功能。

欧洲的文艺复兴运动也带来了传记的复兴，传记文学体现出了人文主义精神和反封建主义的色彩，薄伽丘的《但丁传》是文艺复兴传记中的第一部优秀作品，乔治奥·瓦萨里的《七十位最优秀的画家、雕塑家、建筑家传略》（1550年），实际上写了161人，基本囊括了意大利当代和前代所

---

① [美] 戴维·利明、埃德温·贝尔德：《神话学》，李培茱等译，上海人民出版社1990年版，第86页。
② 张新科：《唐前史传文学研究》，西北大学出版社2000年版，第195页。
③ 马克思：《政治经济学批判导言》，《马克思恩格斯选集》第2卷，人民出版社1995年版，第113页。
④ 杨正润：《传记文学史纲》，江苏教育出版社1994年版，第113页。

有重要的艺术家，风格平易、散漫，注重运用生活细节和人物轶事来刻画传主形象；法国蒙田的《随笔集》注重自我分析，"描绘我自己"，力图让读者看到作者真实的自我。18世纪的欧洲在启蒙思潮的影响之下，传记文学得到了较快的发展，越来越多的普通人成了传记中的传主，注重传记的真实性，传记的文学水平也大大提高，鲍斯威尔的《约翰生传》、卢梭的《忏悔录》等经典传记作品相继问世；之后马克·吐温的《马克·吐温自传》、歌德的《诗与真》、克鲁泡特金的《我的自传》等也产生了重要影响，传记文学理论研究也出现了热潮，产生了"传记革命"，完成了从古典传记向现代传记的转变。英国的斯特拉奇，美国的布拉德福德、里翁·艾德尔，法国的罗曼·罗兰、莫洛亚，奥地利的茨威格，德国的艾弥尔·路德维希等等，是西方现代传记的优秀作家和传记理论家。至此，传记中的英雄崇拜观念退出了西方传记的主流，传记作家注重对传主的个性阐释，严格遵循历史性与文学性相结合的传记创作原则，并且逐步形成了自己的创作风格。

与传记文学创作的繁荣形成明显对比的是理论研究的相对滞后。20世纪初，中国的文学理论界才开始将传记文学作为一门独立的文体进行研究，梁启超、胡适、郁达夫、朱东润等人对中国20世纪的传记文学理论体系的形成与壮大，发挥了至关重要的作用。梁启超指出："在现代欧美史学界，历史与传记分科。所有好的历史，都是把人的动作藏在事里头，书中为一人作专传的很少。但是传记仍不失为历史中很重要的一部分。一人的专传，如《林肯传》《格兰斯顿传》，文章都很美丽，读起来异常动人。多人的列传，如布达鲁奇写的《英雄传》，专门记载希腊的伟人豪杰，在欧洲史上有不朽的价值。所以传记体以人为主，不特中国很重视，各国亦不看轻。"[①] 梁启超先生认为传记应该以描写人物为主，是历史的一部分，强调了传记文学的真实性："我以为史家第一件事，莫过于忠实。"而以胡适、郁达夫、朱东润等人为代表的学者由于接受了西方现代传记意识的影响，都将传记文学当作文学的一种类型加以倡导和写作。胡适在《四十自

---

① 梁启超：《中国历史研究法》，江苏文艺出版社2008年版，第169—170页。

述》序中就明确指出了传记文学的创作宗旨是"给史家做材料,给文学开生路",郁达夫在《什么是传记文学》中也强调了传记的文学性,之后的传记文学理论家朱东润也认为传记文学是文学中的一个独立门类,他的《张居正大传》被称为中国现代传记文学的经典之作。1949年之前的传记文学理论研究的重点主要集中于"传记文学"概念的提出、传记文学的本质属性即文学性和历史性的问题之上;1949年到1978年,传记文学的创作、理论研究都处于相对停滞的时期,收获不大;新时期,传记文学的创作出现了新的热潮,传记理论的研究也逐步形成了一定的规模:出现了不少专门研究传记理论的学者、专家,研究专著相继出版,内容丰富、深刻,有关于传记文学史、传记文学理论的系统研究,也有对传记写作艺术的具体阐释;传记文学理论研究呈现多元化的发展态势,大量的研究文论纷纷发表,传记文学的定义、本质属性、真实与虚构、避讳等等问题重新成为学界探讨的焦点;西方传记文学理论的译介也成为文坛的热点,推动了我国传记文学理论研究的深入。传记理论研究的相对繁荣又促进了传记文学创作的发展,政治人物、军事家、学者、明星、商人等等都成了传记作家笔下的传主,并且这股传记创作"热"一直延续至今,传记文学这个领域达到了前所未有的繁盛时期,这其中当然包括我们提到的画家传记的创作。

## 二 研究对象的提出、意义及方法

中国的传记文学在文学这个大家族中始终处于边缘的位置,其发展也并不是一帆风顺的,经历了许许多多的波折,而画家传记是传记文学中不引人注目的一员,它的创作发展道路则更为曲折。在中国画家传记的创作历程中,古代的画家传记大多散见于绘画理论著述之中,南齐谢赫的《古画品录》是我国现存最早的论画、品评的文献,第一次比较系统地将中国绘画史上自三国至南齐的27位画家依据绘画的"六法"("六法"即气韵生动、骨法用笔、应物象形、随类赋彩、经营位置、传移模写)划分成为六品,即六个等级,并且指出了各位画家的特点和不足之处,具有开创之功,叙述比较简略,但仍可视为我国出现最早的画家传记;姚最的《续画品录》中也出现了画家的小传，其原序说："今之所载，兹谢赫所遗。"将谢赫的《古画品录》又补入了20个条目，画家23人，对每位画家都进行了认真的分析、品评，指出其优缺点，比谢赫的评论更为详尽，但是没有为画家评定品级，画家名次的前后顺序也并不是以画的优劣来排定的，"其优劣可以意求也"。值得注意的是，姚最将外国画师也纳入了其著述之中，如迦佛陀、吉底俱、摩罗菩提等，他们都是精于绘事的天竺和尚，但是作者秉持的原则是"既华戎殊体，无以定其差品"，态度比较客观。

唐代尤其是盛唐的绘画是中国绘画史上一个空前繁盛的时代，画种纷呈，多姿多彩，名手涌现，各擅胜场，绘画理论著述数量多、艺术成就高，但是全文保留至今的并不是很多，朱景玄的《唐朝名画录》（又称《唐朝画断》或《名贤画录》）是已知的第一部断代画史，按照"神、妙、能、逸"四品评介了唐代画家120多人，记述了画家的生平、画迹，对画家的艺术成就也进行了评价；张彦远的《历代名画记》共10卷三大部分，是我国第一部完整的绘画通史，对有史以来散见于诸书的画史资料进行了认真系统的整理，对前人的有关画史画论的研究成果进行了详细的总结，其中的画家传记及其有关的资料部分在全书所占篇幅较多（第三部分卷4至卷10全文），共收录了传说时代至晚唐会昌元年（841年）间370余名画家的传记，大体按时代的先后顺序排列，或一人一传，或父子师徒合传，内容有详有略，包括画家姓名、籍贯、事迹、擅长、享年、著述、前人评论以及作品著录，并且还有作者所列的品级及所作的评论，有史有评，评价的标准是按"自然（上品上）、神（上品中）、妙（上品下）、精（中品上）、谨细（中品下）"五个等级来区分的。

宋代的统治者实行的是"崇文抑武"的基本国策，北宋初期即在宫廷设立了"翰林图画院"，既是全国的绘画创作中心，也是培养和教育人才的地方，对宋代的绘画发展起到了一定的促进作用。在宋代，画家的地位显著提高，绘画创作出现了繁荣的景象，有关绘画理论著述的范围和内容也日趋完整和广泛，刘道醇的《圣朝名画评》按照"神、妙、能"等三品记载了宋初至景祐、至和年间（1054—1056年）的画家90多人，每个人都有小传和评语，是研究宋代早期绘画史的重要资料；《五代名画补遗》

则综合整理了大量前人的绘画史籍,捃拾胡峤《广梁朝画目》见遗的画家编写而成的,第二、三、四卷为画家传记,第五、六卷记述了一些重要的绘画活动,是研究唐末至北宋中期绘画的重要史料;邓椿的《画继》以作者的亲历亲闻为主,参考了当时文人的诗文集、笔记等资料,记述了熙宁七年至乾道三年(1074—1167年)间的画家及画事,按照画家的身份地位编次,宋徽宗赵佶为首卷,共录有290位画家的传记,是读者了解南、北宋之间的画家生平、创作、画院情况乃至绘画的收藏、交易的重要史料;黄休复的《益州名画录》(又名《成都名画记》)以"逸、神、妙、能"四格,记述了唐代乾元初至宋代乾德年间(758—968年)四川地区58位画家的事迹,开创了地方绘画史编写的新体例;《宣和画谱》是我国第一部系统品第宫廷藏画的书,在其"叙"中说:"乃集中秘所藏者,晋魏以来名画,凡二百三十一人,计六千三百九十六轴,析为十门,随其世次而品第之。"[①] 作者是按时代的顺序,以御府秘藏画卷为基础对画家进行品第的,即依据画作来品评画家并且分出了次第。至元代,汤垕的《画鉴》记录了三国、晋、唐、五代、宋、金、元的画家160多人,均以作者本人亲眼所见的各家画迹论述其内容、特点、优长,辨其真伪,论述颇为精到;夏文彦的《图绘宝鉴》中记录了三国吴至金、元以及外国画家1500多人,列出了画家的姓氏、名号、籍贯,记述了画家的所擅和师承,并且作了简略的评述,被《四库全书总目》称之为"在画史之中最为详赡者",是研究元代绘画史的重要资料。

明代的绘画,流派纷繁,各成体系,山水、花鸟、人物等各种画科全面发展,在绘画史论方面,韩昂撰写的《图绘宝鉴续编》是续夏文彦的《图绘宝鉴》,补录了明代洪武至正德年间的画家100多人,记述比较简略,是记录明代画家传记最早的一部著述;朱谋垔撰的《画史会要》载录了明代以前和明朝当代的画家,明代以前的画家材料,主要摘自前人的史传著述,而明代的画家资料主要是作者自己搜集整理的,内容比较详尽,是后世研究明代画家的主要史料之一;李开先的《中麓画品》将明代中期

---

[①] 岳仁译注:《宣和画谱》,湖北美术出版社1999年版,第1页。

以前的画家分为五等进行品评，见解独到；王稚登的《吴郡丹青志》专记当时吴郡（今江苏苏州）地区的名画家计25人，记述比较简略，多赞颂之词。

　　清代的绘画延续着元、明以来的趋势，文人画占据着画坛的主流，画家注重笔墨情趣，风格多样、派系林立，画史画论方面的著述数量剧增。清初徐沁的《明画录》收录了明代画家850多人，按画科将画家分类，在每类的开头都有对该画科的简介以及画家的简评；周亮工的《读画录》记载了明末清初南京一带的画家77人，对画家的家世、生平及画学渊源等进行了简要的介绍，同时还收录了时人的品评或作者自己的评述，而其中的不少画家都是作者的至交，记述比较翔实，史料也比较真实可信；张庚的《国朝画征录》是清代最早的一部断代画史，收录清初至乾隆中叶年间的画家1150余人，画家传记有分传、有合传，内容涉及生平、师承、艺术擅长、画法特点、理论见解、著述以及时人评论等，作者注重"征其迹而可信者，著于篇"，内容翔实，评述比较公允，有个人见地；冯金伯的《国朝画识》记载清初至乾隆末年的画家计千人左右，收录的画家数量多，传记内容主要依据的是画史画传、文集笔记、地方志等史料，均注明出处，资料十分丰富，他的《墨香居画识》是对《国朝画识》的补充，收录乾隆中后期在世画家770多人，且大都是作者的师友一辈，为后世留下了极其珍贵的第一手资料；蒋宝龄的《墨林今话》接续冯金伯的《墨香居画识》，收入乾、嘉、道、咸四朝的画家计1286人，大都是作者江浙地区的师友或门人，传记内容有画家的生平、艺术嗜好、生活琐事、诗作以及画作的介绍，叙述形式比较自由；张鸣珂的《寒松阁谈艺琐录》是在吴昌硕的支持之下编写而成的，收录了咸、同、光三朝的画家计330多人，与作者同时期的重要画家均记载其中，大多数画家与作者有密切的交往，史料真实可信。

　　在清代，除了断代画史中记述有画家传记之外，还有不少的专史之中也记录有画家的传记，主要是按地域来划分的：鱼翼的《海虞画苑略》收集记述了常熟地区元代以后的画家408人，有传有评；汪鋆的《扬州画苑录》专录清代扬州地区的画家558人，资料真实丰富；陶元藻的《越画见闻》记述的是绍兴地区自魏晋至清代的画家200余人；画家黄钺写过一本《画友录》，内容全部是安徽籍画家的传记，凡安徽籍的画家无论去世的或在世的，均收录其中；另外，胡敬的《国朝院画录》专记画院的画家，并且在"自序"中详细叙述了历代画院的沿革，具有重要的史料价值；汤漱玉的《玉台画史》辑录了历代妇女画家200余人；李放的《八旗画录》则专记满族画家。在中国古代传记文学的发展历程中，画家的传记大多与画史合一，还没有出现独立的画家传记。

20世纪初期，在西方现代传记思潮的影响之下，中国传记文学的创作出现了第一次高潮，画家传记的创作也随之逐步增多。郁达夫创作的文人传记中有著名的画家徐悲鸿、刘海粟的小传；著名画家黄宾虹曾写过他的老师、扬州名画家陈若木的传记，等等，数量并不是很多。之后的一段历史时期，文坛也断断续续地出现过画家的传记，但是始终没有形成一股创作的潮流，在中国传记文学的发展过程中，画家传记的创作始终是一个比较薄弱的环节，直到新时期中国传记文学创作第二次高潮的来临，画家传记的创作也呈现出比较繁荣的局面。在新时期，廖静文的《徐悲鸿一生：我的回忆》可能是画家传记创作的肇始，其后，相继出现了一批艺术成就较高的画家传记，在中国美术史上占据重要地位的画家每人都有一本甚或是几本传记，从不同的侧面展示了传主多姿多彩的艺术形象，与此同时也使读者领略到画坛的风云变幻。理论研究的相对滞后是新时期传记文学研究的一个较为普遍的现象，这在画家传记的研究方面似乎更为严重一些。就笔者的阅读视域来看，在画家传记的研究方面，目前还没有专门的著述问世，仅有的几篇研究文章是就画家个体的单篇传记的研究评述，如何玉蔚的《试析传记中的一人多传现象》（《广西社会科学》2003年第11期）是以徐悲鸿的两任妻子的回忆录即蒋碧微的《蒋碧微回忆录：我与悲鸿》、廖静文的《徐悲鸿一生：我的回忆》为例，分析了由于主体的差异性而导致的传主形象的巨大反差。另外，郭久麟、吴日华的《中国新时期传记文学选评》（《渝西学院学报》（社会科学版）2003年第12期）中对廖静文的《徐悲鸿一生：我的回忆》进行了赏析——"用生死不渝的爱情浇灌的传记奇葩"，等等。从文坛的整体情况来看，对画家传记缺乏系统性的理论阐释。本书正是针对目前画家传记的研究现状，拟从以下几个方面对新时期的中国画家传记进行比较系统的梳理：画家传记的创作、研究现状，画家传记是如何体现历史性和文学性统一的，画家传记中作者的主体性是如何体现的，画家传记中的叙述策略、写人艺术，21世纪的画家传记创作趋势等等，使得画家传记的研究能够在新时期的传记文学研究中占有一席之地。

  传记，顾名思义，就是给人物立传的，是对传主生平、事迹的记载、描写、评述，基本要求是在尊重客观历史事实与历史资料的基础之上，对传主的人生轨迹进行真实地记述，同时又需要运用文学性的表现手法生动地再现传主丰富多彩的个性形象。美国著名的文学理论家韦勒克、沃伦说："一部文学作品的最明显的起因，就是它的创造者，即作者。因此，从作者的个性和生平方面来解释作品，是一种最古老和最有基础的文学研究方法。"传记"可以帮助我们研究文学史上所有真正与发展相关的问题中最突出的一个，即一个作家艺术生命的成长、成熟和可能衰退的问题。传记也为解决文学史上的其他问题积累资料，例如一个诗人所读的书、他与文人之间的交往、他的游历、他所观赏过和居住过的风景区和城市等：所有这些都关系到如何更好地理解文学史的问题，也就是有关该诗人或作家在文学传统中的地位、他所受的外界影响以及他所汲取的生活素材等问题"。① 通过对传记主人公生平事迹的叙述及其个性形象方面的展现可以更好地来阐释画家的作品，加深读者对画作的理解，同时对作品的研究阐释又可以帮助我们对传主整体形象的把握，进而了解中外美术史的发展历程，了解画坛的风云变幻。作为传记文学大家族的一员，画家传记的创作集中体现了一定历史时期的文学史研究、美术史研究、画家画作研究的最高成就，是一种系统性和综合性的美术史、文学史的研究方法，反映了文学史、美术史研究的成果与趋势。画家传记的创作涉及"史""事""画"三个方面，需要传记作家对传主的材料包括生平材料、绘画创作等等进行认真细致的搜集整理，对画作的真伪进行严肃认真的辨析，需要对画家的

---

① [美]勒内·韦勒克、奥斯汀·沃伦：《文学理论》（修订版），刘象愚等译，江苏教育出版社2005年版，第75、81页。

艺术成就及其在美术史上的地位作出正确公允的评价；更需要传记作家能够与传主进行深层次的心灵上的对话与交流，运用文学性的表现手法对画家的内心世界深入探究并进行深刻、全面的阐释，生动地再现画家的真实形象。画家是一个极富于艺术个性的群体，性情狂放、不拘一格，思维活跃、情感丰富复杂，相比于文学家、史学家等，为他们作传是很困难的，梁启超曾就艺术家的传记创作谈道："艺术家很重要，但很难作传。因为文学家遗留了著作或文集可以供给我们的资料，艺术家的作品常常散亡，不能供给我们以资料，这是一层。某种艺术的最高潮固然容易找到，但最高潮的那个人未必就能代表那种艺术，这是二层。艺术的派别最繁杂，非对于各种艺术都有很深的研究便不能分析得清楚，这是三层。因此，有许多艺术家几乎不能作传，能够作传的也不能独占一传以代表一种艺术。到了这里，普通的史家差不多不敢动手，一人的专传差不多不合体裁。大约要对于艺术很擅长的人，把各个艺术家的作品、事迹研究得很清楚，以科学的史家的眼光，文学家的手腕，挑剔出几十个出色的艺术家，依其类别做两篇合传，才可以把艺术界的历史描写明白。这样，也是很有趣味的事情，但作者非内行不可。"① 画家传记的创作困难重重，精品少，对画家传记的研究更是相对滞后，目前问世的文章还只是停留在对少数画家传记的某一方面的研究，而缺乏综合性与系统性的研究探讨。

  传记文学作为文学性和历史性相结合的一种文体，跨越文学和历史学两个学科，一直以来，传记文学理论并没有受到文学研究者的足够重视，传记文学的理论研究相对滞后于传记文学的创作。英国传记理论家艾伦·谢尔斯顿曾抱怨说："与业已确立了地位的文学体裁所引来的那许许多多的评论相比，传记体实际上被忽视了。对这种体裁的真正的批评研究书目是很简短的：对个别实例的考察一直是文学史家的事而不是文学批评家的事。"② 这样一种理论研究严重滞后于创作的现象显然不利于传记文学的健康发展。作为研究者，及时总结传记文学创作的得失与规律，为传记文学的写作提供理论的依据与指导势在必行。长期以来，传记文学的文体独立性得不到

---

① 梁启超：《中国历史研究法》，江苏文艺出版社2008年版，第238页。
② ［英］艾伦·谢尔斯顿：《传记》，李永辉、尚伟译，昆仑出版社1993年版，第3页。

重视,一直被视为一种边缘文体。国内权威的中国文学史著述之中,很少有专门提及传记文学的,这与中国文学的真实面貌不相符合,影响了世界对中国文学史整体创作态势的了解。董炳月说:"作家传记作为一种体裁的独立价值无疑应当充分肯定,不能将它等同于一般的作家作品论、创作心理分析和文学史研究,但它确实又应当包容这三种批评方式的主要因素。它作为一种独立的体裁的存在意义,也许正在于这种综合性与系统性亦未可知。"[1] 肯定了作家传记的意义之所在,画家传记的创作实践、理论研究理应与作家传记具有同样的地位、意义,传记文学应该在中国文学史上占有自己的一席之地。

　　本书主要是对新时期中国画家传记进行研究,涉及的研究领域比较广泛,有文学、美术学、史学、心理学等等,并依据具体的传记理论对文本进行了详细的解读。研究的方式方法是将新时期中国画家传记置于世界文学史、美术史尤其是中国文学史、美术史的巨大背景之下,集中梳理了新时期画家传记的创作,发现并总结了新时期画家传记的功能与价值,概括出新时期画家传记的独特的中国特征,详细分析了画家传记的本质属性并提出了自己的观点,阐释了画家传记主体性的具体体现,并将之与中国古代画家传记、国外的画家传记创作进行了比较研究,将画家传记中的传主形象在巨大的历史背景之下进行了考察,"寻觅他们各自在这一文化天平上所舞蹈出的精神足迹",并对成功塑造传主形象的艺术手法进行了全面的总结、概括、阐释,找出新时期画家传记创作的经验与不足并进行了系统性的分析,展望了21世纪画家传记创作的新趋势,以便于更好地指导画家传记的创作,使得画家传记"更具有强烈的思想文化色彩,既有较强的人文意识和思想性学术性,同时具有较强的文学审美性和可读性"[2],同时也为画家传记的理论研究提供有益的帮助,推动传记文学文体意识的自觉和进一步发展,从而推动传记文学理论研究的深入并使之逐步呈现出整体性、系统性的发展态势,丰富中国现当代文学理论研究的领域。

---

[1] 董炳月:《生命与生命的对话——从几部现代作家传记谈"作家传记"观念》,《文学评论》1992年第1期。

[2] 贺仲明:《喑哑的夜莺——何其芳评传·总序》,南京师范大学出版社2004年版。

# 第一章

## 新时期中国画家传记创作综论

新时期的改革开放促进了经济文化的蓬勃发展,也促进了中国美术事业的空前繁荣。老中青三代美术家们的创作意识再次觉醒,重新开始了艺术创作、艺术探索的历程,他们广泛地接触、吸收西方的现代艺术,如饥似渴地汲取中国古代传统文化的养料,并力图将中西艺术完美融合,希望为当代的中国美术史谱写新的篇章。新的艺术现象、艺术方式、艺术形态以及艺术观念不断涌现,艺术批评家们的学术意识也被重新唤醒,美术创作、美术评论都呈现出前所未有的"百花齐放,百家争鸣"的新气象,传记作家们也将笔触伸向了画家传记的创作领域,画家传记的创作同样呈现出了前所未有的繁荣景象。本章主要是在中国传记文学创作的巨大背景之下,从画家传记的创作历程概述、画家传记中的"名人"现象、画家传记创作的主题向度三个方面综合阐释新时期画家传记的创作。

### 第一节 新时期画家传记创作概述

"文化大革命"结束之后,中国文学进入了新时期。新时期思想解放运动的思潮深深地影响着中国文坛,"五四"启蒙思潮重新回归并在20世纪80年代后期达到了高潮,文学创作呈现出一种多元化的发展格局,"一切都令人想起五四时代。人的启蒙,人的觉醒,人道主义,人性复归……都围绕着感性血肉的个体,从作为理性异化的神的践踏蹂躏下要求解放出来的主题旋转。'人啊,人'的呐喊遍及了各个领域、各个方面……一个造神造英雄来统治自己的时代过去了,回到了五四时期感伤、憧憬、迷茫、叹息和欢乐"。这一时期的文艺成果,"超过了以前的任何时期,无论在质量和数量的平均水平上,也无论在文学、音乐和绘画、雕塑各个领域"①。传记文学的创作也出现了近百年传记文学创作的第二次高潮,佳作迭出,在内容与形式、深度与广度等各个方面都显示出了前所未有的蓬勃之势,取得了令人瞩目的成就。"据专家统计,1949 年至 1983 年的 34 年里国内出版各类人物传记图书共计 3400 多册,而 1984 年至 1990 年的 7 年里则出版了 3700 多册,1991 年至 1999 年的数字将更为惊人。"② 进入新世纪,传记文学的数量则更多。

我国传记文学的发展源远流长,在中华民族伟大的文化长廊中占有重要位置,尤其是自 20 世纪 80 年代中后期开始,传记文学逐渐进入了创作、发展的黄金时代。传记作者的队伍不断扩大,传记文学的作者已从著名的文学家、历史学家扩大到政界、商界等社会各界的知名人士,文艺娱乐、体育行业的明星乃至于普普通通的人;作品数量不断增加,艺术成就有了显著提高,古今中外的历史名人几乎都有一本甚或是几本传记,过去不为人注意或有争议的人物也陆陆续续出版了传记;理论研究也在不断地深入,逐步形成了一定的规模。新时期的传记文学正以其独特的感人魅力和美学价值吸引着越来越多的读者,使得传记文学成为当今文坛的新热点。依据传主身份的不同,有人将传记作品分类归纳为:政界名人传记;军界名人传记;商界名人传记;文化名人传记;科学家传记;画家传记;明星传记;普通人物传记,等等,其中画家传记的创作是传记文学领域引人注目的现象。

新时期的改革开放带来了思想的解放,促进了社会的巨大进步,促进了经济文化的蓬勃发展,也带来了新的文化思潮,尤其是世界美术的创作思潮在中国美术界产生了深远的影响,促进了我国美术事业的空前繁荣。

---

① 李泽厚:《中国现代思想史论》,天津社会科学院出版社 2004 年版,第 251 页。
② 李辉:《发现隐私与传记写作》,《中华读书报》1998 年 6 月 24 日。

## 第一章 新时期中国画家传记创作综论

老一辈的美术家们历经了政治运动,尤其是那些在"文革"中吃尽了苦头、耽误了艺术创作、艺术探索的大好时光的著名画家,在有幸进入新时期之后,重新焕发了勃勃生机,希望在有生之年为自己的艺术生涯画上一个圆满的句号;中年的美术家们经过了一段时间的探索和积累也进入了创作的黄金时期;青年的美术家们广泛地接触、吸收西方的现代艺术,如饥似渴地汲取中国古代传统文化的养料,并力图将中西艺术完美地融合,希望为当代的中国美术史谱写新的篇章。在新时期,新的艺术现象、艺术方式、艺术形态以及艺术观念不断显现的同时,也在向批评家们提出新的学术命题,艺术批评成就显著,并向深度和广度发展,反过来又推动了艺术创作的繁盛,这一时期的美术创作、美术评论都呈现出了前所未有的"百花齐放,百家争鸣"的新气象。这种现象深深地吸引着传记作家们,他们将笔触伸向了画家传记的创作领域,使得画家传记的创作同样呈现出了前所未有的繁荣景象。纵观新时期画家传记的创作,较早出现在文坛的可能是廖静文的《徐悲鸿一生:我的回忆》(中国青年出版社1982年版),传记作者将一位妻子对丈夫的真挚的爱情、深笃的思念之情全部都熔铸在作品之中,听任感情在笔端流泻,再现了画家徐悲鸿坎坷曲折、辉煌短暂的一生,并对传主各个时期的代表性作品进行了详尽的阐释,真实可信、优美感人。这部传记多次再版,并被译成了英、法、日、捷克等多种文字,产生了很大的社会反响,许多作家都是受到这部传记的影响而进行创作的。"最初的推动力是《徐悲鸿一生》的问世。"林浩基在谈到他创作《齐白石传》的感受时这样讲到。画家传记数量繁多,精彩纷呈,作家创作队伍逐步壮大,艺术个性凸显,呈现出一种前所未有的繁荣景象。我们主要从传记作者的角度阐释新时期画家传记的创作。这一时期具有代表性的传记作家主要有以下几种类型:

第一,学者,他们具有多年的研究、创作传记文学的经验,有的人甚至是研究某位画家的专家并且取得了很高的成就。这一部分传记作者以史学家的严谨、文学家的笔法真实再现了传主的性格和人格,同时也融入了自己的情感,表现了作者对于传主一生的独特理解,为广大的读者塑造了一个个丰满立体的画家形象。比如,李永翘,被媒体誉为中国张大千研究之首席专家,已出版的张大千传记主要有:《张大千全传》(上下)、《张大千·飞扬世界》、《张大千·画坛皇帝》、《张大千·人生传奇》等;石楠的传记文学作品,创作手法细腻,注重通过传主日常生活细节的描绘来展现画家的个性形象,主要作品有《画魂——潘玉良传》、《沧海人生——刘海粟传》、《"艺术叛徒"刘海粟》、《海粟大传》、《百年风流:艺术大师刘海粟的友情与爱情》等等;丁家桐的系列画家传记如《扬州八怪传》、《八大山人传》、《绝世风流——郑燮传》、《石涛传》等等主要是介绍、评价画家的人生轨迹与艺术成果,寓学术性、通俗性、艺术性于一体,醇和自然;周时奋的《徐渭画传》、《八大山人画传》、《扬州八怪画传》、《石涛画传》等别具一格。此外,传诵一时的优秀画家传记主要有:林浩基的《齐白石传》,杨继仁的《张大千传》,卢炘的《大笔淋漓——潘天寿传》,郑重的《林风眠传》、《谢稚柳传》、《唐云传》,刘世敏的《艺海逆舟——林风眠传》,吴晶的《画之大者——黄宾虹传》、《百年一缶翁——吴昌硕传》,翟墨的《圆了彩虹:吴冠中传》,胡志亮的《傅抱石传》,王泽庆的《徐悲鸿评传》,郑理、佳周的《李苦禅传》,李辉的《人在漩涡——黄苗子与郁风》,叶文玲的《敦煌守护神——常书鸿》《大鸿飞天——常书鸿传》,关振东的《情满关山——关山月传》,茅山、光明的《丹青十字架——韩美林传》,王中秀的《黄宾虹画传》等。在画家传记的创作日渐增多的情势之下,许多出版社相继出版了系列的画家传记,如人民美术出版社出版的"走进大师"系列中的中国画家传记有徐悲鸿、张大千、齐白石等;山西教育出版社出版的"中国艺术大师图书馆"系列图书中的《八大山人传》、《石涛传》、《郑板桥传》、《潘天寿传》、《张大千传》、《唐伯虎传》、《吴昌硕传》、《黄宾虹传》、《齐白石传》等;古吴轩出版社出版的"艺术大师丛书"有:吴昌硕、徐悲鸿、刘海粟、李可染、齐白石、黄宾虹、林风眠、傅抱石、张大千、蒋兆和、吴作人、潘天寿、吴湖帆、石鲁等大师的传记;山东画报出版社出版的"大雅中外艺术大师画传丛书"中的中国画家传记有《徐渭画传》、《八大山人画传》、《扬州八怪画传》、《石涛画传》、《仇英画传》、《沈周画传》、《文徵明画传》、《唐寅画传》等;中国文联出版社出版的《唐寅画传》、《张大千画传》、《郑板桥画传》等;西冷印社出版社出版的"艺术人生——走近大师"系列主要有傅抱石、刘海粟等大师的传记；李辉主编的"大象人物聚焦书系"主要有《韩美林：瘦骨犹自带铜声》、《黄永玉：走在这个世界上》、《傅抱石：落笔世所稀》、《黄苗子与郁风：微笑着面对》等。多年的潜心研究，积累了大量第一手的翔实的材料，使得这些学者、专家们创作的画家传记艺术成就比较高，对于画家的整体评价也比较公允。

第二，画家，他们对于绘画领域特别熟悉，对于传记主人公的人生经历、个性特点以及创作等也有认同感，能够运用绘画语言、从画家的视角来塑造自己心目中的画家形象，读者在欣赏他们所塑造的人物形象的同时，对于传主的绘画创作也有了更加深入、专业化的了解。梁启超先生曾在《中国历史研究法补编·人的专史》中提到，艺术家很难作传，因为"艺术的派别最繁杂，非对于各种艺术都有很深的研究便不能分析得清楚"，"普通的史家差不多不敢动手"，而艺术家为艺术家作传则有其独特的优势，他们本身是"内行"，"对于艺术很擅长的人，把各个艺术家的作品、事迹研究得很清楚"，能够"以科学的史家的眼光，文学家的手腕"，"把艺术界的历史描写明白"。为艺术家作传"是很有趣味的事情，但作者非内行不可"。当画家以传记作家的身份来创作画家传记时，其"内行"的观察问题的视角、对传主的阐释、对画作的解读的条件是得天独厚的。在新时期画家传记的创作中，以画家"内行"的身份创作的传记作品陆陆续续出版了一部分，如王家诚的传记精品系列包括《吴昌硕传》、《张大千传》、《溥心畬传》、《明四家传》、《郑板桥传》等；杨先让的《徐悲鸿》，高万佳的《张大千》，李松的《万山层林——李可染》，沈左尧的《吴作人——大漠情》，简繁的《沧海》（包括《背叛》、《彼岸》、《见证》），林木的《傅抱石评传》，李世南的《狂歌当哭——记石鲁》等。这一部分传记作品涉及作者非常熟悉的专业绘画领域，因而对于传主的绘画创作等方面的知识分析得比较深、比较透，对于传主个性的阐释也运用了专业化的视角，给读者以耳目一新的感觉，但是对于传主整体形象的塑造把握不够，文学性相对来讲要差一些。

此外，我们将画家的自传也归为这一类。比较著名的如齐白石的《白石老人自述》(山东画报出版社2000年版),这篇"自述"是白石老人自己口述生平,由他的门人张次溪笔录的,从齐白石出生说起,止于1948年,当时白石老人已经88岁了。"自述"的主导风格是真诚、朴实,一如齐白石先生的画作,充满了浓郁的乡土气息。吴冠中的《我负丹青——吴冠中自传》(人民文学出版社2004年版)是作者年逾八旬"自己写一份真实的自己的材料,以备身后真有寻找我的人们参照"①。全书分为三部分:"生命之流",主要记述了传主思想、情感的发展与变化;"此情此景",主要阐释了传主的生活观、艺术观;"年表","是生命支付的账单"。图文并茂,语言优美流畅,对自我内心的揭示也非常真实、深刻,使读者看到了现实生活中画家的整体形象。《黄永玉自述》(河南教育出版社2004年版)采用图文并茂的形式,生动形象地向读者展示了传主自己的人生轨迹和精神世界。《黄宾虹自述》(文化艺术出版社2006年版)主要收录了这位跨越两个世纪的国画大师黄宾虹对国画的一些独到见解。另外,部分老画家撰写的回忆性的文章也可看作是画家的传记,如黄苗子的《画坛师友录》(增订版,生活·读书·新知三联书店2007年版),黄永玉的《比我老的老头》(增补版,作家出版社2007年版)等,他们以自己的亲身经历讲述画坛曾经的风风雨雨、恩恩怨怨,语调平和,娓娓道来,为后人留下了一份珍贵的研究资料。

第三,传主的亲人,比如徐悲鸿的两任妻子蒋碧微、廖静文创作的传记《蒋碧微回忆录:我与悲鸿》、《徐悲鸿一生:我的回忆》,描摹出各自心目中的"丈夫"徐悲鸿的形象:在蒋碧微的《蒋碧微回忆录:我与悲鸿》(漓江出版社2008年版)中,徐悲鸿是一位自私、冷漠、性格暴躁、用情不专、虚伪的男人,没有责任感,也没有道德感,在他的世界中只有画画、教书、与学生谈恋爱;而在廖静文的《徐悲鸿一生:我的回忆》中,徐悲鸿才华横溢、风趣幽默,对待工作认真负责,对待家人体贴入微,具有很强的社会责任感,是一个值得她用一生去回忆的人。传记作者主体认识的差异性导致了传主形象的迥然不同。冯伊湄的《未完成的画:

---

① 吴冠中:《我负丹青——吴冠中自传·前言》,人民文学出版社2004年版。

司徒乔传》（人民文学出版社 1999 年版）以充满真挚感情的笔触回忆了与丈夫共同经历过的生活，如实描述了传主一生的志向和节操，展现了日常生活中的喜怒哀乐，注重对传主心理的刻画，真实再现了丈夫司徒乔这个自己最为熟悉的普通人的形象。傅抱石的女儿傅益瑶是著名的水墨画家，她的《我的父亲：傅抱石》（上海辞书出版社 2006 年版），生动形象地披露了傅抱石的许多生活和创作中的细节，描写了传主一些不为外人所知的逸闻趣事，饱含深情地写出了女儿心目中的作为著名画家的慈父形象，表达了女儿对父亲的一种深挚的思念之情，展现了傅抱石作为一位杰出的画家、一位慈父的传奇人生。张次溪与齐白石老人是世交，并且还是齐白石先生的学生，他的《齐白石的一生》（人民美术出版社 2004 年版）真切、朴实、自然、叙述语调亲切平和，读者感觉仿佛听一位老朋友在叙说父辈的往事。潘公凯的《潘天寿评传》（香港商务印书馆 1986 年版）从儿子的视角详细介绍了作为父亲的现代中国画坛艺术大师、杰出的美术教育家、美术史论家潘天寿的艺术成就与生平活动，感情自然、真挚。作为传主的亲人，由于与传主的密切接触，有一种外人所不能体验的生活与情感的交流，更能够熟悉传主日常生活的细节，了解传主的内心世界，所以这一部分的传记作者更注重从日常生活的细节来刻画传主的形象，细致、生动、传神。但是也存在着"为亲者讳"的问题，使得广大读者无法真正全面地了解传主的真实形象。

除了上面所提到的中国画家传记之外，在新时期的画家传记创作中还有一个引人注目的现象就是国内学者编著的外国画家传记。主要有：周时奋的《凡高画传》、《毕加索画传》、《文艺复兴三杰画传》，陈训明的《拉斐尔》，丁言模的《米开朗琪罗》，纪学艳的《安格尔画传》，苏琳的《达利的梦幻与怪诞》，程波的《天才/疯子——达利画传》，王月瑞的《毕加索画传》，杨斌的《毕加索传》，史勤奋的《凡高——燃烧生命》，李行远的《印象派画传》，盛超的《毕加索画传：现代艺术大师》，王志艳的《连接两个世界的奇迹：用画感悟生命的梵高和毕加索》，刘燕的《达利画传》，卓凡的《罗丹画传》，徐志戎的《告诉你一个真实的凡高》等，数量很多，大都采用画传的形式。从文本的角度来讲，传记作者创作所依据的主要是画家的画作和他们的传记资料，而有关传记的材料基本都是引用的或翻译过来的，缺乏第一手的资料，这也在一定程度上影响了作品的真实性。

"画传"（或称"图传"）是20世纪90年代以来广泛流行的一种新的传记文本，是传记文学写作走向大众化的一种新的形式，在一定程度上符合现代读者快速的阅读节奏和追求视觉欣赏效果的需求。海登·怀特曾断言："选择一种历史视角而不是选择另一种历史视角的最佳理由最终是美学性的或道德的，而非认识论。"在具体的创作过程中，图片介入传记的速度越来越快，2000年上海古籍出版社出版的《弘一法师画传》是出现较早的画传类图书，2003年出版的《宋美龄画传》总发行量超过了20万册，更进一步刺激了画传的巨大的创作风潮。画传这种新的传记样式决定了它兼具画册和传记两方面的要求，既要通过图片展现传主的真实直观的形象，又要以相当的文字叙述来展现传主的一生。事实是传记的基础，传记的主要内容是真实地再现传记主人公的一生，传记作家运用文字可以细致、充分地展示出传主曲折而又复杂的心理活动以及情感历程，剖析传主的内心世界，而图片只能表现传主某一特定时间的某一瞬间，很难完整地再现传主的一生，它们是用来充当配角的，在作品中或调节气氛，或深化主题，或制造效果。图传是不可能取代文字传记的。

在新时期中国画家传记中的创作中，画传的数量也是比较多的，如周时奋的中外著名画家画传系列：《八大山人画传》、《扬州八怪画传》、《石涛画传》、《徐渭画传》、《凡高画传》、《毕加索画传》、《文艺复兴三杰画传》，盛超的《毕加索画传：现代艺术大师》，王中秀的《黄宾虹画传》，张健初的《孙多慈与徐悲鸿爱情画传》，山东画报出版社出版的"大雅中外艺术大师画传丛书"中的《徐渭画传》、《八大山人画传》、《扬州八怪画传》、《石涛画传》、《仇英画传》、《沈周画传》、《文徵明画传》、《唐寅画传》等，中国文联出版社出版的《唐寅画传》、《张大千画传》、《郑板桥画传》等，西泠印社出版社出版的"艺术人生——走近大师"中的傅抱石、刘海粟等大师的传记等等，"通常的人物传记是以文字为主，厚厚的几十万字，在书前插几幅照片；通常的人物画册以图片为主，图片多达几百幅，每幅图片配以一两行说明词。前者内容丰富，但是文字太多，要花很多时间阅读；后者图片虽多，但是内容显得单薄。画传则介乎两者之间，既有相当深度的内容，又有形象丰富的图片"①。许多画传，图文结合紧密，为读者提供了更多的视觉享受，读者从图片当中能够更为直观地感受到逝去的历史，领略传主曾经的精神风貌，与传主进行更深层次的心灵的沟通与交流。"如同绘画中的事物在互为补充、互为提升一样，以文字构成的人物传记，在与环境、穿插的图画的互相呼应、互相应答中，建立起一种新的和谐与次序，为读者的理解，打开了一条深入的通道。"② 但毋庸讳言，由于画传的大众化特质而带来的一些负面影响也不可低估，比如注水写作等等。

新时期画家传记的创作体现出了前所未有的艺术成就，这首先得益于我国传记文学理论研究的规模化、系统化。传记文学的研究机构相继成立，1992 年中国传记文学学会成立，1994 年中外传记文学研究会在北京大学成立，推动了新时期传记文学的创作实践与理论研究；理论研究不断深入，相继出版了一大批关于传记文学研究的论文，内容涉及传记文学研究的方方面面；传记文学理论研究与评述著作也相继出版，主要有朱文华的《传记通论》、李祥年的《传记文学概论》、杨正润的《传记文学史纲》、郭久麟的《传记文学写作论》和《传记文学写作与鉴赏》、俞樟华的《中国传记文学理论研究》、赵白生的《传记文学理论》、王成军的《纪实与纪虚——中西叙事文学研究》、李战子的《语言的人际元功能新探——自传话语的人际意义研究》、何元智与朱兴榜的《中西传记文学研究》、杨正润的《现代传记学》和《众生自画像——中国现代自传与国民性研究》等；对传记文学史的研究也有所突破，重要的著述有陈兰村与张新科的《中国古典传记论稿》、韩兆琦的《中国传记文学史》、陈兰村的《中国传记文学发展史》、陈兰村与叶志良的《20 世纪中国传记文学论》、李祥年的《汉魏六朝传记文学史稿》、张新科的《唐前史传文学研究》、全展的《中国当代传记文学概观》、郭久麟的《中国二十世纪传记文学史》等等。传记期刊在新时期传记文学的理论研究过程中也发挥了很大的作用，主要有《人

---

① 叶永烈：《傅雷图传》，复旦大学出版社 2005 年版，第 5 页。
② 周时奋：《凡高画传》，山东画报出版社 2002 年版，第 3 页。

物》（双月刊，人民出版社），《传记文学》（季刊，文化艺术出版社），《名人传记》（月刊，黄河文艺出版社）等。有关传记文学研究的课程也开始进入高校，有的高校已经培养出了研究传记文学的硕士生、博士生，出现了一批关于中国现当代传记文学研究的硕士、博士论文，博士论文主要有孟丹青的《近二十年中国现代作家传记研究》、朱旭晨的《秋水斜阳芳菲度——中国现代女作家传记研究》、李健的《中国新时期传记文学研究》、王永的《还原·想象·阐释——中国现当代诗人传记研究》等，分别从不同的角度对中国现当代传记文学进行了深入的研究探讨，视角独特，观点明确，学术性强。香港、台湾地区的传记文学研究也取得了较高成就，一定程度上推动了大陆文坛传记文学的创作与研究，在香港，传记文学的创作也取得了较大成就，出现了一批著名的传记文学作家，成立了香港传记作家协会，会长寒山碧撰写的《香港传记文学发展史》填补了香港传记文学研究的空白。刘绍唐在台湾创办了《传记文学》杂志，并成立了"传记文学出版社"，出版传记文学丛书。郑尊仁的《台湾当代传记文学研究》选取了台湾1945—1999年的传记文学作为研究对象，重视文本的研究，视角新颖。

  其次，国外传记文学的创作和理论研究的译介同样促进了新时期传记文学的艺术成就的提升。对国外传记作品的译介一直是文坛的热点，尤其是著名的政治家、史学家、文学家、艺术家甚至体坛明星的传记受到了广大读者的热烈追捧，比如被评论家称之为20世纪"三大传记作家"的安德烈·莫洛亚、亨利·特罗亚、斯蒂芬·茨威格，比如普鲁塔克、卢梭、鲍斯威尔、罗曼·罗兰、斯特拉奇、欧文·斯通等等著名的作家；著名的画家如高更、梵高、毕加索、塞尚等等。自20世纪80年代以来，对国外传记文学理论研究成果方面的译介逐渐增多，像安德烈·莫洛亚的《传记面面观》（节选）、《论自传》、《论当代传记文学》，哈罗德·尼科尔森的《现代英国传记》，《新大英百科全书》中有关"传记文学"的条目，艾伦·谢尔斯顿的《传记》（昆仑出版社1993年版），川合康三的《中国的自传文学》（中央编译出版社1999年版），菲利浦·勒热讷的《自传契约》（生活·读书·新知三联书店2001年版），伍尔夫的《传记文学的艺术》，霍尔罗伊德的《英国传记文学的发展》等等，都被陆陆续续译介到国内。这些著述涉及传记文学的基本理论以及西方传记文学的发展历史，内容翔实，观点新颖，为我国传记文学的研究者提供了重要的理论参照，也对新时期传记文学的创作产生了重要影响。

## 第二节　新时期画家传记中的"名人"现象

传记文学是以人物为描写对象，其创作目的就是要展现传记主人公生命的真实历程，塑造栩栩如生的人物形象。在中国传记文学的发展历程中，传记作家在"纪实传真"的基础之上，运用多样化的艺术手法塑造了丰富复杂、多姿多彩的传主形象。但是，传主的形象并不是一成不变的，而是随着时间的推移、社会环境的变化、传记作者的创作态度以及读者的欣赏水平而不断地发展变化的。中国传记文学的开山之作《史记》中传主的身份基本是以社会地位来划分的，其中的本纪、世家、列传分别是以帝王、诸侯以及其他人物为传主的，这种分类方法反映了封建社会的等级秩序，为后世纪传体史书所采用。司马迁在《史记·太史公自序》中说："扶以倜傥，不令已失时，立功名于天下，作七十列传。"司马迁选择传主的标准是在历史上能够建功立业的伟大人物。但是，《史记》中还有不少记录下层人物的生平的章节，如游侠或刺客等，司马迁解释说为普通人"欲砥行立名者"立传，作《游侠列传》的目的是"义者有取焉"，作《货殖列传》的宗旨是"智者有采焉"，在这里作者是以人物的生平事迹在当时的社会中是否具有特殊性、是否能够对社会产生重大影响作为立传的标准。到了唐代，韩愈、柳宗元也写过一些下层人物的传记，如韩愈的《唐朝散大夫赠司勋员外郎孔君墓志铭》、《唐故河南令张君墓志铭》、《处士卢君墓志铭》等，传主都是刚正不阿的下级官吏；柳宗元的《梓人传》、《种树郭橐驼传》、《宋清传》、《童区寄传》等的传主也都是小人物，《种树郭橐驼传》写一位种树的老人，《梓人传》写的是一位造房子的工匠，《宋清传》写一位讲信誉、远取利的药材商人，《童区寄传》写的是一个

11岁的儿童机智过人,将劫持自己的盗贼——杀死;宋代苏轼的《方山子传》以一位甘于寂寞的隐士作传主。在这些作品之中,传记作者主要是借助传记主人公的形象来表达自己的政治、哲学主张。

明代中后期,商品经济的发展促进了城市的繁荣,市民阶层逐步扩大,追求个性自由的市民文学随之产生,这一时期的传记文学与同时代的其他文学样式的发展趋势是一致的,即趋向于世俗化,传主的形象扩大到真正以平民为对象,有商人、手工业者、医生、艺人和下层文人等,出现了"市民传记",如李梦阳的《梅山先生墓志铭》、《明故王文显墓志铭》、《鲍允亨传》等作品中的传主是商人,归有光的《可茶小传》写的是给自己儿子看过病的医生,《先妣考略》是为母亲写的一篇小传,张岱的《鲁云谷传》写的也是一位医生,袁中道《关木匠传》的传主是一位正直刚强的木匠,袁宏道的《醉叟传》细致真切地描绘了醉叟的形象,李开先的《诰封宜人亡妻张氏墓志铭》、《亡妻张宜人散传》表达了对亡妻的一种深笃的思念之情,明代传记作家宋濂的《浦阳人物记》是为他的家乡浦阳历史上的普通人物如书生、隐士、僧侣、商贾、歌妓等写的传记,明末清初王猷定的《汤琵琶记》描述了一位善弹琵琶的艺人凄苦的一生。清初传记文学主要体现的是强烈的民族情绪,传主以明末抗清的仁人志士为主,如顾炎武的《拽梯郎君祠记》、《书吴、潘二子事》,黄宗羲的《刘宗周传》、邵长蘅的《阎典史传》、戴名世的《画网巾先生传》等等,桐城派方苞、刘大櫆、姚鼐的传记文学注重传主形象的塑造,小人物的形象显得生动活泼。近代的中国,社会的急剧变化、西方文化的传入影响了文学的创作,传记文学明显地呈现出由古代传记向现代传记过渡的趋势,梁启超的传记文学主要是以开启民智、讴歌英雄、颂扬爱国主义为主题,进入他的传记文学创作视野的传主形象主要是中外历史上的著名人物,"每一时代中须寻出代表的人物,把种种有关的事变都归纳到他身上。一方面看时势及环境如何影响到他的行为,一方面看他的行为又如何使时势及环境变化"[①]。

在西方,传记文学自诞生之日起就面临着传主身份的选择。传记的出现是由于对英雄的崇拜和人类的纪念的本能,普鲁塔克的《希腊罗马名人

---

① 梁启超:《中国历史研究法》,江苏文艺出版社2008年版,第170页。

传》写的都是英雄人物。茨威格说："我们的时代需要和乐于接受的，是英雄的传记……英雄传记可以陶冶情操，振奋人心，促人向上，对它这样的威力我丝毫没有低估的意思。自从普鲁塔克降世以来，英雄传记对成长中的一代和任何时代的青少年都是必不可少的。"①英雄的精神是任何时代都需要的。但是，随着时代的发展和社会的需要，"英雄"的概念也在不断地扩大延伸、发展变化，和平年代的英雄形象不再是战场上叱咤风云的斗士，而是演化为能够在社会各个领域中作出突出贡献的人物，也就是我们现在称之为"名人传记"中的传主，包括政治家、科学家、军事家、文学家、艺术家以及社会各界享有盛誉的人物，传记作者力图通过传记中的"名人形象"所体现出的一种积极向上的精神来激励后人，弘扬民族精神，激发读者的爱国热情。与"名人传记"相对应的就是平民传记，即以社会下层的普普通通人物为传主，主要是借人论事，通过对传主曲折坎坷的人生经历、勇于探索、不懈奋斗的精神的书写来抒发作者自己内心的情感，表达传记作者的世界观、人生观、价值观，是借他人酒杯浇自己的块垒。18世纪的西方就出现了专门写小人物的传记。约翰生说："被入侵者抢去一个行省的王子，同被贼偷去一头牛的农夫会感到同样的痛苦。因此本身平等的人在诚实而公正的传记中会平等地出现，那些命运和天性相距最远的人也可以相互督导。"②约翰生本人创作的52位诗人传记中的传主多数是默默无闻的小人物，他的《塞维奇传》中对塞维奇性格的分析在读者中产生了极大的震撼力，塑造了真实生动可信的传主形象，被认为是英国最好的短篇传记之一。罗曼·罗兰在《米开朗琪罗传》的"序言"中写道："我没有给那些高不可攀的英雄们建立纪念碑。我憎恨理想主义，因为它胆怯地回避生活上的痛苦和精神上的弱点。然而，太容易受一些花言巧语蒙骗的人民应该牢记：有关英雄主义的一切谎言是由于胆怯而产生的！英雄主义就是看到世界的本来面貌，热爱这个世界。"

在中国，"五四"新文化运动以来，现代传记文学的创作取得了重大成就，传主形象也逐渐发生了变化，新的平民化的传主逐步取代了古典传

---

① ［奥］茨威格：《一个政治家的画像》，赵燮生等译，安徽文艺出版社2004年版，第4页。
② 杨正润：《现代传记学》，南京大学出版社2009年版，第262页。

记中的帝王将相，胡适的《李超传》就是为一位普通的女学生立传。传记作家们将选择传主的视野放得很宽，社会生活中各式各样的人物皆可入传，因为每一个人都在历史的长河中扮演了自己独特的角色，正如朱东润所说："任何人都有自己的世界，自己的一生。这一生的记载，在优良的传记文学家的手里，都可以成为优良的著作。所以在下州小邑、穷乡僻壤中，田夫野老、痴男怨女的生活，都是传记文学的题目。"① 但是，中国传记文学中传主的形象主要还是以"名人"为主。"五四"时期涌现的大量的自传、他传作品中，文学家传记大都是以著名作家为传主，而郁达夫创作的艺术家传记如刘开渠、徐悲鸿、刘海粟等也是当时艺坛著名的雕塑家、画家。新中国成立后一直到"文革"结束的这一段时期，政治话题占据着文坛的主流地位，宏大叙事充斥着文学作品，平民传记几乎销声匿迹。直到新时期，在思想解放运动思潮的影响之下，知识分子开始反思自我，追索曾经走过的坎坷曲折的道路，回想曾经的迷惘、欢愉和伤痛，在传记文学中借助于传主精神历程的叙述真切地表达了出来，尤其到了20世纪90年代，小说中出现了底层叙事，传记文学中也出现了以小人物为传主的"平民传记"，而平民传记的出现与小说中的底层叙事是相契合的。在创作中，为普通人做传的作品数量逐步增多，像朱东润的《李芳舟传》、刘心武的《树与林同在》、焦波的《俺爹俺娘》、陈丹燕的《上海的金枝玉叶》等，"平民传记文学作为'被遮蔽的历史'的发掘，已成为世纪之交传记文学的一个新的亮点。平民传记诉说小人物的艰难困苦，赞颂小人物的美德，同时也不回避小人物的缺憾与丑陋，具有名人传记不可取代的认识价值和审美价值"②。平民成了传记的主人公，传记作者主要是通过日常生活轶事的描写来再现传主性格，丰富了新时期传记文学的人物画廊。

总的看来，新时期传记文学的传主形象主要还是以"名人"为主，尤其是在画家传记的创作当中，不论是离世的还是在世的传主几乎都是"名人画家"，这也是传记文学英雄崇拜观念的一种延续。在美术界，那些在

---

① 朱东润：《张居正大传·序》，百花文艺出版社2000年版，第5页。
② 全展：《"被遮蔽的历史"的发掘——平民传记文学三题》，《荆门职业技术学院学报》2002年第3期。

## 第一章 新时期中国画家传记创作综论

中国画坛乃至世界画坛拥有崇高声誉的画家就是读者心目中的"英雄""名人",这些著名画家的人生经历、对艺术执着的追求精神、独具一格的个性、日常生活的逸事等等都是读者非常感兴趣的问题,读者渴望了解这些"名人"整体的生活、创作情况,希望真正走进他们的内心世界,得到一种精神的鼓舞和激励,以促使自己为了理想而不懈奋斗。

在中国传记文学的发展历史中,画家传记中的传主形象基本是固定的:即在中外美术史中占据重要地位的画家,也就是画坛上的"名人",这种现象在新时期的画家传记创作中同样存在。新时期画家传记的作家队伍在不断壮大的同时,作品数量也急剧增多。但是综观创作的整体情况,我们可以发现一个非常突出的现象:画家传记的传主主要集中在几位画家,而且是在中国美术史上占有重要地位的画家,因此出现了"一人多传"的现象。齐白石的传记主要有:齐白石的《白石老人自述》、张次溪的《齐白石的一生》、林浩基的《齐白石传》;徐悲鸿的传记主要有:蒋碧微的《蒋碧微回忆录:我与悲鸿》、廖静文的《徐悲鸿一生:我的回忆》、王泽庆的《徐悲鸿评传》、杨先让的《徐悲鸿》、郑理的《笔下千骑:绘画大师徐悲鸿》、李松的《徐悲鸿年谱》,香港出版的李荣胜的《世界名人传记——徐悲鸿》,台湾出版的蒋勋的《徐悲鸿》、金山的《艺术大师徐悲鸿》、朱传誉的《徐悲鸿传记资料》;傅抱石的传记主要有:胡志亮的《傅抱石传》、傅益瑶的《我的父亲:傅抱石》、林木的《傅抱石评传》;张大千的传记主要有:李永翘的《张大千全传》(上下)、《张大千·飞扬世界》、《张大千·画坛皇帝》、《张大千·人生传奇》,王家诚的《张大千传》,高万佳的《张大千》,杨继仁的《张大千传》;刘海粟的传记主要有:柯文辉的《艺术大师刘海粟》,石楠的《沧海人生——刘海粟传》、《"艺术叛徒"刘海粟》、《海粟大传》、《百年风流:艺术大师刘海粟的友情与爱情》,简繁的《沧海》(包括《背叛》、《彼岸》、《见证》);吴冠中的传记主要有:《我负丹青——吴冠中自传》、翟墨的《圆了彩虹:吴冠中传》;林风眠的传记主要有:郑重的《林风眠传》、刘世敏的《艺海逆舟——林风眠传》;黄宾虹的传记主要有:吴晶的《画之大者——黄宾虹传》、王中秀的《黄宾虹画传》、黄宾虹的《黄宾虹自述》;郑板桥的传记有:王家诚的《郑板桥传》、丁家桐的《绝世风流——郑燮传》、孙霞的《郑板桥画传》；吴昌硕的传记主要有：王家诚的《吴昌硕传》、吴晶的《百年一缶翁——吴昌硕传》，等等。

　　新时期改革开放的社会环境促进了多元文化格局的形成，画家传记的创作呈现出作者身份多元化、立场与视角多元化、取材多元化等等新倾向，传记作者尝试运用新的视角来观察传主，力图描摹出自己心目中的真实而独特的传主形象，这样一来就能够从不同的角度去展现传主的形象，使之更加个性化、立体化，从而丰富了画家传记中传主形象的人物画廊。我们知道，西方有句谚语，一千个读者就会有一千个哈姆雷特。不同的传记作者由于他们所处的社会环境、生活经历以及个性的不同，因而就形成了不同的认知世界的态度，人生观、价值观就会有很大的差异；不同的思想、性格、气质，反映到传记文学的创作中，自然而然地就会在作品中描绘出他们自己心目中的画家的形象，每一位传记作者塑造出的传主都是自己的"真实的""这一个"，是与其他的传记作者截然不同的"这一个"，但是正如蔡登山在《传奇未完：张爱玲》中所讲的，一个历史人物，"一旦他进入传记领域，他的'真实'，永远不会是绝对的，这种'真实'只能是传记作者在各自的创作过程中，所表现出的'真实'。不同的作者，可以写出不同的传记，但它们都不可能是传主惟一的真实"[①]。传记文学创作的最终目的是要读者去阅读、接受，读者希望看到的是一个多侧面的、个性丰富的、真实的、全面的传主形象，而不是千篇一律的概念化、公式化的传主形象。概括来讲，新时期画家传记创作中的"一人多传"现象的出现主要有以下几个方面的原因：一是社会多元化文化发展的需求；二是传记作者对于传记主人公的认识的主体差异性；三是读者阅读心理的需要。"一人多传"的现象自画家传记产生之日起就不同程度地存在着，在新时期画家传记的创作中也一直延续着并且有愈演愈烈之势。

　　齐白石，20世纪中国画艺术大师，他的曲折的生活经历和不断求索的艺术历程，他的绘画、书法、篆刻、诗词，他的有关书画创作与鉴赏的言

---

① 蔡登山：《传奇未完：张爱玲》，云南人民出版社2004年版，第8页。

论，是一份十分丰富和宝贵的文化遗产，吸引着人们去研究、去探讨。在新时期有关齐白石的传记主要有：齐白石的《白石老人自述》、张次溪的《齐白石的一生》、林浩基的《齐白石传》。《白石老人自述》（山东画报出版社 2000 年版）的编者对于这本自传的出版作如此介绍："齐白石先生七十一岁时，曾请吴江金松岑为他写传。因自述生平，由门人张次溪笔录寄金氏，备作传记取材之用。中因世事推移，或作时或辍者再。及齐氏晚年，体力渐衰，难于久坐，又复屡续屡断。故其自述，止于一九四八年，时齐氏已八十有八。"① 这部自述从白石老人出生说起，细叙传主流年的沧桑，有人生的苦难坎坷的经历，更有学艺的辛酸感受，娓娓道来，质朴自然，别具一种真挚感人的力量。正如胡适先生所讲："他没有受过中国文人学做文章的训练，他没有做过八股文，也没有做过古文骈文，所以他的散文记事，用的字，造的句，往往是旧式古文骈文的作者不敢做或不能做的！""朴素的真美最有力量，最能感动人。"② 罗家伦先生在《看完〈白石老人自述〉后的感想》一文中也这样讲道："这是一本很好的自传，很好的理由是朴实无华，而且充满了作者的乡土气味。""我常觉得最动人的文学是最真诚的文学。不掩饰，不玩弄笔调，以诚挚的心情，说质朴的事实，哪能使人不感动？"③ 张次溪著的《齐白石的一生》（人民美术出版社2004 年版）在书末的"余记"中这样写道："我写他的《一生》，1948 年以前，是根据他的'自述'整理的，1949 年以后，是我替他补记的。"④因此，这部传记基本还是沿用了《白石老人自述》的叙事风格，朴素自然，对于齐白石人物形象的再现也与《自述》基本相似。林浩基著的《齐白石传》（学苑出版社 2005 年版）采用了倒叙的手法，以著名表演艺术家新凤霞的回忆开头，运用小说式的笔法，真实再现了齐白石曲折艰辛而又成就辉煌的一生，材料翔实，叙述生动形象，文学性较强。齐白石曾对自己的绘画、诗歌中所蕴含的丰富的情感解释道："正由于爱我的家乡，爱

---

① 齐白石：《白石老人自述》，山东画报出版社 2000 年版，第 23 页。
② 胡适：《章实斋年谱·齐白石年谱·序一》，安徽教育出版社 2006 年版，第 134 页。
③ 齐白石：《白石老人自述》，山东画报出版社 2000 年版，第 220 页。
④ 张次溪：《齐白石的一生》，人民美术出版社 2004 年版，第 223 页。

我祖国美丽富饶的山河大地,爱大地上一切活生生的生命,因而花费了我毕生的精力,把一个普通中国人的感情画在画里,写在诗里。"[①] 作为传记作者的林浩基,创作这部传记也正是出于对齐白石先生的崇拜、热爱和理解,"十五年前,当我第一次接触到大师的生平资料时,为他历尽沧桑、奋进不已的生命力和开宗成派、独树一帜的辉煌艺术成就所激动、所折服"[②],于是作者将自己的全部情感都倾注在了《齐白石传》的创作当中,塑造了一位真实而生动的中国画坛艺术大师的形象。

张大千,20世纪中国画坛最具传奇色彩的国画大师,他的丰富多彩的传奇经历、辉煌灿烂的艺术成就深深地吸引着众多的研究者。在张大千的一生之中,时间和地域的跨度都比较大,又经历了中国近现代史上几次动荡的时期,居住海外和台湾省的时间又长达30余年,因此,如何在传记中全面、真实地表现张大千的形象也是比较困难的。李永翘先生撰著《张大千全传》(上下,花城出版社1998年版)经过了10多年的苦苦奋斗才完成了这部年谱体式的传记,按编年体排列,史事力求可靠、翔实;而他的《张大千·人生传奇》、《张大千·画坛皇帝》、《张大千·飞扬世界》反映传主形象的侧重点虽然有所不同,但是都奉行"纪实传真"的原则,在尊重史实的前提下,运用文学性的表现手法再现了传主真实可信的形象,增强了传记的可读性。《张大千·人生传奇》(花城出版社1998年版)一书中主要描写了张大千传奇的一生(从出世到成名),并且细致地叙述了一些传奇故事,每个故事都扣人心弦;《张大千·画坛皇帝》(花城出版社1999年版)主要表现了张大千一生的率性而为,他的痴情、豪情、才情,在动荡的浮华世界里,演绎着自己的传奇人生。张大千一生之中对自己的作品毫不足惜,可以说是走一路,画一路,送一路。《张大千·飞扬世界》(花城出版社2001年版)主要是以翔实的资料和朴实生动的文笔记述了张大千先生自1938年至1983年去世这一段时期内的人生经历,向读者再现了张大千先生的喜怒哀乐、成功与失败。杨继仁著的《张大千传》(文化艺术出版社2006年版)内容丰富博大,创作态度严谨,在占有丰富史料

---

① 林浩基:《齐白石传》,学苑出版社2005年版,第1页。
② 林浩基:《齐白石传·后记》,学苑出版社2005年版,第504页。

## 第一章 新时期中国画家传记创作综论

的基础之上,以其生动的叙述、优美的文笔为广大的读者塑造了一位丰富复杂的极具个性的画家张大千的形象。作者强调,再版时删除了许多不必要的抒情、议论的成分,但议论还是过多。王家诚的《张大千传》(百花文艺出版社 2008 年版)以画家特有的激情、笔触从画家独特的视角再现了张大千这位杰出的中国画家的曲折跌宕的人生经历、丰富多彩的艺术生涯。

吴冠中,当代享誉世界的艺术巨匠,数十年来致力于油画民族化与国画现代化的不断探索、创新,创作了大量的绘画艺术作品。《我负丹青——吴冠中自传》(人民文学出版社 2004 年版)是吴冠中先生以 80 多岁的高龄,真诚、坦荡地回顾自己过去的人生旅程,"生命之史都只有真实的一份,伪造或曲解都将被时间揭穿","自己写一份真实的自己的材料,以备身后真有寻找我的人们参照"。① 吴先生在这部自传的"前言"中这样说。整部著述文字清新质朴,语言自然率真,饱蕴深情,表达了吴冠中先生爱憎分明的性情、艺术创作的观念,画家的艺术个性凸显。在这部自传中作者还用生动的笔触形象地描绘了林风眠、潘玉良、潘天寿、徐悲鸿、江丰、梁思成、林徽因等人的历史影像。翟墨的《圆了彩虹:吴冠中传》(人民文学出版社 1997 年版)以充满激情的文笔,在中国现代美术史的大背景之上展现了吴冠中一生的曲折经历,真实再现了画家日常生活以及绘画创作中的喜怒哀乐,从中我们也可以真切地了解画坛的风云变幻,学术性和艺术性都比较强。

尽管在新时期中国画家传记的创作中出现了"一人多传"的现象,但总的看来,传记作者笔下的传主形象大部分还是比较一致的,并且获得了广大读者的认同。不过也有例外,即在同一传主的传记中,出现了迥然不同的传主形象,这在徐悲鸿的传记中体现得最为明显。徐悲鸿,中国现代美术事业的奠基者之一,杰出的画家和美术教育家。在徐悲鸿的两任妻子蒋碧微、廖静文创作的传记《蒋碧微回忆录:我与悲鸿》、《徐悲鸿一生:我的回忆》中,徐悲鸿的形象是截然不同的,甚至可以说是大相径庭的。

---

① 吴冠中:《我负丹青——吴冠中自传·前言》,人民文学出版社 2004 年版。

蒋碧微，徐悲鸿的第二任妻子，出身于江苏宜兴的书香门第，18岁的她为追求自由恋爱，与徐悲鸿私订终身出走日本并陪伴他旅欧留学，与徐悲鸿一起经历了穷苦困顿然而温馨甜蜜的留学生活。归国之后二人却由于生活态度的不同而渐生嫌隙，渐行渐远，情感方面也出现了危机，终于在1945年结束了他们的婚姻。后来蒋碧微移居台湾，晚年的她写了《蒋碧微回忆录：我与悲鸿》，1964年10月由台湾《皇冠》杂志首次刊行，1966年11月由皇冠杂志社正式出版，被誉为"中国第一部女性自传"。在她的"回忆录"中，徐悲鸿是一位自私、冷漠、性格暴躁、用情不专、虚伪的男人，没有责任感，也没有道德感，在他的世界中只有画画、教书、与学生谈恋爱。蒋碧微写道："悲鸿的心目中只有他自己，我和他结婚20年，从来不曾在他那儿得到丝毫安慰与任何照顾。他需要妻子儿女，是为了点缀他的人生。我们活着，一切都得为他。"① 在"后记"中蒋碧微写道："我的最高原则是求真实，我以真实为出发点，怀着虔敬之心，一个字一个字写下我半生的际遇，因此我会说：'我一心坦荡，只有忠诚感恩之念，毫无睚眦必报之心，我在我的回忆录中抒写我所敬、我所爱、我所感、我所念的一切人与事，我深信我不会损害到任何一位与我相关的人。'"由此可见，蒋碧微认为她笔下的徐悲鸿是一个真实的"徐先生"的形象。廖静文，徐悲鸿的最后一位妻子，比徐悲鸿小20多岁，与徐悲鸿共同生活的时间不到10年，也陪伴着徐悲鸿走过了他人生最为辉煌的时期。1982年8月，徐悲鸿去世29年之后，廖静文的《徐悲鸿一生：我的回忆》由中国青年出版社出版。这部传记出版之后，在文坛引起了很大的反响，好评如潮，并多次再版，许多学者就是在它的影响之下创作出了优秀的艺术家传记，林浩基在《齐白石传·后记》中讲到他创作《齐白石传》的缘由时就这样写道："最初的推动力是《徐悲鸿一生》的问世。"在《徐悲鸿一生：我的回忆》中，廖静文用饱含深情的笔触回忆了她与徐悲鸿由相识、相恋而最终步入婚姻殿堂的点点滴滴，温馨甜蜜，感人至深。在她的笔下，徐悲鸿才华横溢、风趣幽默，对待工作认真负责，对待家人体贴入微，具有

---

① 蒋碧微：《蒋碧微回忆录：我与悲鸿》，学林出版社2002年版，第478页。

很强的社会责任感，尊重老一辈的艺术家，热情扶植有才能的学生。同样，廖静文认为她笔下的徐悲鸿才是一个真实的徐悲鸿，一个道德情操高尚的艺术家，一个热爱祖国，倾心艺术，具有刚正不阿、坚忍不拔的性格的艺术家，一个值得她用一生去回忆的人。我们知道，每一本传记之中都渗透着传记作家对传主的独特的理解，传记还原出来的是传记作家心目中的传主形象，廖静文认为自己笔下的徐悲鸿是"真实"的，而蒋碧微同样也认为自己展现的是一个"真实"的丈夫徐悲鸿的形象。传记作品如同一面镜子，映现出来的不仅仅是传主的形象还有传记作家的形象，传记作家的性格、气质、人生观、价值观等等都会在传记中有所反映。在不同的作者笔下，同一传主呈现出了截然不同的形象，主要是由于传记作者所处的社会环境、生活经历以及个人性格不同等因素导致了认识的巨大差异性，而每一位传记作家都认为自己笔下的传主形象才是"真实"的，应该说，传记作家展现的是传主形象的不同侧面的"真实"。"一人多传"现象的存在能够使读者充分领略到传主形象的丰富性、多样化，可以激发读者的阅读兴趣，引领研究者对传主形象作更深层次的发掘、探究。

在新时期画家传记的创作中，"一人多传"是一个普遍的、引人注目的现象，另外还有一个突出的现象就是：以在世的"名人"画家为传主的传记逐步增多，其中有他传、有自传。自传方面，主要有吴冠中的《我负丹青——吴冠中自传》、黄永玉的《黄永玉自述》、范曾的《范曾自述》等；他传方面，主要有翟墨的《圆了彩虹：吴冠中传》，茅山、光明的《丹青十字架——韩美林传》，李辉的《人在漩涡——黄苗子与郁风》，陈履生编著的《黄永玉八十》，李辉主编的"大象人物聚焦书系"中的《韩美林：瘦骨犹自带铜声》、《黄永玉：走在这个世界上》、《黄苗子与郁风：微笑着面对》，徐刚的《范曾传》、邵盈午的《范曾画传》，等等。

当代画坛的许多画家，他们已经取得了相当突出的艺术成就，牢固确立了自己在中国美术史上的重要地位，甚至在世界画坛都具有重要的影响，他们曲折坎坷的人生道路、丰富而又复杂的个性特征、在艺术道路上的不懈追索精神以及取得的重大成就，是值得传记作家为他们树碑立传的,他们的传记为新时期的传记文学创作增添了一抹靓丽的色彩,同时又可以丰富中国美术史的内容,而他们对艺术的痴狂、执着的精神又可以激励后学。但是,画家是一个极具个性的艺术群体,他们的经历丰富复杂、思维活跃、情感丰富浪漫,梁启超先生就曾经谈到过艺术家很难作传,而为在世的艺术家创作传记更是异常困难,会有很多的干扰,也会有很多的顾忌,艾伦·谢尔斯顿曾经讲过:"树碑立传的传记作家在处理比较现代的人物时,不得不谨慎从事。"[1]"生不立传"是方志界编写人物志采用的一种收录标准。林语堂先生讲道:"要了解一个死去已经一千年的人,并不困难",而要真正地了解一个活着的人反而困难得多,因为"活着的人总会有好多可能的改变","活着的人总有些秘密,他那些秘密之中最精彩的,往往在他死了好久之后才会泄露出来。这就是何以评论与我们自己同时代的人是一件难事,因为他的生活离我们太近了"[2]。著名翻译家傅雷也指出:"写当代人的传记有一个很大的便宜,人证物证多,容易从四面八方搜集材料,相互引证,核对。当然也有缺点:作者与对象之间距离太近,不容易看清客观事实和真正的面目;当事人所牵涉的人和事大半尚在目前,作者不能毫无顾虑,内容的可靠性和作者的意见难免打很大的折扣。"[3]著名文学家孙犁也谈道:"忌轻易给活人立传。一部二十四史,大多数都是写在改朝换代之后。人物都已经死去很多年。事过境迁,淘汰沉淀,对他们已经有了一个比较固定的评价。这样写来,容易客观。……给活着的人立传,材料看来易得,实际存在很多困难。干扰太多,不容易客观。他自己写的自传,也只能看作后人为他立传的材料,何况他人所为?"[4]传记主人公如果距离作者的生活"太近了",传记作者在创作的过程中必然要受到许多因素的影响,有客观的因素,也有主观的因素,也就是孙犁先生讲的"干扰太多,不容易客观",读者也很难看到一个真实可信的传主形象,从而影响到对传主的整体评价。

---

[1] [英]艾伦·谢尔斯顿:《传记》,李永辉、尚伟译,昆仑出版社1993年版,第14页。
[2] 林语堂:《苏东坡传》,百花文艺出版社2006年版,第3页。
[3] 傅雷:《傅雷家书》(增补本),生活·读书·新知三联书店1984年版,第266页。
[4] 孙犁:《孙犁文论集·与友人论传记》,人民文学出版社1983年版,第240页。

简繁的《沧海》(包括《背叛》、《彼岸》、《见证》,人民文学出版社 2000 年版)遵从了导师刘海粟和师母夏伊乔的意见,是在刘海粟去世之后才出版发行的。作品中披露了大量隐秘的历史以及现实的情况,其中涉及的相当一部分人至今还活跃在中国的美术界,作者将美术界的是非恩怨赤裸裸地呈现在读者面前,使《沧海》成为极为难得的历史资料,但同时也引发了激烈的争议,一时成为文坛的热点。虽然作者在《自序》中讲道:"书中的每一个人,每一件事,乃至于每一句话都是真实的。"并且简繁声称所有这些材料都是依据老师刘海粟的 128 卷谈话录音和师母夏伊乔的 151 卷谈话录音整理而成的,但还是引发了至今不断的争议和众多当事人的难堪乃至怨愤。后来作者吸收了专家们的建议和意见,也考虑到来自读者的一部分反映,对《沧海》进行了大幅度删削和订正,结构上也有所调整,篇幅从原来的三部 134 万字,压缩到后来的上、下卷 90 万字再版,其中也有不得已而为之的因素。翟墨在《圆了彩虹:吴冠中传·引子》(人民文学出版社 1997 年版)中谈到了创作这部传记的曲折历程:"为吴冠中写本传记的想法始于 1981 年。……每个星期日到他家去聊天,私下记录了一些材料。""1988 年我想着手开始吴传的写作并正式征求他的意见时,他对此事表示漠然。"当然吴冠中先生有他自己的看法:"我无从过问别人如何写,也许根本不相识的人在乱写,今天投机者众,正如我的假画在流行,并有泛滥之势!"真实地表露了传主的重重顾虑。直到"1992 年秋,我应中央电视台之约为其筹拍的吴冠中电视专题片撰稿,并随摄制组和吴冠中一起到他阔别多年的故乡宜兴采访"。"吴先生看了我写的专题片解说词和传记序曲草稿,似乎也被我的严谨态度、诗化构思和美文文笔所打动,破例向我提供了一些珍贵材料、信件和进一步深入采访的线索及名单,我成了他唯一首肯的传记作者。"到这部传记正式出版已经是 1997 年了,历经 10 多年的时间,其中的艰辛、曲折可想而知。

陈思和在《人格的发展——巴金传》中说:"现在的文学时代里,要为一个健在的,并在当代社会生活中依然发挥着重要影响的作家写传,多少是一件冒险的事情。无论是作者所要努力的还是读者所期望的目标——

刻画出一个真实的传主形象,都既是一种渴望,又是一种奢望。生命是一道长河,它每往前流逝一步,整个历史的分子结构都会为之改变。每一日,甚至是每一件事的发生,都意味着人们用新的眼光来解释以往历史的可能性。再者,正因为生命的真实是由它所发生的全部细节构成的,而当这些细节本身已经随着时光消失得无影无踪,唯剩留在人们的记忆中,以及文字语言的表述中的一些残余断片时,要用文字去'再现'它的真实又未尝不是天真的神话?"①

在目前的中国出版界,"不少出版社都很严格地要求,关于中国当代作家的传记必须要有传主本人的'书面授权'才能出版,'规定'的'严格',甚至使一些很有价值并已成稿的书稿中途流产,浪费了作者的大量精力。这样的规定,表面上是对传主的尊重,是出于对传记出版的认真、谨慎和负责,但在实际上,却是出于一种近乎'卑琐'的自我保护意识,那就是为了避免对传主的'侵犯'而引发'官司',恰恰是对传主很不恰当的猜疑和'提防'。所以,即使在很多作为传主的作家看来,这样的规定也是匪夷所思的。"② 这种现象的存在也在一定程度上影响了在世画家传记的创作。

## 第三节 新时期画家传记的主题向度

传记文学作为一种独立的文学样式,应该严格遵循"纪实传真"的基本原则,真实地再现传记主人公的生命历程,但是传记作家实际的写作过程中,在叙事描写、刻画传主性格、表现传主思想以及内心情感、评论传主是非曲直等方面往往会受到当时社会环境的影响,自觉不自觉地介入了自己的主观认识,或是受到来自某一方面的干预,致使传记文学的主题随着时代的变迁而发生嬗变。司马迁《史记》的创作宗旨是"究天人之际,通古今之变,成一家之言",运用大量的史实材料来展示人物的功过是非、

---

① 陈思和:《人格的发展——巴金传》,上海人民出版社1992年版,第1页。
② 何言宏:《传记伦理的尴尬与超越》,《江苏社会科学》2006年第2期。

表现人物的性格，其主题思想主要是弘扬作者心目中的理想人格的形象，在对历史人物命运全过程观照的基础之上，揭示人物命运的深层次的原因。《史记》之后一直到清中叶，中国传记文学的主题概括来讲主要有两个：一是以宣扬政治道德和社会伦理为宗旨，如《后汉书》、《三国志》、《新五代史》以及韩愈、柳宗元、宋濂等人的杂传，目的是惩恶扬善，注重社会教化功能，人物性格的丰富性和复杂性并没有充分展现；二是抒情言志，通过传主的形象来表达作者的人格理想，如陶渊明的《五柳先生传》、柳宗元的《梓人传》、苏轼的《方山子传》等，人物性格比较鲜明，但篇幅都比较短小，无法全面而详尽地展示传主的形象。一直到20世纪初，在"五四"新文化运动的影响之下，个性解放的思潮涌动，传记文学的创作出现了一个高潮，主要是自传和回忆录的写作，传记的主题是张扬个性，表现自我，剖析自我，体现了一种个性解放的意识，传主形象真实可信、栩栩如生。

在中国传记文学的发展历程中，传主形象的塑造受到社会对人性认识的严重影响，如果某一历史时期重视人性的发展，在传记文学的创作中就会重视传主的个性特征的塑造，人物形象就丰富多彩；反之，如果压抑人性的发展，传主形象就会缺乏个性，流于公式化、概念化，对此，陈兰村先生曾有过精辟的论述："从中国古代到现代的传记文学，包括史传与散传的发展过程看，传记文学的发展与人性的发展密切相关。中国的历史上有五次较大的人性讨论，对传记文学的发展都有促进作用。第一次是战国时期，学者们对人性展开了广泛讨论。孟子主张性善说，荀子主张性恶说。这种争论虽无定论，但促进了人们对人性的重视。汉代司马迁对人性的认识是在战国士林认识的基础上的发展，《史记》中对人性的善与恶都有所描写，而且还在《货殖列传》中提出了人有求利的本性。《史记》中的人性描写正是战国以来的人性讨论在传记文学上结出的果实。第二次是魏晋南北朝时期，是人的个体意识的觉醒时期，或者说是人的自觉开始时期。曹丕的《典论·论文》说：'年寿有时而尽，荣乐止乎其身，二者必至之常期，未若文章之无穷。是以古之作者，不托飞驰之势，而声名自传于后。'曹丕的人性论在当时颇有代表性，他已注意追求个人生命的价值，提出以文章使'声名自传于后'。这种认识自然会引起人们对写自传、家传的兴趣，进而引起为别人写传。魏晋南北朝杂传、散传的兴起与曹丕的这类认识不无关系。第三次是明代中后期，社会上出现了一股要求个性自由的新思潮。与宋元以来的理学所强调的'存天理，灭人欲'的传统观念相对立，晚明哲学家李贽提出'人必有私'（《藏书》卷32《德业儒臣后论》），又认为'穿衣吃饭，即是人伦物理'（《答邓石阳》）。李贽的这些有关人性的观点为明代中后期市民传记的出现提供了哲学基础。明代中后期传记文学的传主出现了商人和其他市民，题材上多了平民的日常生活，这都与同一时期人性的发展分不开。第四次是'五四'新文化运动时期，当时的新文化运动批判封建的旧意识，张扬了人性，启动了中国现代知识分子个性的解放。'五四'后一个时期自传文学兴起，他传也随之出现。如胡适既作自传《四十自述》，在1919年又为一个不相识的短命女学生作《李超传》，这就是当时张扬人性在传记文学上的一个体现。第五次是党的十一届三中全会以后的时期，中国共产党大力倡导实事求是，思想解放，落实各类人的政策，中国出现了前所未有的一次人性解放。这就导致了80年代中期以来传记文学新的繁荣景象。历史上人性倒退的例子，如宋元理学强调'存天理，灭人欲'，扼杀人性的自由，导致元明许多文人为贞节妇女写碑志，维护封建道德，这类传记作品多无文学价值。又如'文革'期间，'四人帮'控制舆论，人性的自由无从谈起，当时传记文学创作也几乎是空白的。可见人性的倒退，使传记文学也随之停滞或退步。"[1] 新时期传记文学的创作在个性自由的思潮影响之下，呈现出一种空前繁荣的景象，传主形象既丰富多彩又个性鲜明，传记文学的主题也随之呈现多样化的发展态势。

在西方，传记文学的主题也是随着时代的变迁而不断变化的。普鲁塔克的《希腊罗马名人传》着重表现了传主的道德特征，被称为英国近代传记文学发展里程碑的约翰生的《诗人传》以及鲍斯威尔的《约翰生传》、卢梭的《忏悔录》等，文艺复兴的人性论在传记中得到了具体的体现，发

---

[1] 陈兰村主编：《中国传记文学发展史》，语文出版社1999年版，第10—11页。

挥着道德教诲的作用；18世纪的潮流是崇拜英雄，赞颂英雄主义的传记大量涌现，主要是表现传主的救国救民的斗争精神；19世纪的传记作家主要是为同时代的杰出人物立传，歌颂英雄主义，注重本民族的特色，但是人物描写缺少深度、缺乏个性；19世纪末20世纪初，英国作家斯特拉奇进行了"传记革命"，对《维多利亚时代的名人》中收录的19世纪的模范人物一一进行评头论足、冷嘲热讽，使得英雄头上的光环开始褪色，英雄崇拜不再是西方传记文学创作的主流，维多利亚的创作模式——极力宣扬传主的道德故事并且具有说教功能的传记逐步失去了往日的辉煌，传记作家们开始运用弗洛伊德的精神分析学说来阐释传主的形象，人物形象更加生动丰满、立体化，对传主个性的重视、弘扬成为传记创作的主流。

传记文学的主题是传记作家依据历史事实对传主人生全过程的一种阐释、概括。传记主人公的成长环境、生活道路、教育水平、个性特征各不相同、千差万别，他们的人生观、价值观也就具有很大的差异性，即使是同一个主人公，由于传记作家对传主的理解以及写作视角的不同，也会出现不同的主题。一部成功的传记应当有其明确的、特定的主题。司马迁的《史记》中每一篇都有一个主题，有的是对传主一生的总结，有的是对传主人格的概括，有的是从传记中得出的人生经验或教训。张新科在《〈史记〉与中国文学》中对此有过概括："曹相国世家"："清静""宁一"四字；"陈丞相世家"："奇计"两字；"万石张叔列传"："恭敬""醇谨""孝谨"；"酷吏列传"："法令者治之具，而非制治清浊之源"；"孙子吴起列传"："兵法"；"商君列传"："法"；"樗里子甘茂列传"："滑稽多智"；"外戚世家"："命"；"李将军列传"："不遇时"；"卫将军骠骑列传"："天幸"。[①] 一般来讲，一部传记的主题是读者通过阅读作品感受到的，但是有的传记作家有时将自己所要表达的主题提前展示给读者，他们常常使用富有诗意的、生动的意象来概括传记的主题，而这个意象往往也成为传主的一种象征；在具体的写作过程中，传记作家往往将这种意象

---

① 张新科：《〈史记〉与中国文学》，陕西人民教育出版社1995年版，第37—38页。

作为传记题目的一部分，也即采用副标题的形式，以便于更加完整地表达传记的主题。莫洛亚的传记作品善于发掘传主更深层次的精神世界，比如巴尔扎克，在日常生活之中他是一个普普通通的人，有常人的许多弱点，但他同时又是一个伟大的人，最终是他的力量战胜了自身的弱点，创作出了伟大的作品。"传记的美正在于此：显示出在显然是单调无聊的生活中怎么会迸发出崇高的作品来。我尽力保持伟大人物传记中的浪漫主义因素，这是什么意思呢？浪漫主义因素就是每个人的青春在其中形成的、人和世界的暂时的意象，它是与生活一点一点地向他揭示的更精确的意象不一样的。"[①] 莫洛亚在这里明确指出了传记作品应如何发现美、创造美，出现在他笔下的传记主人公总是能够让读者感受到一种浪漫的美，他的《巴尔扎克传》的副标题是"普鲁米修斯"，《雪莱传》的副标题是"爱丽儿"，《拜伦传》的副标题是"唐·璜"等，读者在感受传主的形象之美、享受身心愉悦的同时，也对传主有了更深层次的、更全面的了解。在中外画家传记的创作中，相当一部分作品也运用了副标题的形式，其副标题也同画家的性格一样是既丰富多彩而又个性独具，有的是对传记主题的一种生动形象的概括，有的是对传主一生艺术创作活动的阐释，有的是对传主人格的概括，有的是展现传主的独特的个性色彩。比如欧文·斯通《梵高传》的副标题是"渴望生活"，程波《达利画传》的副标题是"天才/疯子"，丁家桐《郑燮传》的副标题是"绝世风流"，翟墨《吴冠中传》的副标题是"圆了彩虹"，《吴冠中自传》的副标题是"我负丹青"，刘世敏《林风眠传》的副标题是"艺海逆舟"，李松《李可染》的副标题是"万山层林"，沈左尧《吴作人》的副标题是"大漠情"，李永翘《张大千传》的副标题分别是"飞扬世界""画坛皇帝""人生传奇"，叶文玲《常书鸿》的副标题是"敦煌守护神"，李辉《黄苗子与郁风》的副标题是"人在漩涡"，石楠《刘海粟传》的副标题是"沧海人生""艺术叛徒"，石楠《潘玉良传》的副标题是"画魂"，等等。传记文学中的副标题反映了传记作家对传记主题的理解、对传记主人公的认知，

---

① 杨正润：《现代传记学》，南京大学出版社2009年版，第522页。

可以帮助读者理解传记主题、了解传主的形象，但是也有不利的一面，先入为主，往往影响了读者对传记主题、传记主人公形象的更深层次的认识和理解。

　　传记文学的创作目标就是要将传记主人公的真实的生命价值呈现给读者。新时期画家传记的主题纷繁复杂、多种多样，但是总的来讲主要是侧重于对传主人格的阐释，展现传记主人公独特的人文精神。"人文"一词出自《易·象传·贲》："（刚柔交错），天文也；文明以止，人文也。观乎天文，以察时变；观乎人文，以化成天下。"所谓的"人文"是相对于"天文"而言的，体现为礼仪法度，中国古代的人文精神就是指要用礼仪法度去规范和教化社会以及人的行为，以达到提升人的整体素质、美化社会的目的。人文精神是人类文明的成果，并且伴随着历史的进程而不断地发展变化，每一个时代、每一个民族都有各自的人文精神。陈思和认为，"人文精神是一种入世态度，是知识分子对世界对社会的独特的理解方式和介入方式，是知识分子的学统从政治中分离出来后建立起来的一种自我表达机制"[1]。卢英平认为，"所谓人文精神，就是知识分子或人文知识分子治学、处事的原则和精神"。王彬彬认为，"人文精神，是人文知识分子应有的一种情怀，是这个阶层的精神特征"[2]。人文精神是对人性的一种全面的关怀，是知识分子对当时社会现实思考的一种具体体现，也是知识分子自身人格的一种体现。在新时期画家传记中，传记主人公的人文精神主要表现在以下几个方面：

　　一是传记作家通过传主的言行、创作展现其关注社会、关心民生的高尚品格。画家叶浅予在纪念齐白石的文章中说："中国艺术理论家，曾指出过人品高下对于艺术造诣的关系，我们同意'人品既高，气韵不得不高'的论点。"画家传记中体现了传主高尚的爱国情感。黄苗子的《画坛师友录》记述了齐白石的一件小事：1903年，齐白石初次游览北平，4月18日与朋友上街购物，见路上车马拥塞，回家后记下了这一天的见闻："洋人来往，各持以鞭，坐车上，清国人车马及买卖小商让他车路，稍慢，

---

[1] 吴炫、王干等：《我们需要怎样的人文精神》，《读书》1994年第6期。
[2] 王晓明：《人文精神寻思录》，上海文汇出版社1996年版，第181页。

洋人以乱鞭施之；官员车马见洋人来，早则快让，庶不受打。大清门侧立清国人凡数人，手持马棒，余问之雨涛，知为保护洋人者，马棒，亦打清国人者也！余倦欲返……始归，尚疑是梦，问之雨涛，答：白日与之同去，非梦也，君太劳耳！"① 一向生活在偏僻的乡间、忠厚善良、具有强烈的爱国情感的齐白石不相信"洋人"竟然可以在中国的土地上耀武扬威、肆无忌惮，"清国人"是"保护洋人者"，手中的马棒也是"打清国人"的，疑似在梦境之中，画家的悲痛之情渗透在字里行间。1937年七七事变之后，生活在敌伪统治下的北平，齐白石心情悲愤，写下了"画不卖与官家　窃恐不祥"的"告白"，并进一步说明"中外长官要买白石之画者，用代表人可矣，不必亲驾到门。从来官不入民家，官入民家，主人不利。谨此告知　恕不接见"。齐白石用自己的实际行动展示了作为一位爱国画家的高尚的民族气节。在当时的北平，艺术大师齐白石的"告白"与著名京剧表演艺术家程砚秋在西郊留须种田、坚决不给敌伪演戏的举止，共同传为艺坛的佳话，他们以自己的行动激励着人们的爱国情感。徐悲鸿是一位热爱祖国、有良知的艺术家，1932年朋友们筹款为他在南京傅厚岗盖了一所新居，徐悲鸿起名为"危巢"，并题记曰："古人有居安思危之训，抑于灾难丧乱之际，卧薪尝胆之秋，敢忘其危？是取名之义也。"古语"覆巢之下，焉有完卵"，表现了传主的忧国忧民之心。② 1936年徐悲鸿在《苏联版画展览会画集·序言》中说："世界各民族之间，互相尊重和互相友好的感情，应当从文化交流开始。国家和国家之间彼此把艺术品交流观摩，更使各国的艺术有效地互相提高。艺术是一个民族生活的反映和民族思想的表征，彼此在生活思想上互相了解，那么就会互相尊重和互不侵犯了。"徐悲鸿一生致力于向世界人民宣传中国的文化艺术，并将世界各国的优秀艺术介绍给中国人民，促进了各民族之间的交流，加深了友谊，体现了知识分子诚笃爱国的优良传统。

　　优秀艺术家的作品总会自觉不自觉地反映时代的风貌。石涛反映清初社会的"可怜大地鱼虾尽，犹有渔翁理钓竿"的作品；八大山人的

---

① 黄苗子：《画坛师友录》（增订版），生活·读书·新知三联书店2007年版，第23页。
② 杨先让：《徐悲鸿》，文化艺术出版社2002年版，第114页。

"笔写江山地已倾""一峰还写宋山河"的画作；郑板桥画竹，题写"衙斋卧听萧萧竹，疑是民间疾苦声"，反映了画家对民生疾苦的关心；李方膺画风雨钟馗，"钟馗尚有闲钱用，到底人穷鬼不穷"，反映了乾隆年间贫富两极分化的社会现实。在新时期画家传记的创作中，传记作家描述了传主通过绘画来表达对黑暗社会的一种反抗精神，他们是具有艺术良心的画家，其反抗思想继承了徐青藤、八大山人、郑板桥、李方膺等人的传统，关注社会、关心民生，与祖国、人民同呼吸、共命运，将艺术家深沉的爱国之情诉诸笔端，熔铸于创作之中。齐白石是极具正义感的艺术家，张次溪的《齐白石的一生》记述了白石老人通过画作揭露了当时社会的不平现象，将自己对黑暗社会的愤慨之情通过绘画的形式生动形象地表达了出来，表现了一个有良知的艺术家强烈的社会责任感，比如他画《不倒翁》讽刺当时社会腐败的旧官僚，《发财图》中用算盘讽刺奸商，《灯鼠图》中栩栩如生地刻绘出一只馋嘴老鼠正准备偷食灯油，并题诗："昨夜床前点灯早，待我解衣来睡倒；寒门只打一钱油，哪能供得鼠子饱？何时乞得猫儿来，油尽灯枯天不晓！"揭露了当时社会现实的黑暗、民不聊生的困苦状况；他画八哥，讽刺夸夸其谈自吹自擂的人物，"能言鹦鹉学难成，松下闲人耳惯听；两字八哥浑得似，自称意外别无能。"齐白石时刻牢记着作为一名中国艺术家的社会责任，通过画作展现了一腔浓烈的爱国情感。

　　林风眠一生坎坷起伏，但始终执着于他的"艺术救国"之路，学成归国之后致力于中国的美术教育事业，宗旨是"介绍西洋艺术，整理中国艺术，调和中西艺术，创造时代艺术"，希望为国家培养更多更好的美术人才，改变中国美术的落后状况，同时又通过绘画作品反映社会现实、关心民生疾苦。郑重的《林风眠传》中记载，林风眠创作的油画《民间》取材于集市的一角，近景是两个裸露上身的摆着地摊的汉子，显出无可奈何的神情，后面站立着几个做买卖的男女，朴实自然地展现了20世纪20年代中国底层生活的一个真实画面，使观者看到了劳苦民众的贫穷与落后，表现出画家对祖国、对人民的深深的爱；《人类的痛苦》中夸张变形的人体从正、背、站、坐、俯、仰、倚、侧等各个角度，表现出各种强烈的内心痛苦的情形，眼中充满了恐惧、哀伤和绝望，观众可以感受到画家内心的痛苦与愤懑。当年就被这幅画所打动的艺术家林文铮回忆说："半个世纪过去了，当我闭上眼睛，它还是那样鲜明地出现在我的眼前，使我的感情翻起滚滚波涛。如果你今天能看到这幅画，我想你的感情会受到冲击的。你会想到那个黑夜沉沉的时代，而且会想到祖国人民和自己的责任。"①《摸索》以灰黑色调为主，线条粗犷，展示了探索人生道路的艰辛和对真理的渴望，中国《艺术评论》记者杨铮在寄回国的专讯中描述道："全幅布满古今伟人，个个相貌不特毕肖而且描绘其精神，品性人格皆隐露于笔底。荷马蹲伏地上，耶稣在沉思，托尔斯泰折腰伸手，易卜生、歌德、梵高、米开朗琪罗、伽利略等皆含有摸索奥秘之深意，赞叹人类先导者之精神和努力。"②整幅画作风格沉郁，表达了作者对社会人生的高度关注和强烈的社会责任感。20世纪80年代林风眠创作了《噩梦》，画中奇怪的人头、惊恐的眼睛、闪烁不定的眼神充斥着紧张感，黑、深蓝与白色、直线与曲线有序地交织在一起，具有殷商青铜器兽面鼎的威慑和神秘，造成一种恐怖、死亡的效果，表达了画家对那个噩梦般时代的一种记忆。到了晚年，林风眠的绘画又回到了早期关注社会、关心民生的表现领域，从作品之中我们可以窥见他始终未变的"艺术救国"的创作理念。

张大千一生漂泊不定，到了晚年思念祖国故土的情感越发强烈，思乡而不得归，只能通过画笔将内心的情感表现出来。据黄苗子的《画坛师友录》记载，张大千1975年在美国加州画了两枝秋菊，并在画上题写了："南山山已暗尘埃，那得东篱择地栽；花到夷荒无骨气，仰人脸色四时开。"菊花，在祖国时只有秋天才开放，而到了国外却四时开花，可谓睹菊思国，表达了画家对祖国的一种深深的思恋之情；还有一幅画芍药的横幅也题诗道："爱翁自写小园芍药，离绪不任矣！"③

艺术大师徐悲鸿更是在画作中表达了自己强烈的忧国忧民之心。杨先让

---

① 郑重：《林风眠传》，东方出版中心2008年版，第69页。
② 20世纪中国艺术史文集编委会编：《艺术的历史与事实》，四川美术出版社2006年版，第254页。
③ 黄苗子：《画坛师友录》（增订版），生活·读书·新知三联书店2007年版，第168—169页。

的《徐悲鸿》中提到,徐悲鸿的巨幅油画《田横五百士》取材于《史记·田儋列传》,是他回国后的第一幅油画巨作,选取了齐国田横与五百壮士诀别的场面,整个画面呈现出了一种浓郁的悲剧气氛,表达的是威武不屈的精神风貌,当时的中国正处于外族入侵时期,徐悲鸿在作品中歌颂的这种宁死不屈、不同流合污的精神是具有积极意义的;《徯我后》取自《书经》中的"徯我后,后来其苏"的题材,原意是"等待解救我们的人来",画面中骨瘦如柴的农民在干旱的田间,渴盼着解救自己的救星出现,盼望着雨露的降临,表现了画家悲天悯人、为民喊冤的高尚情操;《蔡公时遇难图》则揭露了日本军阀的罪行。徐悲鸿还运用笔下的动物形象来激发中华民族的爱国情感:徐悲鸿画马扬名海内外,他笔下的"马"是民族精神的象征,在民族救亡的关键时期激励着民众奋起反抗侵略者;他笔下的"狮子"是东方的雄狮,代表着中华民族威武不屈的精神品格;他笔下的"雄鸡"代表着冲破黑暗、风雨无阻地唤来光明,号召民族的觉醒。潘天寿常说:"做人要老实,画画不要老实。"绘画创作要真实深刻地反映时代的风貌,表达出画家的爱憎情感,展现其鲜明的个性特征,"画如其人"。著名诗人艾青有一首讴歌恩师林风眠先生的诗篇:"画家和诗人/有共同的眼睛/通过灵魂的窗子/向世界寻求意境//色彩写的诗/光和色的交错/他的每一幅画/给我们以诱人的欢欣。"这首诗是对林先生绘画高超艺术成就的赞美,也可以看作是对于能够在绘画创作中充分展示出高尚道德情操的画家的画品、人品的赞美。

  二是通过描述传主一生对艺术创作的态度来表现传主的优秀品格。新时期画家传记中的传主大都是在中国美术史上占有重要地位的画家,他们的艺术道路虽历经曲折坎坷但是艺术成就辉煌,这与传主自身具备的优秀品格是分不开的。这些优秀的品格是传主在长期的生活以及创作实践中逐渐形成的,并且随着时间的推移而逐步完善,主要包括勤奋、谦虚等等中国传统知识分子的优秀品格。

  艺术大师齐白石家世代务农,对于农村生活感情非常深厚,他的大量作品,都洋溢着浓郁的乡土之情。他眷恋着家乡的一草一木,将童年的记忆和家乡的风土民情在绘画、诗歌中饱含真情地表现了出来,这是齐白石作为一个善良农民所特有的情感，也是他绘画艺术取得巨大成就的原因。朴素而带有浓郁的乡土气息，是齐白石一生的创作风格，这与法国画家米勒的农民的根子是一样的，米勒有句名言："我生来是一个农民，我愿意到死也是一个农民，我要描绘我所感受到的东西。"米勒一生始终用尊敬的态度描绘他所熟悉的农民的形象，展现他们艰辛的劳作生活以及内心的尊严，流露出对乡土的无限深情，齐白石也是因为以无限的深情去描绘自己所熟悉的、能够引起他的强烈情感的事物而成了20世纪中国画艺术大师，完成了从"芝木匠"到画坛巨匠的巨大转变，在这一转变过程中，齐白石优秀的个性品格发挥了重要的作用。勤奋，是齐白石之所以成为艺术大师的重要品格之一，他常常说："一天不画画心慌，五天不刻印手痒。"他的一生中只有两次有10多天没拿画笔，一次是母亲去世，齐白石万分悲痛，无心作画；还有一次是1924年他积劳成疾，大病一场，七天七夜不省人事，险些丧了性命，无力作画；可是悲痛过后、大病初愈，他又把落下的"日课"认认真真地补上了。齐白石74岁时曾游四川，但是并没有画什么画，做多少诗，为此他感到愧疚，在《蜀游杂记》的末页题写："翻阅此日记簿，始愧虚走四川一回，无诗无画，恐后人见之笑倒也，故记数字。"解释了"无诗无画"的原因是有"不乐之事"，"兴趣毫无"；1919年他在《真有天然之趣》的白描稿上题字："己未六月十八日，与门人张伯任在北京法源寺羯磨寮闲话，忽见地上砖纹有磨石印之石浆，其色白，正似此鸟，余以此纸就地上画存其草，真有天然之趣。"这一段文字记述了他在"闲话"中看到地面砖上磨刻印石流下来的石浆像只小鸟，就马上动笔勾勒保存了下来，可见他无时无刻不在想着自己的创作。

齐白石诗、书、画、印俱精，是下过苦功夫的。他曾经记述过早年治印的刻苦生活："余学刊印，刊后复磨，磨后又刊。客室成泥，欲就干，移于东复移于西，移于八方，通室必成池底。"（《忆罗山往事诗》自注）由于家境贫寒，齐白石27岁时才正式读书，因为要题画他就努力学习诗歌，老师跟他讲要背诵"唐诗三百首"，但是他却有好多字不认识。"据黎锦熙先生讲，他那时要读唐诗很困难，为了记诵生字，把书页裁开，在每行的下端里面，将不认得的字用同音字注上音。他利用这种用熟字注生字的直音法，很快地把唐诗读完。"① 69岁时创作的《往事示儿辈诗》："村书无角宿缘迟，廿七年华始有师。灯盏无油何害事，自烧松火读唐诗。"就非常形象地描绘出他刻苦读书的情形。

画坛大师徐悲鸿始终秉持着勤练笃学的艺术态度，一生从未间断过素描的练习，一幅画重画几遍是平常之事，《九方皋》是第七次修改的定本，《愚公移山》的画稿现存的就有30多幅。廖静文在《徐悲鸿一生：我的回忆》中记述了20世纪50年代徐悲鸿带病在导沭整沂的水利工地上体验生活、勤奋创作的往事；即使在病中也始终牵挂着中央美术学院的学生们，"为了了解他们的学习成绩，他扶病到学院里去，从一个教室走到另一个教室，检查学生们的绘画习作"，及时地提出指导意见，并亲自给学生们讲课。"为了给学生们讲一堂课，他往往要翻箱倒柜，从他收藏的数以万计的美术图片中找出一些有关的图片，用来配合他所讲的内容，供学生们参考。他亲自给每一张图片写上作品名字、作者姓氏、年代等，然后又亲自放到中央美术学院的那些玻璃平面柜子里陈列一星期。"正是他的这种严谨治学、勤奋创作的态度深深地影响着学生，培养出了许多在我国美术界享有声望的艺术家。

郑重的《林风眠传》中讲到，林风眠辞职离开国立艺专后，在嘉陵江畔过起了隐居生活。对于这一段生活，没有任何的文字记录，林风眠本人也很少向人提及，只有作家卜乃夫（无名氏）的回忆中透露了些许信息：1945年11月7日下午星期天，作家足足耗费了两个小时才到达了重庆南岸的"林公馆"，"这里是军政部的一个仓库，低矮的土墙，旧木板门上一片泥垢与烟熏，脚下是高低不平的黄泥地，门外不几步就是黄土路，一边是破烂的农家舍，后面是堆物间，只四坪左右大。作家从门缝向内张望，窥视良久，见陋室收拾得极干净，一切布置得整整齐齐。窗前那张农人用的白木桌上，放了一把菜刀和一块砧板，以及油瓶。假如不是泥墙上挂着几幅水墨画，桌上安放着一支笔筒，筒内插着几十支画笔，谁也不会把这

---

① 黄苗子：《画坛师友录》（增订版），生活·读书·新知三联书店2007年版，第53页。

位主人和那位曾经是全世界最年轻的国立艺专校长联系起来"。看到这一切，作家怔住了。门房告诉他，林风眠在此居住已有五六年的时间了，全部家务都是自己料理。作家拜访不遇，正准备踏上归途，"迎面来了一位中年人，着黑色西装，戴黑呢帽，风度不凡。手里拿着一包花生米，一边走，一边吃。他把一粒粒花生米投到嘴里时，姿态如儿童"①。在如此恶劣的生存环境之下，林风眠仍能保有一种快乐如"儿童"的心态，他与作家谈绘画的技法、谈对未来美术的看法，丝毫没有顾念到自己周围的生活环境，而就在此期间，林风眠形成了自己新的艺术创作风格——"风眠体"，这主要得自他的勇于探索、勤奋创作的精神。关于林风眠这一时期的生活及创作，李松的《万山层林——李可染》中也讲到，林风眠当时住在嘉陵江南岸的一个仓库里，生活极为清苦，李可染常常去看望他，林风眠"整日伏在屋内唯一的一张白木桌上孜孜不倦地作画，画完了的作品一摞摞地平摆在房间里。李可染见到他又一次用流利的线条画马，从早画到晚，竟画了九十来张。他画完了只捡出几幅保存，其余都废弃了"②。林风眠的学生女画家乌密风曾深情地回忆抗战胜利后与林先生在杭州的一段交往，师生重逢异常兴奋，他们回忆过去、展望未来，谈论更多的还是他们的绘画创作，"这一段时间林风眠的创作仍然十分刻苦。除了到艺专去上课，其余时间仍然是画画……天天晚上画到深夜，然后摆到地板上，第二天早晨起来再挑，满意的留着，多数都撕掉。他这个习惯源于重庆时期，延续到他后来的一生"③。正是这种宠辱不惊的良好心态以及勤奋、严谨的创作态度使得林风眠的艺术创作在晚年又登上了一个新的高峰。

冯伊湄的《未完成的画：司徒乔传》中记述了司徒乔到巴黎求学的艰辛，有钱的时候就到画室去跟老师学习，没钱交学费了就到不花学费的学校——博物馆、美术馆等地观摩，或者"偷师"——探访一些有成就的画家，从他们的画作或谈吐中汲取艺术的养料，甚至还有更为节省

---
① 郑重：《林风眠传》，东方出版中心2008年版，第151页。
② 李松：《万山层林——李可染》，山东画报出版社2001年版，第50页。
③ 刘世敏：《艺海逆舟：林风眠传》，吉林美术出版社1999年版，第159页。

的方法,"如果今天能花二角五,就买票上那些有模特儿的画室去,画那些五分钟更换一次姿势的模特儿,来练习追捕动态的能力。如果袋里只有五分钱,那就到巴黎第五区的'圆顶'咖啡馆去喝一杯咖啡,那里随时有画家把刚出炉的作品拿出来往桌上一搁,或往壁上一挂,邻座的人们——多半是同行,都围拢来欣赏、品评,甚至往往会争论起来。对乔来说,那是花费最少而获益最多的课堂了"。传主在如此艰苦的条件之下仍然能够勤奋地学习,就是为了心中那神圣的理想——艺术。但是就是这样不花学费地学习也没有维持多久,因为连吃饭的钱都没有了,更不用说买布纹纸和颜料了,当时画家的境况是"大部分时间只好到长满荒草的后园来回踱步,或者坐在房间对着空空的画架用脑子画画。积压在脑子里的画要冲出来,跳出来,他们快把画家逼疯了"①。宝剑锋从磨砺出,对艰苦生活的深切体验、对艺术的孜孜以求,为传主的艺术创作奠定了坚实的基础。

黄永玉,没有受过系统的美术教育,甚至连中学都没有读完,但是却在绘画、木刻、雕塑、文学等领域都有所建树,这主要归功于他的勤奋,在他的字典里从来就没有"退休"一词,80岁的老艺术家仍然保持着旺盛的创作激情,"我不自觉地活到了80岁,没有变的是我的创作劲头。我不停地想工作,不工作也没有什么干的。放下工作,吃,不喜欢,游山玩水,没有意思。工作就是一种最好玩的事情"②。对于黄永玉来说,工作是最好玩也是最令人愉快的事情,2004年的1月、4月、8月、10月、12月,年届80的老艺术家在深圳、北京、长沙、广州、香港等五地成功举办了"黄永玉八十艺展",展品多为黄永玉先生1999年以后创作的巨幅佳作,凸显了黄老先生对心爱的艺术事业的不懈追求。

谦虚也是新时期画家传记中所展示的传主的优秀品格。徐悲鸿是享誉盛名的艺术大师,担任着中央美术学院院长一职,但是他始终保持着谦虚这一中国古老的优秀传统,尊重老艺术家,逢人便推崇齐白石,并"三顾茅庐"请齐白石到中央美术学院任教;对民间艺术积极支持、弘

---

① 冯伊湄:《未完成的画:司徒乔传》,人民文学出版社1999年版,第40页。
② 陈履生编著:《黄永玉八十》,漓江出版社2006年版,第5页。

扬,在天津,不辞辛苦地寻访泥塑名手"泥人张"张明山一家并撰写文章详细介绍,在江西南昌走访民间雕塑艺人范振华。杨先让在《徐悲鸿》中谈到了传主谦虚的态度:徐悲鸿画马扬名海内外,可以说画了一辈子的马,但是他却清醒地认识到自己画的马不可能张张都是精品,因而总是不断地练习。"1948年,他患病初愈,由夫人廖静文抱着孩子陪同,在我们院校一角,坐着小板凳,对着李宗仁送给他的一匹老马写生。我们站在他身后观摩,他对我们说:'人们喜欢我画的马,其实并不是每张都好,所以我要多多写生。'"①享誉海内外的艺术大家竟然还是这样谦虚、勤奋,他的所做、所言又是这样朴实、真切、自然,让人油然而生敬意。

  黄苗子在《英也夺我心——李苦禅小记》中回忆,20世纪50年代初,齐白石的弟子许麟庐在东单西观音寺开设了一家画店,黄苗子和李苦禅常常在画店见面,白石老人偶尔也到店里坐坐。有一天黄苗子准备接白石老人到他家里去,可是"老人却坐在藤椅上面对着墙上的李苦禅画的石上巨鹰目不转睛地端详了半天,还是不肯走。后来在我家坐下,别人谈了半天话,老人却一言不发,忽然,他对陪同来的女护士说:'叫画店把苦禅那幅《大鹰》拿到我家里来,我还要看看。'我当时说:'您老人家觉得这幅鹰画得好吗?'老人带着得意的神气说:'他画的鹰就是比我好啊!'我当时觉得这句话不但说明了苦禅的画好,还说明了老人的谦虚。"②对弟子由衷的肯定、赞赏,认为学生比老师画得要好,体现了白石老人高尚的品格、博大的胸襟。齐白石对徐渭、朱耷、吴昌硕佩服得五体投地,早年曾写过一首诗:"青藤雪个远凡胎,老缶衰年别有才。我欲九原为走狗,三家门下转轮来。"又有题记曰:"青藤、雪个、大涤子之画,能纵横涂抹,余心极服之,恨不生前三百年,或求为诸君磨墨理纸,诸君不纳,余于门之外,饿而不去,亦快事也。"③齐白石谦虚的品格同样体现在对于古人的尊重上,这也是他的艺术创作取得引人瞩目成就的重要原因。齐白石有一

---

① 杨先让:《徐悲鸿》,文化艺术出版社2002年版,第125页。
② 黄苗子:《画坛师友录》(增订版),生活·读书·新知三联书店2007年版,第188页。
③ 张次溪:《齐白石的一生》,人民美术出版社2004年版,第144页。

首题画诗:"点灯照壁再三看,步步无奇汗满颜。几欲变更终缩手,舍真作怪此生难。"严肃认真地对待艺术创作,追求艺术创作的一种"真",白石先生说他习画以来"为万虫写照,为百鸟传神。只有天上之龙,无从见得,吾不能画也"①。出现在他的画作中的形象都是他最为熟悉、最为了解的,也是日常生活中经常见到的、最能够引发情感的事物,他从来不画自己不熟悉的事物。

林风眠在中国现代美术史和美术教育史上都占有重要的地位,但一生不事张扬、处事低调,1988年爱国侨领姚美良先生慷慨捐赠了100万人民币帮助建立"林风眠旧居纪念馆",征求林先生意见时,他说:"……我这个人一生潦倒,年轻的时候,就热爱艺术,穷学生孤身奋斗,深知求艺之艰难。我深深地体会到许多有才能的年轻人,由于物质上的拮据,大大影响了他们才能的发挥,因此我考虑给我建一个豪华的陈列馆,是次要的。国家还困难,将来有条件再说。我认为还不如把这笔钱拿去支持青年人深造,扶植他们成长,这样我会感到安慰的。……是否可以用这些钱作为基金,以利于对青年美术家的支持。"姚先生对此表示理解,尊重林风眠的意见。当肖峰先生问到这个基金会是否用"林风眠"命名时,林先生十分谦逊地表示:"这可使不得,一方面我还活蹦乱跳,怎么能用我的名字命名呢?另方面如果用林风眠的名字作奖学金,就应该从我自己口袋里掏钱来,不能由别人资助,但现在我还拿不出这许多钱来。"② 最后,经林风眠、肖峰、姚美良等几位先生商量,决定以姚先生父亲姚永芳的名字来命名基金会,1990年在中国美术学院隆重举行了"永芳基金会"的设立仪式。林风眠先生谦逊的品格赢得了世人的敬重,在临近人生终点的时候,他的艺术创作也享有了世界声誉。

三是表现传主独特的个性特征。个性,是传记主人公区别于传记中其他人物的重要标志,而能否准确地展现出传主独特的个性特点也成了评价一部传记成功与否的重要标准。美国传记理论家琼斯顿认为,"从根本上来说,传记就是个性的文学,这也是传记区别于其他文类的特征,因为还

---

① 黄苗子:《画坛师友录》(增订版),生活·读书·新知三联书店2007年版,第48页。
② 肖峰:《魂兮归来——怀林风眠老师》,《新美术》1992年第3期。

没有哪一种文学形式像传记这样要求个性完全成为其决定性的因素。"① 新时期画家传记的创作中,传记作家将传主丰富多彩的个性形象——呈现在读者面前,成为新时期传记文坛一道亮丽的风景,丰富了中国新时期传记文学的人物画廊。

1932年,在友人的资助之下,徐悲鸿在南京的傅厚岗建了一座新宅,并将之命名为"危巢",在《危巢小记》中徐悲鸿谈到了取名的缘由:"古人有居安思危之训,抑于灾难丧乱之际,卧薪尝胆之秋,敢忘其危,是取名之义也",表现了他的忧国忧民意识;在家中的客厅里悬挂着一副字如斗大的泰山经石峪金刚经的墨拓本集字对联:独持偏见一意孤行,这是徐悲鸿的艺术主张,他要坚持自己的个性,在艺术上始终坚持自己的创作道路,同时也是他为人处事的态度。徐悲鸿与蒋碧微的爱情曾经震动了当时的上海滩,二人在相识之后逐渐产生了爱情,在蒋碧微已经订婚的情况下,徐蒋在朋友的帮助下私奔到了日本,这在当时确实被视为爱情的"壮举",蒋碧微在《蒋碧微回忆录:我与悲鸿》中详细描述了他们二人出走之后家庭的状况:父母"万分惊骇忧伤,焦急彷徨",闹成了"轩然大波,父母为我蒙受了多少冤枉指责、讥讽嘲笑",家人感到事态的严重,因为这关乎蒋家的声誉,于是只好通知亲戚朋友说女儿到苏州探亲得了急病,不治身亡了;又用了"瞒天过海之计",让人准备了一口棺材,在里面装上石头,暂时寄厝到一家寺庙。"1912年,一般人还很守旧,我家又是宜兴的望族,书香门第,出了这种前所未有的事,那简直是地方上天大的新闻!"② 从中我们也可以看出徐悲鸿对爱情矢志不渝的鲜明的个性形象。再比如他曾多次拒绝为蒋介石画像,包括为蒋介石五十大寿画像;不顾威胁恐吓、侮辱谩骂,坚决在《陪读文化界对时局进言》上签名;拒绝蒋介石为欢送美国将军而购买他的一幅中国画《灵鹫》等等,都表现了徐悲鸿的个性和高尚品格。

在教学上,徐悲鸿始终坚持中国传统的"师法造化"与西方传统的写实主义相结合的原则。1929年、1946年中国美术界先后进行了两次大的论

---

① Johnston, James C. "Biography: Literature of Personality." New York: the Century Co, 1973, p.93.
② 蒋碧微:《蒋碧微回忆录:我与悲鸿》,漓江出版社2008年版,第38—39页。

战，徐悲鸿在论战中坚决地捍卫了中国现实主义的美术教育体系：1929年，徐悲鸿与好友徐志摩在上海展开了笔战，反对标新立异。"欲矫情立异、变换万物、易以非象；改撺造物、易以非物；昧其良知、纵其丑恶、宣其佞异……作不伦不类人物，诩为独创，媲美新派，怡然自乐，狂謦满地……吾国艺事日衰，又欲从而效之，夫饥饿者虽不择饮食，必不服毒。"在当时积弱积贫的中国社会，画家大声呼吁有良知的艺术家应肩负起身上的责任，注重保持民族气节，走自己的路。1946年在北平，徐悲鸿团结了一批思想一致的美术精英，向保守的复古势力进行了挑战，掀起了一场"新旧国画论战"，力主艺术的创新，痛斥美术界因循守旧的弊病，提出了学生要摹写广大人民的生活，而不能仅仅以模仿古人为自足。"……经过这场论战，徐悲鸿的中国画改革理论更加走向成熟，他所建立的中国美术教育体系也趋于完备。"①当今中国的许多美术院校奉行的还是徐悲鸿的教育体系，培养出了一代又一代的著名画家，改变了中国画界陈旧的局面，这也应该归功于徐悲鸿"一意孤行"的个性特征。

在中国美术史上，张大千以交游遍天下著称于世，寒士、穷画家都曾得到过他的帮助，如弟子何海霞，当年曾在北京琉璃厂摆摊卖画，是张大千发现了他的才华并悉心培养他，使之后来成为著名的画家；张大千与同辈的文士、画家经常切磋往来，当时的富商名流、演员、戏子等都曾与他交朋友。每一个人都是社会的人，不可能游离于时代与社会生活之外，传记文学要将传主置身于当时的社会环境和各种社会关系中来全面考察，通过传主与周围人的关系以及周围人对传主的评价，多方位地展现传主性格的不同侧面，从而塑造出真实的立体的鲜活的传主形象。梁启超说："我的理想专传，是以一个伟大人物对于时代有特殊关系者为中心，将周围关系事实归纳其中，横的竖的，网罗无遗。比如替一个大文学家作专传，可以把当时及前后的文学潮流分别说明。此种专传，其对象虽止一人，而目的不在一人。"②杨继仁的《张大千传》中写到张大千畅游长江归来之后，"客厅里挤得满满的。画案四周，有戎装气盛的军人、目空一切的文人、

---

① 杨先让：《徐悲鸿》，文化艺术出版社2002年版，第56—58页。
② 梁启超：《中国历史研究法》，江苏文艺出版社2008年版，第179页。

落魄的政客，也有以艺道相交的朋友。连上次求虎画遭冷落的字画商人李先生，也杂在人群中，穿来穿去，嘻嘻的笑声，在客厅里织成几个大圆圈。大千长江一游归来，仍是老样子，他一边作画，一边和人闲扯，来者不拒，三教九流，愿意来的，一般都多少给点面子。所以有人说：'要找苏州城里的名人，最好去张大千客厅找。'"① 谈话的内容也是丰富多彩，但最终都会回归到与画有关的话题，这也是张大千了解社会的一个重要窗口。交游广为张大千提供了诸多方便，比如1947年他准备去西康省考察民风民俗，观赏其独具特色的歌舞，但此地是藏、彝、羌、回等少数民族的聚居区，气候恶劣、道路崎岖、土匪横行，被称之为"蛮荒之地"，朋友们为他的安全担心，张大千自称已经预先贴了几道护身符："一道是他的朋友、四川军阀刘文辉，刘文辉兼任西康省省长，而这个省长长住在成都的公馆里，有了他出面，在西康就可通行无阻；二道也是他的朋友、中央银行成都分行经理杨孝慈，他约了杨孝慈同他一道去西康，有了这尊财神菩萨在身边，就可化险为夷；三道还是他的朋友，这些朋友有的在政界，有的在商界，有的认识土司头人。有了这些在地方上呼风唤雨的人物，就安如泰山；四道护身符就是他自己，'张大千'三个字随便在哪里一摔，都当当响。"② 事实也正如张大千所料，有了这四道"护身符"，历时四五个月、行程数千里的西康之行顺利结束，回到成都，张大千举办了"西康写生画展"，展现了此前不为人重视的祖国的壮美山河，给人以耳目一新之感，年底又出版了《西康游屐》画册。张大千性格豪爽，有求必应，与当时许多著名的人物都是朋友，当年徐悲鸿为了北平艺专校舍的扩建，曾请张大千了一幅荷花送给李宗仁，何香凝也曾请张大千画《荷花图》送给毛润之先生。张大千移居台湾后，有一个名闻台北的"三张一王"转转会，全部成员就是张大千、张学良、张群、王新衡，四人轮流坐庄，谈天说地、评诗论画。

徐悲鸿曾评价张大千："张大千，五百年来第一人也。"这既是对张大千艺术创作的高度评价，也是针对张大千独特的个性而言。张大千在台北

---

① 杨继仁：《张大千传》，文化艺术出版社2006年版，第124页。
② 同上书，第304页。

建造摩耶精舍时,"依照他历来的治园如作画的要求,不遗余力,将大把大把的金钱花出去,……不少从巴西运到美国的盆景,又用飞机空运到台湾,甚至从美国运来那块叫梅丘的石头。在园内栽种的奇花异草,或自己或派人到台湾、香港去收购。施工过程中,某样东西不合他的意,不惜成本拆了重修。……连他最好的朋友张群也不得不感叹:'要是大千花点儿钱办个美术学校就好了。'"张大千对治园的高标准要求,是与他对待艺术创作的严谨态度、追求完美的要求分不开的,况且由于这是他"在中国的土地上修建的第一所房屋,大约感到此处是生平最后的住所",所以要求的标准就超乎了一般人的想象。[1] 傅申、陆蓉之合编的《张大千的世界》(台湾时报出版社1998年版)开篇"古今一大千"中提到,从20世纪50—70年代的中期,在国际机场和航线上,常常会看到一位着奇装异服的亚裔人士,满脸胡须,胸前长髯飘拂,一身中国传统的长袍,脚蹬布鞋,头戴形式古怪的高冠,手持一根长长的古林拐杖,而他的身边总是紧紧跟随着一位穿着中国旗袍的美艳夫人,有时则搀扶着他。二人的个子都不高,但是不论他们走到哪里,他们的穿着、仪表、气质等等,都会成为众人注目的对象,更何况经常还会有一大群迎送的亲友、显要人士以及名流和记者,热热闹闹地围绕着他们俩。作品开篇就将画家独特的个性形象真实生动地展现在读者面前,吸引了读者的注意力,同时对"张大千的世界"——他的绘画创作活动及其创作风格进行了中肯、可信的综合分析评价,全面展现了极具个性的画家张大千的形象。

新时期画家传记的创作主要是以体现传记主人公的人文精神为主题,传记作家通过对传主语言、行动、创作的阐释展现其关注社会、关心民生的高尚品格,通过描摹传主一生对艺术创作的态度来表现其优秀品格,与此同时,传记作家还运用诗化的笔触展现了传主独特的个性特征,塑造了新时期画家传记中绚丽多姿的传主形象。

---

[1] 杨继仁:《张大千传》,文化艺术出版社2006年版,第471页。

# 第二章

# 历史与文学中的艰难选择

历史性和文学性是传记文学的本质属性。中国的传记文学一直以来主张"史传合一",而西方的传记文本虽然史传分离,但是并没有忽视其中历史成分的重要性,更加注重的是从传主的个体角度来展现历史。"广阔的历史眼光在传记中是不适宜的,没有比企图写以前称为伟大人物的'生平和年代'这样的东西更大的错误了。历史观察的是事件的广阔图画的片段。它永远应该立即开始,在谈到醉心于各种事业的人们的不安生活时戛然而止。它永远应该不偏不倚地谈论许多人物。传记则相反,它清清楚楚地只限于写两件事:生和死。它只能用一个人物来填写自己的画布,其他性格不管他们本身多么重要,永远只能对中心人物起从属的作用。"[①] 传记,是为人物立传的,主要是通过对传记主人公生命历程的叙述真实生动地再现传主栩栩如生的个性形象。作为历史性与文学性相结合的一种文体,传记作家对传主生平事迹的描述需要建立在客观历史事实的基础之上,而对传主性格的展现和形象的还原又需要运用文学性的表现手法。但是,如何处理传记文学的历史性和文学性的关系确实是一个非常棘手的难题,也是传记作者和传记文学理论研究者应该认真对待的一个问题。本章

---

① [法]安德烈·莫洛亚:《传记是艺术作品》,载王忠琪等译《法国作家论文学》,生活·读书·新知三联书店1984年版,第153页。

从传记文学的本质属性入手,着重分析新时期画家传记创作中的真实与虚构现象,探讨历史性与文学性的关系问题,认为优秀的传记文学作品应该是历史性与文学性的完美结合。

## 第一节 传记文学的历史性与文学性

传记,是某一个人的生平的记录,其内容一般包括传主的出生、家族谱系、经历、思想、爱情与婚姻、成就与贡献等等,主要是通过对传记主人公一生的叙述真实生动地再现传主的个性形象。传记的两大基本要素是对传主生平的描述和个性形象的展现,与它们相对应着的即是历史性和文学性,也即传记文学本质属性的两个方面。对传主生平事迹的描述需要建立在客观历史事实与史料的基础之上,而对传主性格的展现和形象的还原又需要运用文学性的表现手法,传记文学的独特内容决定了它的本质属性,既具有历史属性又具有文学属性,是历史与文学相结合的产物。但是,有关传记文学的本质属性问题一直是传记文学理论界争论的焦点。

中国的史传文学十分发达。司马迁的《史记》是中国传记文学的开山之作,创立了以人物为中心的纪传体体例,是史传文学史上的里程碑,它运用多样性的文学手法刻画了个性丰富的历史人物的形象,上至帝王将相,下到平民百姓,各种人物都涌现在司马迁的笔下,各有性情,各具特色,被鲁迅称之为"史家之绝唱,无韵之《离骚》",明确指出了《史记》中的历史与文学的双重性质。但是《史记》又被称为第一部"正史",属于历史学的范畴,艾伦·谢尔斯顿说:"历史的最高叙事形式是纪传体。"清代学者章学诚说:"盖包举一生而为之传,《史》《汉》列传体也。"一直到近代的梁启超都是将传记归属于史学范畴,他在《新史学》中说:"善为史者,以人物为历史之材料,不闻以历史为人物之画像;以人物为时代之代表,不闻以时代为人物之附属。"认为传记必须绝对忠实于历史,"我以为史家第一件道德,莫过于忠实",也就是说,"对于所叙述的史迹纯采客观的态度，不丝毫参以自己意见"①，他的创作也严格遵循着这一原则。梁启超先生有极深的史学修养，一生将英相克伦威尔的名言"画我须是我"奉为圭臬，在他的中外名人传记创作中曾几次谈到这件事："英国名相克伦威尔，尝呵某画工曰：'Paint me as I am（画我须是我）'，盖恶画师之谀己，而告以勿失吾真相也，世传为美谈。"他的传记创作严格依照历史事实，将传主一生的主要事迹及性格特征真实地展现在读者面前，"不丝毫参以自己意见"，他认为自己的作品是不会受到克伦威尔苛责的。著名的文学家孙犁也将传记归为历史学的范畴，他认为："人物传记，自古以来，看作是历史范畴"；"传记是属于历史范畴，它可以成为文学作品，但不能当作文学作品来写。可以说有传记文学，但不能说有文学传记。史学和文学之笔，应该分别开"；"史学的方法和文学的方法，并非一回事，而且有时很矛盾。史学重事实，文人好渲染；史学重客观，文人好表现自我"。②认为传记的创作应该严格遵循"重事实、重客观"的原则。

胡适于1914年最早提出了"传记文学"的名称，积极倡导"传记文学"的写作并身体力行地进行创作，明确指出了传记文学的创作宗旨是"给史家做材料，给文学开生路"，要求传记文学要写出传主的"实在身份、实在神情、实在口吻"，要使读者阅读时能够"如见其人"，并且可以"尚友其人"，这显然是对传记的文学性的要求。1935年，郁达夫在他的《什么是传记文学》一文中同样强调了传记的文学性："若要写新的有文学价值的传记，我们应当将他外面的起伏事实与内心的变革过程同时抒写出来，长处短处，公生活与私生活，一颦一笑，一死一生，择其要者，尽量来写，才可以见得真，说得像。"③"有文学价值的"传记文学要同时写出传主"外面的起伏事实与内心的变革过程"，这样才能够真实生动地展现出传主的形象。传记文学理论家朱东润也将传记归属于文学，认为传记文学是一种独立的文学样式，"现代的传记文学，是文学中的一个独立部门，其著述之多，销行之广，仅次于小说及剧本。但是在中国，有人还认为传

---

① 梁启超：《中国历史研究法》，江苏文艺出版社2008年版，第154页。
② 孙犁：《孙犁文论集·与友人论传记》，人民文学出版社1983年版，第240、244页。
③ 郁达夫：《什么是传记文学》，《郁达夫文集》第6卷，花城出版社1983年版，第283页。

记文学只是史学的一个支流,不是什么独立的文学样式。其实这样的看法不一定正确。"① 近代以来,胡适、郁达夫、朱东润等人接受了西方现代传记意识的影响,都把传记文学当作文学的一种类型加以倡导并进行创作,强调传记的文学性与真实性同等重要,而且大多数传记理论家都将传记文学当作文学的一个特殊的、与历史结合的一个门类来加以研究的。《新大英百科全书》"传记文学"条目中将传记文学定义为"文学表现的最古老的形式之一。它试图用语言再现人的生活,这种生活可以是作者本人的,也可以是他人的。记忆和一切可以得到的证据,包括笔头的、口头的和图片,都可以成为传记文学凭借的材料的来源"②。确定了传记文学是文学的一种样式。

在西方,传记属于历史学的观念到了19世纪末才开始转变。文艺复兴运动和人文主义思潮的兴起,将人从神的束缚中解放了出来,个体的价值得到了肯定,个性得到了张扬,个性解放的要求也越来越高,伴随着人的觉醒,文学表现人的真实的内心世界的功能进一步发挥,传记文学出现了迅猛发展的势头,传记的文学性越来越受到人们的重视,人们更加清醒地认识到传记的目的不只是要真实地表现传主的外部世界,更要真实地再现传主丰富复杂的内心世界,这样才能够塑造出传记主人公既真实可信又绚丽多姿的个性形象。至此,传记逐渐摆脱了史学的桎梏,文学的倾向性越来越浓,成为历史性与文学性兼具的一种文体,这就是传记文学文体意识自觉的表现。英国传记文学理论家尼科尔森说:"直到二十世纪以前,没有人恪尽职守地使传记文学自成一家,把它从记叙体的同类样式中区分出来。现在我们用检验个性和真实性这两方面的方法,终于使传记文学与历史和小说二者画地为牢。今天,很少有人会认为一部从基本上既不涉及个性又不真实的作品是传记文学。"③ 他认为优秀的传记文学应该兼具文学和历史的双重性质,既能够展现传主丰富复杂的个性形象,又要严格遵循历

---

① 朱东润:《传记文学》,《人物》1982年第1期。
② 梅江海、刘可译:《传记文学——〈新大英百科全书〉条目》,《传记文学》1984年第1期。
③ [英]哈罗德·尼科尔森:《现代英国传记》,刘可译,《传记文学》1984年第3期。

史的事实。

　　1984年初北京十月文艺出版社召开的现代作家传记作者研讨会上，马良春指出，传记应该是"科学性、学术性和艺术性相结合的"。① 香港传记作家协会会长寒山碧认为，"传记是否具有文学价值？不在于传记这种体裁本身，而在于作者有没有把传记写好？写得好的传记，既是历史也是文学，兼备历史和文学价值。写得不好的传记，既不是历史也不是文学，或许仅仅是简单的编年史。"② 进一步阐明了传记应兼具历史性和文学性的特点，认为好的传记应该兼具历史和文学的双重价值。传记文学理论家杨正润先生认为传记是历史与文学相结合的一种文体，"歌德把自己的传记取名《诗与真》，鲁迅称中国最伟大的古典传记《史记》是'史家之绝唱，无韵之《离骚》'，钱锺书要求传记作品'史蕴诗心'，这些不同时代或不同国度的博学大家，对传记的看法却是如此一致，他们道出了传记的真谛——传记是历史的和真实的，又是文学的和诗的。"③

　　但是，如何处理传记文学的历史性和文学性之间的关系是传记作家和传记文学理论研究者应该认真对待的一个问题。传记是一种介于历史学和文学之间的文体，文学性和历史性相结合是传记文学独特的文体特征，过于强调传记的历史性而忽视传记的文学性，势必会影响传记文体的独立发展与创造活力，使传记文学的审美品格得不到体现；过于强调传记的文学性而忽视历史性，也会影响传记作为一种非虚构性纪实文学的本质特征，即传记文学的真实性必然会受到质疑。所以，无论将传记简单地归为历史范畴还是文学范畴，都不利于传记文体的发展，传记的历史性和文学性应该是同等重要的。传记的历史属性要求它必须严格遵循真实性、科学性的原则，来不得半点虚假，要再现传主真实可信的历史形象；而传记的文学属性又要求它能够运用各种艺术性的表现手法来展现传主栩栩如生的个性形象，具有较强的审美特性，增强作品的可读性；传记与历史学是不同

---

　　① 《传记文学的科学性和文学性——北京十月文艺出版社召开现代作家传记作者座谈会》，《中国现代文学研究丛刊》1984年第2期。
　　② 寒山碧：《香港传记文学发展史》，香港东西文化事业公司2003年版，第127页。
　　③ 杨正润：《传记文学史纲》，江苏教育出版社1994年版，第1页。

的，与小说也有根本的区别。

　　首先，传记与历史学有所不同。"历史是对以往所说、所做或发生的显要之事的条理化记录，以保持对它们的长久记忆，并用来对以后的这些事情加以指导。"① 历史学通常是指历史学家对某一特定时期内的某一地区的人民以及某种制度的概括综述，历史著述是以叙述重大历史事件为主要目的，关注的是某一历史时期的诸如社会的政治制度、经济状况、文化艺术、宗教道德、风俗习惯以及那些在历史进程中发挥重大作用的人物群体，以事件为主而不是以人物为主，人物只是陪衬；而传记的中心是人物，是写一个人的历史，自始至终关注的是传记主人公这一个人，要求真实地再现传主的生平事迹与个性形象，而有关的社会环境、人际关系等等只是描述传主活动的重要背景。西方传记作家是有着清醒的传记文体意识的，普鲁塔克曾宣称："我写的不是历史而是传记，甚至在那些辉煌的事迹中也并不总是完全证明了善与恶的，而且，一句话，一个玩笑这样的小事往往可以比造成千万人死亡的战争、军队的最大的调动、城市的围攻等更清楚地表现一个人物。因此，正如画家要把面孔或眼神画得很像，对身体的其余部分则很少注意，我也必须让自己主要致力于人们灵魂的特征，以此描绘出每一个人的一生。"② 普鲁塔克明确指出了传记与历史文体的不同，传记文学要通过对传主"灵魂的特征"的描述来再现传记主人公的一生。台湾学者杜维运也说："传记学家与史学家自然有其分野。传记学家密切注意人物的性格，史学家则在人物的性格影响到历史时，才密切注意人物的性格。传记学家的世界，人物是重心，他尽可能的呈现，将人物性格的各方面和盘托出，不惮其繁；史学家则不能如此，他无暇将人物的细节，一一写到历史上去，他的工作园地辽阔，他必须知道精简与衡量，尤其重要者，他必须严肃，不能将无意义者写入，不能将过于琐碎者写入。传记学家应是专业化了的史学家，而史学家则应珍视传记学家的成果。"③ 传记与历史都要求尊重历史事实，但是二者又有根本的不同，传记的历史

---

① [英]艾伦·谢尔斯顿：《传记》，李永辉、尚伟译，昆仑出版社1993年版，第26页。
② 王成军：《纪实与纪虚——中西叙事文学研究》，百花洲文艺出版社2003年版，第166页。
③ 杜维运：《史学方法论》，北京大学出版社2006年版，第210页。

性和文学性相结合的文体特征又要求它在尊重历史事实的基础之上运用文学性的表现手法再现传记主人公的形象。"作为一个传记艺术家的成就，在很大程度上将取决于：他是否能够在表现出年代的范围和岁月的跨度的同时，又能够着重突出表现一个人的外貌和内心的主要行为形式。"① 这些文学性的表现手法最常见的是作品结构的安排，自然环境的描写，场面氛围的渲染，通过对传主精神历程的叙述来揭示传主独特的个性特征，对人物语言、动作、心理的刻画，对传主日常生活琐事的描写，作者的情感投入等等，可以充分展现传记作家的审美情趣，再现传主丰富多彩的个性形象。卡西尔曾说"艺术和历史学是我们探索人类本性的最有力的工具。没有这两个知识来源的话，我们对于人会知道些什么呢？""为了发现这种人，我们必须求助于伟大的历史学家或伟大的诗人——求助于像欧里庇得斯或莎士比亚这样的悲剧家，像塞万提斯、莫里哀或劳伦斯·斯特恩这样的喜剧作家，或者像狄更斯或萨克雷、巴尔扎克或福楼拜、果戈理或陀思妥耶夫斯基这样的现代小说家。诗歌不是对自然的单纯模仿；历史不是对僵死事实或事件的叙述。"② 传记文学作为兼具历史性和文学性的一种文体，正是表现卡西尔所讲的探索"人"的本性的最适合的形式。

其次，传记与小说也有根本上的不同。从内容上讲，传记与小说都是以人物为中心，表现人物独特的个性特征、展现其丰满立体鲜活的形象，约翰生曾经讲过，传记作家的工作"是给他所写作的那个人物的生平一个完整的叙述，用他所具有的性格和感情的各种特征把他同所有其他人区别开来"③。从这一方面来讲，传记与小说是相同的。《史记》是中国传记文学的肇始，有的学者也将它看作小说，比如郭沫若就曾讲道："……在作为文学的鉴赏上，我看至少《史记》是在所必读，或者选读的。司马迁这位史学大家实在是值得我们夸耀。他的一部《史记》不啻是我们中国的一部古代的史诗，或者就说它是一部历史小说集也可以。"④ 但是，"无论如

---

① 张新科：《唐前史传文学研究》，西北大学出版社2000年版，第106页。
② [德]恩斯特·卡西尔：《人论》，甘阳译，上海译文出版社2004年版，第261—262页。
③ 杨正润：《现代传记学》，南京大学出版社2009年版，第46页。
④ 郭沫若：《沫若文集》第12卷，人民文学出版社1963年版，第255页。

何，传记和小说都是泾渭分明的。区别在于构成它们的材料不同。前者是在朋友的帮助下，由一系列事实组成；后者的创作除了作者出于自身喜好而自愿去服从约束外，不受任何限制。这就是二者的不同。"① 英国女作家和文学理论家弗吉尼亚·伍尔芙明确指出了传记与小说的根本不同：传记的创作基础是事实，而且必须是客观发生过的历史的真实，不允许作者去凭空臆造、虚构，而小说中的"真实"则完全是作家想象、创造出来的。古希腊哲学家亚里士多德曾就历史与文学的区别问题发表过著名的论述，"诗人的职责不在于描述已发生的事，而在于描述可能发生的事，即按照可然律或必然律可能发生的事。历史家与诗人的差别不在于一用散文，一用'韵文'；……两者的差别在于一叙述已发生的事，一描述可能发生的事。因此，写诗这种活动比写历史更富于哲学意味，更被严肃的对待；因为诗所描述的事带有普遍性，历史则叙述个别的事。所谓'有普遍性的事'，指某一种人，按照可然律或必然律，会说的话，会行的事，诗要首先追求这目的，然后才给人物起名字；至于'个别的事'，则是指亚尔西巴德所做的事或所遭遇的事。"② 在创作原则上，传记和小说也是截然不同的。小说家享有充分的自由创作的空间，为了表现某种主题，可以天马行空地想象、虚构作品中的时间、人物、情节、场面，就像鲁迅先生在谈到自己的创作经验时所说的："所写的事迹，大抵有一点见过或听到过的缘由，但决不全用这事实，只是采取一端，加以改造，或生发开去，到足以几乎完全发表我的意思为止。人物的模特儿也一样，没有专用过一个人，往往嘴在浙江，脸在北京，衣服在山西，是一个拼凑起来的脚色。"③ 小说家塑造的人物形象可以选取生活中的多个人物作为原型，进行集中概括，然后再加以提炼、升华，使之成为作者理想中的人物形象，即普遍性和特殊性相结合的典型人物，也就是所谓的"杂取种种人，合成一个"的创作手法。而传记的创作则必须严格遵循"纪实传真"的原则，以历史上真实

---

① [英] 弗吉尼亚·伍尔芙：《传记文学的艺术》，王斌、王保令等译，《伍尔芙随笔全集》第3卷，中国社会科学出版社2001年版。

② [古希腊] 亚里士多德：《诗学》，罗念生译，人民文学出版社1962年版，第28—29页。

③ 鲁迅：《我怎么做起小说来》，《鲁迅全集》第4卷，人民文学出版社1996年版，第513页。

存在过的人物为对象,再现传主真实的生命历程。

艾德尔说过:"在写作小说时,艺术家可以自由地使用他的全部想象力;在写作传记时,材料是早就固定的,想象的功能只能建立在这个材料之上,并且给它定形,艺术在于叙述之中;而叙述又必须具有这样的特征:不改变材料。"① 传记作品要表现一个历史人物的形象,只能从传主的生平事迹当中获取材料并加以提炼、概括,而不能凭空虚构、想象,但是,传记又具有文学性的特征,这又使得它不同于呆板、单调的历史叙事,允许它可以运用多种文学性的表现手法对传主进行描写,还原出栩栩如生的传主形象,包括可以想象、虚构,但是传记的想象、虚构一定是建立在事实基础之上的合理想象,必须戴上"事实"这个特定的"镣铐",要"戴着镣铐跳舞"。明清之际文学批评家金圣叹在《读第五才子书法》中就《史记》与《水浒》的创作谈了自己的看法:"《史记》是以文运事,《水浒》是因文生事。以文运事,是先有事生成如此如此,却要算计出一篇文字来,虽是史公高才,也毕竟是吃苦事;因文生事即不然,只是顺着笔性去,削高补底都由我。"一个是"以文运事",一个是"因文生事",非常明确地道出了传记与小说的区别。

传记文学具有历史和文学的双重属性,但是传记作家与历史学家、文学家又存在着本质的不同,"传记作家一方面与历史学家有部分的一致,另一方面又与小说家相同,但他永远不会取代他们,因为历史学家、小说家、传记作家都有着各自的动机,各自的方法与各自的目的"②。如何处理好传记的历史性与文学性之间的关系确实是一个难题。对于传记作家来说,在创作中真实性和文学性的双重要求是近乎苛刻的,也是困扰他们的最大的一个问题,确实是很难把握的,正如伍尔芙所说:"一方面是真实,另一方面是个性,如果我们想到真实是某种如花岗岩般坚硬的东西,个性是某种如彩虹般变幻不定的东西,再想到传记的目的就是把这两者融合成浑然一体,我们承认这是个棘手的难题。"③ 而这也正是传记文学理论家所

---

① 杨正润:《传记文学史纲》,江苏教育出版社1994年版,第16页。
② [英]艾伦·谢尔斯顿:《传记》,李永辉、尚伟译,昆仑出版社1993年版,第106页。
③ 杨正润:《传记文学史纲》,江苏教育出版社1994年版,第15页。

要重点探讨、解决的问题。优秀的传记文学作品应该达到历史性与文学性的完美结合，正如唐德刚先生所讲，"'无证不信'先生和'生动活泼'女士为什么就不能琴瑟和谐，而一定要分居离婚呢？我就不相信。"①

## 第二节 新时期画家传记中的真实与虚构

胡适在《〈南通张季直先生传记〉序》中说"传记的最重要条件是纪实传真"，"传记写所传的人，最要能写出他的实在身份，实在神情，实在口吻；要使读者如见其人，要使读者感觉真可以尚友其人"。"纪实传真"是中国传记文学的创作一直秉承的优良传统，班固曾称赞司马迁的《史记》"其文直，其事核，不虚美，不隐恶"。东西方的传统史学都十分重视历史叙述的客观性与真实性，要求历史著述能够客观真实地再现历史的本来面貌，梁启超认为"史家第一件道德，莫过于忠实"，"吾侪有志史学者终不可不以此自勉。务持鉴空衡平之态度，极忠实以搜集史料，极忠实以叙论之，使恰如其本来。当如格林威尔所云'画我须是我'。当如医者之解剖，奏刀砉砉，而无所谓恻隐之念扰我心曲也。乃至对本民族偏好溢美之辞，亦当力戒"②。梁先生强调史家要重视史料的搜集与整理，其创作态度要"鉴空衡平""忠实"，不以自己的偏好来取舍材料，这也同样适用于传记文学的创作。尼科尔森认为："在传记文学中，它的科学性与文学性是格格不入的，而且最终将证明科学性对文学性是有害的。科学性所要求的不仅是事实，而且是全部的事实；而文学性则要求对事实进行描写，这种描写是有选择性的，或是人为加工过的。科学性愈发展，其本身的需要也愈难满足，综述的能力和描写的才干都将不胜其职。因此，我认为科学性与文学性必将分道扬镳。"③ 他认为传记文学需要全部的真实，强调传记的科学性，不能同时兼具历史性和文学性两种属性。但是，传记文学是以

---

① 唐德刚：《胡适杂忆》，广西师范大学出版社2005年版，第144页。
② 梁启超：《中国历史研究法》，江苏文艺出版社2008年版，第38页。
③ [英]哈罗德·尼科尔森：《现代英国传记》，刘可译，《传记文学》1984年第3期。

真实性为原则、以人物为中心，向读者展现传主绚丽多彩的人生历程，展示传主独特的个性形象，使传主的生命价值走向永恒，这就需要依靠读者对传记文本的阅读、接受，对传主的形象产生共鸣，传主真实的生命价值才能得以体现，没有读者，传记也就失去了生命。我们知道，传记文学的读者群体是非常庞大的，既有大量的普通读者又有各类相关的专家学者，对于普通读者来说，阅读传记文学的目的是为了拓展自己的知识面，从传主丰富复杂的人生经历中获取生活的经验、体验审美的愉悦，探究传主的某些鲜为人知的逸闻逸事，他们不会去考虑作品中的叙事是否符合历史真实，因为他们是抱着对传记作家充分信任的态度去阅读的；而对于专家学者来讲情况就完全不同了：他们阅读传记的目的不仅仅是要获得审美的愉悦，更为重要的是为相关的研究准备素材，所以往往将传记中的材料当作证据在他们的研究中应用。这样一来，传记文学中那些虚构的、想象的、不符合历史事实的情节一旦被引用到论文著述的写作中去就很容易造成以讹传讹，导致研究的失误甚至错误，使研究丧失了科学性、真实性，也就毫无意义了。因而莫洛亚也一直强调真实的重要性，他的座右铭是：真实，真实，一切在于真实。

　　真实，是对传记文学创作的基本要求，也是传记文学的生命。卢梭在《忏悔录》的开篇写道："当最后审判的号角不论何时响了起来，我会捧着这本书到至高的审判者面前。我将大声地说：这是我所做过的一切，这是我所想过的一切，这即是过去的我。我以同样的坦白说着善与恶。我既不曾掩饰过一分坏处，我也不曾增添过一分好处……请将无穷尽的我的同类召集到我的周围来吧：让他们倾听我的告白，让他们为我的邪恶而叹息，让他们为我的卑劣而脸红吧。"这也应该是传记文学的创作者的座右铭。传记文学的"真实"应该有两个层面的含义：首先，传记文学的写作必须严格以历史事实作为叙述和描写的依据，既不能杜撰任何人名、地名，编造事件，也不能随意改变人物之间的关系、更改传主的人生经历，要记述真人真事，真实再现传主的生命历程与历史形象，这是"历史的真实"；另外还有一种"艺术的真实"，即传记作家在充分尊重历史真实的基础之上，可以进行合理的艺术想象、虚构、发挥，运用文学性的表现手法来展现传记主人公丰富复杂的内心世界，使得传主的形象更具个性化，更加丰满、立体。如何处理"历史的真实"与"艺术的真实"之间的关系是传记文学写作的一项非常重要的工作，关系到整部作品的成功与失败，正如艾伦·谢尔斯顿所讲，"事实的真实与虚构的真实是水火不容的两种事件，……看起来，对我们来说虚构的生活却日益真实，它更多地存在于个性中而非外在的行动中。……传记作家的想象力一直受到激发，去借用小说家的谋篇布局、联想暗示、戏剧效果等艺术手法，扩展个人的生活。然而，假如他够多使用虚构，以至于无视事实或歪曲事实，那么就会招致双重失败：既得不到虚构的自由，又失掉了事实实质。"[1] 传记作家要正确处理"真实"与"虚构"之间的关系，在尊重历史真实的基础之上，传记作家可以进行合理的虚构、想象，展现传记主人公丰富多彩的个性化的形象，增强作品的艺术感染力，正如（苏）鲍戈斯洛夫斯基著、冀刚等翻译的《屠格涅夫》"译后记"中所说："在基本情节符合历史事实、人物性格符合生活逻辑的情况下，传记文学是容许在一些细节上通过想象进行虚构，甚至运用夸张的手法来实现的。这样做非但不妨碍传记的真实感，反而会增强作品的艺术魅力。"真实，是传记文学必须严格遵循的创作原则。

传记文学的真实性首先表现在叙述要全面。传记文学的中心是人，要全面、真实地再现传记主人公的一生，在表现传主这个人物形象时，所谓叙述的全面并不是要求传记作家对传主的叙述事无巨细，将传主一生所经历过的所有事情都一一罗列出来，而是要将那些与传主的思想、情感等方面的重大转变、在传主人生历程中具有转折意义的重要事件真实、详细地叙述出来。然而在传记文学的实际写作过程中，却有不少传记作家有意无意地将传主的某些重要事件遗漏或者忽略掉，读者感受不到传记主人公的人生全貌，从某种意义上讲，这样的传记作品中的传主形象就不够真实，传记文学也就失去了其独特的艺术魅力。

画家的创作需要激情，他们的情感是非常丰富而且多变的，有关他们的爱情生活是一个非常敏感的话题，肯定也是许多读者关注的焦点，在传

---

[1] ［英］艾伦·谢尔斯顿：《传记》，李永辉、尚伟译，昆仑出版社1993年版，第95页。

记中如何表现传主的爱情生活成了摆在许多传记作者面前的一道不小的难题。有的作者干脆不碰这个"雷区"或一两笔轻轻带过，有的则大肆渲染，这都违背了传记文学"纪实传真"的基本要求，这样的传记作品算不上成功之作；优秀的传记作品在描述传主一生之中重大事件的同时，并不忽略日常生活逸事的描写，对于有些可能影响到传主"正面"形象的事件也如实表现，读者看到的是一个真实可信、丰满立体的全面的传主形象。翟墨的《圆了彩虹：吴冠中传》将传主置于中国美术史的巨大背景之上，既有吴冠中艺术创作的展示，又有日常生活琐事的描写，真实再现了吴冠中的个性形象，尤其难能可贵的是，作者在传记中对于吴冠中的爱情生活并不避讳，而是如实描写。作品真实地描写了吴冠中回故乡宜兴写生期间与向导"小静"之间的情感波澜：62岁与26岁的两只"往年羊"一见如故，很快成了朋友，他们一起散步、作画、交流，随着交往的深入，"一种很纯洁的感觉在弥漫。一种看不见的火焰在燃烧。""小静紧紧挽住吴冠中的臂膊，柔软的身体依傍着他，动情地说：'我爱上你了。'她仰起头，闭上眼，带着一种温柔、羞涩和歉意的等待，……吴冠中很感动。他真想把她紧紧搂在怀里，亲吻她那红红的嘴唇。然而他克制住了自己，……小静送吴冠中到招待所门口。……吴冠中又送小静到小巷的阁楼下。吴冠中自己也说不清，……他不能保证在青春和生命无穷的吸引力面前老年人就不再有着魔的可能。临别，吴冠中完成了他此行最喜爱的一幅油画：《静巷》。"① 作者运用文学性的笔法真实再现了传记主人公内心的复杂情感，但是"发乎情、止乎礼义"的传统道德规范是传主的处世准则。这件情感逸事的描写自然、真切、生动，非但没有损害传主的形象，反而使读者看到了一个真实的、全面的艺术家吴冠中的形象，作者翟墨继承了中国传记文学"不虚美、不隐恶"的优良传统，而这部传记也因此成了新时期画家传记中的优秀之作。而有关情感的问题吴冠中在他的《我负丹青：吴冠中自传》中则丝毫没有提及，这在一定程度上影响了读者对传主形象的全面了解。

---

① 翟墨：《圆了彩虹：吴冠中传》，人民文学出版社1997年版，第303页。

## 第二章 历史与文学中的艰难选择

罗曼·罗兰在《米开朗琪罗传》的结尾中写道:"真实高于一切!我不能用谎言去答应给自己朋友们幸福!我不惜一切代价非这样做不可,我只能答应给他们真实,甚至用幸福作为代价答应给他们真实,给他们勇敢的真实,并用真实这把刀子去雕刻不朽的心灵。"《米开朗琪罗传》正是"用真实这把刀子去雕刻不朽的心灵",生动形象地展现了米开朗琪罗在创作中矛盾,在矛盾中又试图去征服,而征服更牢牢束缚他的心灵才华的悲剧的生命过程,真实再现了米开朗琪罗这位意大利文艺复兴时期伟大的绘画家、雕塑家和建筑师的苦难而辉煌的一生。

从历史学的角度来讲,传记文学的叙述一定要符合历史的真实,这是不容置疑的,但是,传记文学又与一般的史学不同,它叙述的重点不是纯粹的历史事件,而是一个活生生的人物,要通过描述传主一生的生平与成就再现传记主人公丰富生动的个性形象,而最能够展现传主性格特点的材料莫过于细节的挖掘以及描摹。然而由于种种原因,即使是一个非常重要的历史人物,他那漫长的人生历程之中许多重要的细节也总是非常模糊或者是鲜为人知的,甚至于有的传主还主动销毁有关的书信、日记或是将其中最关键的部分隐而不宣,查尔斯·狄更斯、马克·吐温、西格蒙德·弗洛伊德等都曾将有关自己私生活的文件付之一炬,弗洛伊德就曾经这样讲:"我刚刚做完一件事。一种人会对这件事有切肤的体会,就是那些还没有出生,但注定不幸的人。因为你猜不出这些人是谁,我就告诉你吧,他们是我的传记作家。我已经把我过去十四年的所有日记都毁掉了,还有书信、科学笔记、任何作品的手稿……让传记作家干着急去吧。我不想把他们的工作变得太轻松。让他们每一个人都相信他所写的'传主的心路历程'是对的。即使现在,一想到他们都会误入歧途,我就喜从中来。"[①] 有关传主书信、日记、作品手稿等等材料的缺失,回忆录等或者可以给予一定的补充,但是这种补充毕竟是非常有限的,其余的只能由传记作家的想象或虚构来填充和弥补,虚构确实可以弥补传记材料的不足,保证故事的完整性,同时又可以丰富人物的个性,增强传主形象的立体感。传记作家

---

[①] 赵白生:《传记文学理论》,北京大学出版社 2003 年版,第 58—59 页。

的工作确实不轻松。传记文学的写作究竟在多大程度上可以虚构，始终是困扰传记作者的一个操作难点，但至少有一条原则必须遵循，那就是据实虚构。

郑重在《林风眠传·后记》中谈到了他创作《林风眠传》的异常曲折艰辛的过程，为了创作这部传记，作者阅读了与传主同时代人物的传记，又到了巴黎，访问了传主曾经就读过的巴黎美术学院，探访了画室、学生，"在拉丁区的鹅卵石铺的路上走来走去，又不止一次从美术学院经过拉丁区，穿过架在塞纳河上的艺术家桥到卢浮宫和巴黎圣母院"，亲身体验传主当年的感受；费尽周折联系到了传主的义女冯叶女士，因为她是写作传记"绝对重要的采访对象"，林风眠晚年在香港的生活都是由她照料，但是"她不愿和我见面"，后来想方设法设宴请来，"席未终她就走了"，只是与作者"站在马路边说了几句话"，然后"就消失在香港的夜色中"，"我只能自叹与冯叶无缘"；多次到杭州探寻国立杭州艺专的旧址，与中国美术学院的学者们座谈，到公安局查阅"文革"期间传主的内部档案，寻访传主的故交，探访传主的故乡……但仍然感觉到传主的"足迹有时是那样清晰，有时是若隐若现，有时又消失在视野之中，使我感到迷茫与彷徨，不知如何再寻找下去"。因此，这部传记主要展现的是传主林风眠一生的艺术活动，文本当中不乏对画作的大量详尽而准确的阐释，读者看到的是从事艺术教育、艺术创作的林风眠的形象，而对传主的日常生活尤其是家庭生活涉及很少，这在一定程度上影响了传主形象的全面的立体的展现，读后对传主的印象有一种"雾里看花"的感觉。在这里，传记作者"特别注意历史的真实，包括对林风眠持支持或反对的人和事都做真实的记录。我只是记录史实，没有评判是非"。[①] 但是，传记文学兼具历史性与文学性的双重特征，在不违背历史真实的情况下允许作者展开想象的翅膀进行合理的虚构，以弥补史料的不足，塑造更为真切丰满的人物形象。

胡适认为"传记最重要的条件是纪实传真"，但是他的《四十自述》中的"序幕"——"我的母亲的订婚"是依据他父亲的百余字的几小段日

---

[①] 郑重：《林风眠传·后记》，东方出版中心2008年版。

记虚构出来的,写得自然、真切、动人,弥补了由于史料的不足而造成的叙述的平淡化。"我承认,讲述人们出生和死亡的时间与地点、他们的名字以及他们著作的名称与数目,这个主题本质上不过是枯燥无聊的东西罢了;因此,必须用一些有趣的往事来使这副空洞的时间、地点和人物的骨架有血有肉。为此目的,我有意穿插了(不是作为主食,而是作为佐料)许多令人愉快的故事。"① 为了满足读者的审美愉悦需求,传记作家可以运用文学性的表现手法来塑造传主栩栩如生的人物形象,否则的话,塑造出的传主形象就会失去生动性,影响读者对传主形象的整体把握。止庵的《周作人传》(山东画报出版社 2009 年版)侧重于传主思想的发展脉络和表述过程,作者在其"自序"中说:"传记属于非虚构作品,所写须是事实,须有出处;援引他人记载,要经过一番核实,这一底线不可移易。写传记有如写历史,不允许'合理想象'或'合理虚构'。""我只打算陈述事实经过,无论涉及传主的思想,还是生平;容有空白,却无造作。"这部传记严格遵循着这一创作原则,资料翔实、广征博引,分析论述也比较冷静、深入、客观,但是传主形象却显得比较单调、呆板,缺乏生动性、形象性,读来也感觉比较沉闷、乏味。

钱锺书先生说:"史家追叙真人实事,每须遥体人情,悬想事势,设身局中,潜心腔内,忖之度之,以揣以摩,庶几入情合理,盖与小说、院本之臆造人物、虚构境地,不尽同而可相通;记言特其一端。《韩非子·解老》曰:'人希见生象也,而得死象之骨,案其图以想其生也;故诸人之所以意想者,皆谓之象也。'斯言虽未尽想象之灵奇酣放,然以喻作史者据往迹、按陈编而补阙申隐,如肉死象之白骨,俾首尾完足,则至当不可易矣。"② 作为传记作家应该严格遵循传记文学的史学特征,在创作中从事实的真实出发,将传主的经历置于可考的、纷繁复杂的历史社会环境和人际关系中去,对传主要"潜心腔内"以获取丰富的创作资源,塑造出真实可信的、个性鲜明的传主形象。

其次,传记文学作家不仅要叙述全面,而且还要在具体的事件当中细

---

① [英]艾伦·谢尔斯顿:《传记》,李永辉、尚伟译,昆仑出版社 1993 年版,第 35 页。
② 钱锺书:《管锥编》第 1 册,中华书局 1979 年版,第 166 页。

致传神地描绘出传主的动作、表情、对话以及有关的场景氛围,揭示出传主此时此刻的内心感受、情感波动乃至潜意识、回忆、联想等等微妙复杂的心理活动。然而,传记作家所能够得到的这方面的材料实在是少之又少,许多时候甚至就是空白,永远不可能满足写作的需要。正如噶拉笛所说:"不管他(传记作家)有多少证据,他的证据永远不全。在他要建造的传记大厦上,他常常缺乏最关键的材料。"① 为了真实地展现传记主人公的生命价值、审美价值,"最关键材料"的缺乏往往就只能依靠传记作家的合理想象、虚构来填补,这并不会影响文本的艺术价值。"符号的记忆乃是一种过程,靠着这个过程人不仅重复他以往的经验而且重建这种经验。想象成了真实的记忆的一个必要因素。这就是歌德把他的自传题名为《诗与真》的道理所在。他的意思并不是说,他在关于他的生活故事中已经插进了想象的或虚构的成分。歌德想发现和描述的乃是关于他的生活的真,但是这种真只有靠着给予他生活中的各种孤立而分散的事实以一个诗的,亦即符号的形态才有可能被发现。"②

传记文学中的对话是再现人物形象的重要手段之一,朱东润先生在《张居正大传·序》中说:"对话是传记文学的精神,有了对话,读者便会感觉书中的人物——如在目前。"人物对话要力求真实可信,要从传主的思想、性格以及所处的环境出发,不能完全凭由作者的想象来虚构,要言有所据,要依据传主的日记、书信以及回忆录等材料来发挥传记作家的想象力。"即使富有想象力的传记作家,也不能离开相关的事实凭空捏造生活。"③ 美国著名传记作家欧文·斯通的成名作《渴望生活:梵高传》找到了一条适合自己的创作路子,他在史实的基础之上虚构了人物的对话甚至于少量的情节,来渲染人物的内心世界。"读者也许会暗自发问:'这个故事在多大程度上是真实的呢?'对话不得不是虚构的,必要时也有纯小说的夸张,如玛雅一场,那是读者可以毫不费力地辨认出来的。书中的货币均以法郎代替。我还描写了几个尽管无据可查,但我相信完全有可能发生

---

① 赵白生:《传记文学理论》,北京大学出版社2003年版,第46页。
② [德]恩斯特·卡西尔:《人论》,甘阳译,上海译文出版社2004年版,第71页。
③ [英]艾伦·谢尔斯顿:《传记》,李永辉、尚伟译,昆仑出版社1993年版,第98页。

的小插曲,如塞尚和梵高在巴黎的邂逅。除去上述在技术上大胆采取的措施之外,本书的内容完全是真实的。"① 欧文·斯通是在看了一次梵高的画展之后,心灵受到了极大的震撼,激发了他强烈的创作冲动,促使他去研究梵高的生平,创作梵高的传记。但是梵高生前是一个默默无闻的人,他的画在生前并没有名气,而是在他死后才得到推崇,而创作传记所需要的材料除了梵高给他弟弟提奥的一些信件之外并没有其他的书面材料。于是欧文·斯通只好"肩背旅行袋,走遍了欧洲,住在梵高曾经居住和作画的每一处房屋,跋涉在布拉邦特和法国南部的田野上,寻觅梵高曾经在那里安插画架,把大自然变成不朽艺术的确切地点"。正是因为作者的亲身体验,才使他走进了梵高的内心世界,发现了梵高悲惨而震撼人心的一生,同时依据合理的虚构、想象,运用文学性的表现手法来塑造梵高的形象,创作的《梵高传》才能够经久不衰,产生震撼世界的伟大力量。

简繁,艺术大师刘海粟唯一的也是最后一名研究生,他的《沧海》(包括《背叛》、《彼岸》、《见证》,人民文学出版社2000年版)是以平常人的平常心去探究一个不平凡的人,主要通过艺术大师刘海粟的外在言行展示他那隐秘的内心世界。三年的学习生活结束了,简繁举办了"简繁毕业画展",这几个字是他的导师刘海粟亲自题写的。刘海粟参观学生的毕业画展,一走到展厅门口就指点着他写的那几个字大声说:"这几个字写得好啊!比我的老师康有为又更进了一步!"言语之中透露出对自己的充分肯定,同时又向周围的人表明康有为是自己的老师;继而看到学生的画作,又指点着大声说:"噢——好极了!有自己的面貌,有力量!""感觉好极了,没有生活是画不出来的。""这是中国画的伦勃朗啊!""我已经有二十几年没有看到这么好的画了!像程十发、黄胄,已经算是好的了,他们都有自己的面貌,但是太单薄,没有力量。""看完简繁的这些画,他们的画统统不要看了!"② 这是对学生三年学习成绩的充分肯定,也是对身为导师的自身的褒扬,语调非常符合艺术大师刘海粟的性格特点,从中读者

---

① [美]欧文·斯通:《渴望生活:梵高传·作者附记》,常涛译,北京十月文艺出版社2008年版。

② 简繁:《沧海》第一部《背叛》,人民文学出版社2000年版,第38—39页。

可以充分领略刘海粟独特的个性风貌，他的自信、自负、自我张扬、狂放不羁等等。

在齐白石一生的绘画生涯之中，陈师曾对他的影响是非常大的，"衰年变法"是在陈师曾的鼓励之下进行并取得了巨大成功，又是陈师曾第一次将齐白石的绘画带到日本展览，扩大了画家的世界影响力，《白石老人自述》中对于"伯乐"陈师曾的去世以及齐白石得知噩耗之后的心理感受的描述只有寥寥数语："……陈师曾来，说他要到大连去。不久得到消息：师曾在大连接家信，奔继母丧，到南京去，得痢疾死了。我失掉一个知己，心里头感觉得异常空虚，眼泪也就止不住地流了下来。他对于我的画，指正的地方很不少，我都听从他的话，逐步地改变了。我有'君无我不进，我无君则退'的两句诗，可以概见我们两人的交谊。可惜他只活了四十八岁，这是多么痛心的事啊！"①同样的一件事情，在林浩基的《齐白石传》中这样写道："八月十二日下午，他无精打采地回到了家，什么话也不说。宝珠吃惊地搀扶着他回到画室坐下，为他沏茶。只见白石呆呆地望着墙上挂的陈师曾的画，眼眶里充满了泪水。'你今天怎么啦？遇到了什么不顺心的事？'宝珠不解地问。白石止不住泪水夺眶而出，顺着脸颊淌下，口中喃喃地说：'师曾走了，实在太惨，太可惜了。'宝珠吃了一惊，预感到陈师曾可能出了什么事。不过，他不是一个月前还来过这里吗？当时，他谈笑风生，说要到大连去，特地同白石辞行。前些日子，白石还接到他的信，说继母病逝于南京，他从大连去奔丧。她不相信，也不敢相信会发生不幸。但是白石的眼泪，使她感到问题的严重性。'他得了痢疾，八月初七，死了。'白石哭着说。师曾真走了，才四十八岁的年华。病魔夺去了白石患难与共的忘年之交。他的视野被泪水模糊了。在朦胧之中，陈师曾那潇洒、飘逸的身姿又浮现在眼前。如今他走了，白石手中只有笔，他用诗来纪念这位知己，他写道：'哭君归去太匆忙，朋友寥寥心益伤'，'此后苦心谁识得，黄泥岭上数株松。'"②《白石老人自述》虽寥寥数语，但是却将整个事件交代得非常清楚，同时表明了陈师曾对传主绘

---

① 齐白石：《白石老人自述》，山东画报出版社2000年版，第133页。
② 林浩基：《齐白石传》，学苑出版社2005年版，第369—370页。

画艺术的重大影响，符合齐白石质朴自然的性格特点；林浩基的《齐白石传》则在尊重历史真实的基础之上进行了合情合理的虚构，充分运用文学性的表现手法如行动、对话、心理描写等等，将整个事件更加生动形象地展现在读者面前，增强了作品的可读性，进一步丰富了传主齐白石的形象，传主形象也更加真实、可信、丰满，这是一部成功的传记。

周作人在他的《知堂回想录·后序》中指出："'真实与诗'乃是歌德所作自叙传的名称，我觉得这名称很好，正足以代表自叙传所有的两种成分"；"真实当然就是事实，诗则是虚构部分或是修辞描写的地方"，"自序传总是混合这两种而成，即如有名的卢梭和托尔斯泰的《忏悔录》，据他们研究里边也有不少的虚假的叙述，这也并不是什么瑕疵，乃是自序传性质如此"。[①] 在这里，周作人明确提出传记的创作首先必须描写"事实"；其次，还必须具有"诗性"，也就是要有一定的虚构性，是"事实"与"诗性"两种成分的"混合"。传记文学允许想象、虚构，但是这种想象并不是天马行空的而是必须受到严格的制约，传记文学作家可以在一定程度上展开想象的翅膀，但是这种想象就像放飞的风筝，必须始终由历史真实的这条线牵着。石楠的《画魂——潘玉良传》（时代文艺出版社2003年版）在真实的时代社会氛围、生活环境的基础之上，运用文学性的表现手法进行了大量的想象、虚构和艺术加工，传主的主要经历是真实的，而其中的故事情节、生活细节甚至她周围的部分人物都有所虚构，比如传主在罗马时所遇到的黑女，芜湖商界的众多人物，怡春院的小姊妹小兰等等，都是传主的生活经历中所没有的，而这一切的虚构，丝毫没有影响传主这个人物形象的再现，反而使得潘玉良的形象显得更加生动自然、有血有肉，增强了人物的立体感。

古希腊历史学家修昔底德曾经说："在叙事方面，我绝不是先入为主，一拿到什么材料就写，我甚至不敢相信我自己的观察就一定可靠。我所记载的，一部分是根据我亲身的经历，一部分是根据其他目击其事的人向我提供的材料。这些材料的确凿性，总是尽可能用最严格、最仔细的考证方

---

① 周作人：《知堂回想录·后序》，安徽教育出版社2008年版，第496—497页。

法检验过的。"① 传记文学以真实地再现传记主人公的形象为主要创作目标，文本的虚构一定要建立在历史真实的基础之上，否则传记文学也就丧失了生命。根据李健的《中国新时期传记文学研究》中叙述，李永翘的《张大千：飞扬世界》中对张大千在敦煌发现白丁张君义断手一事的陈述与张大千本人叙述的事实严重不符：对于断手的发现经过，张大千亲笔写道："予与门人子侄坐右室积沙间食哈密瓜。食罢，以无从得水盥洗，以手掬沙而擦，忽觉沙中有麻布一袋，因扒出"，"既而于后脑下发现纸卷一，仿佛若有写迹，为血渍模糊，不宜揭出，乃携还寺中浸水中二日，始得展"。而在李永翘的书中却写成"张大千刚到敦煌不久，他在莫高窟北区荒废的洞窟中考察时，一天于洞中堆积的流沙中，拾到了一只已干枯成肉干、然犹脉络贲张的人的断手，外面还裹了一张血迹斑斑的纸制文书"。对于将断手埋入沙中的原因，张大千经过考证得出的结论是：知为景龙初敦煌白丁张君义以擕人而奋勇杀敌而升为骁骑尉者，则此头与手当为敌人所戕，其从者以布囊盛之，附以战功状而藏之窟中积沙下，犹冀他时改葬，不悉转战万里，永埋窟中矣；而到了李永翘的笔下，则演变为"张大千将文书打开一看，方知这是唐睿宗景云二年（711年）的遗物，距今已有1200多年的历史。这只手，原来是唐睿宗时一名叫张君义的将军的。张将军奉命西征，屡建战功，谁知朝廷昏聩，却屡给张君义责罚，张君义气愤至极，遂自断左手，埋入沙中，以示抗议"②。叙述的事件有如此大的出入，不符合传记文学"纪实传真"的基本要求，失却了传记的真实再现传主形象的基本功能，这样的传记作品也不能称之为成功之作。关于"断手"的发现，李永翘在《张大千全传》中进行了解释说明："此断手来源现有二说：一说是先生初到莫高窟后在北区洞窟进行调查记录时在窟内浮沙中拾得；另一说是先生初到敦煌到附近考察文物情况时于旅途中沙堆内偶然发现。"③ 这才应该是一位严肃的传记作者对待历史事实的正确态度。

---

① 郭圣铭：《西方史学史概要》，上海人民出版社1985年版，第26页。
② 李健：《中国新时期传记文学研究》，新华出版社2008年版，第118—119页。
③ 李永翘：《张大千全传》，花城出版社1998年版，第198页。

## 第二章 历史与文学中的艰难选择

就传记文学来说，由于其具有史学的基本属性，传记作家在创作的过程中不能对传主的人生经历做任何删改，他所能做的就是将传主曾经参与的事件的过程具体化、形象化，其艺术的想象、虚构也只能在这一过程中发挥，这是一道永远都不能跨越的鸿沟。我们知道，传记文学兼具历史性与文学性，历史属性决定其不能虚构，但是文学属性则意味着文本必须生动形象地展示传主所经历过的历史的细节，而历史的细节往往为时间所淹没，因而传记文学允许在尊重历史事实的前提下进行适当的虚构、想象，以凸显传记主人公性格的真实和精神历程的真实，展现个性丰满的传主形象。对于那些远离今天时代的历史人物，传记作者可以依据历史文献资料进行符合历史时代、历史环境的合理想象和虚构，而对于近代当代的传记主人公，想象、虚构的空间就会小得多。

英国女作家和文学理论家弗吉尼亚·伍尔芙说："看起来，当传记作家抱怨自己被朋友、书信、文件捆住手脚时，他倒准确地指出了传记文学的一个必要因素，同时也是个必要的局限。因为虚构人物生活在一个自由空间，那里，事实只需要一个人的证实——艺术家本人。只要人物存在于作家的想象之中，就是真实的。与主要靠他人提供的经过证实的信息而构建的世界相比，这种凭想象描绘的世界更为难能可贵、完整统一。"[①] 传记文学的虚构、想象应该是传记作家在"纪实传真"的框架内展开艺术想象翅膀的"低空飞行"。

齐白石是20世纪中国画的艺术大师，关于他首次到大学执教的事情在各种版本的传记中描述的情况有很大的出入。廖静文在《徐悲鸿一生：我的回忆》中提到，1929年9月，经由蔡元培先生推荐，徐悲鸿受聘担任北平艺术学院院长，"当他发现齐白石在中国画方面的高深造诣后，亲自去拜访了这位当时处境十分孤立的老画家，并决定聘请齐白石先生担任北平艺术学院教授"。在西单跨车胡同齐白石的画室，初次见面的徐齐二人相谈甚欢，但是"当悲鸿提出聘请白石先生担任北平艺术学院的教授时，他却婉言谢绝了。过了几天，悲鸿再去拜访白石先生，重提此事，又被白石

---

① [英]弗吉尼亚·伍尔芙：《传记文学的艺术》，王斌、王保令等译，《伍尔芙随笔全集》第3卷，中国社会科学出版社2001年版，第1329页。

先生谢绝。悲鸿没有灰心，第三次又去敦请。"徐悲鸿"三顾茅庐"，"白石先生深深地被感动了"，他谈到了自己的担心，"我从来没有进过洋学堂，更没有在学堂里教过书。连小学、中学都没有教过，如何能教大学呢？遇上学生调皮捣蛋，我这样大岁数了，摔一个跟头就爬不起来了"！徐悲鸿找到了问题的症结所在并诚心诚意地提出了解决的方案，终于打消了白石先生的顾虑，打动了齐白石，他答应试一试。于是"悲鸿亲自坐了马车来迎接齐白石"并陪同上课，下课后"又坐了马车送白石先生回家"，齐白石"激动得有点发抖"，并表示"徐先生，你真好，没有骗我，我以后可以在大学里教书了，我应当拜谢你"，"话音未落，他便双膝下屈。悲鸿慌忙扶住了白石先生……"① 传主妻子的这些极为生动形象的细节的"回忆"，使读者不由得不相信：徐悲鸿是第一位赏识齐白石的人，是徐悲鸿将齐白石引荐到了大学的课堂。

张次溪的《齐白石的一生》中也记述过齐白石的"讲坛生涯"：1927年秋天，国立北平艺术专门学校校长林风眠邀请齐白石去教中国画，但是齐白石"自问是个乡巴佬出身，从小读书很少，到学校去当教员，恐怕不容易搞好"。开始的时候，齐白石百般推托，但是经不住林风眠和许多朋友的再三劝说，勉强答应去试试。"担心自己教得不好，弄出笑话来。"② 结果，几堂课教下来，效果很是不错，受到学生的欢迎，校长、同事也都很推崇他。

林浩基的《齐白石传》中记载，1927年春，国立北平艺术专门学校校长林风眠慕名到跨车胡同15号，聘请齐白石担任学校的中国画教授，但是齐白石坚决地谢绝了："兴趣来了，画几件，还可以。教书，我可从来没教过。怕误人子弟，请林先生三思。"林风眠诚恳的态度并没有打动齐白石，于是又请朋友们到白石家当说客，动员齐白石到艺专任教。朋友的劝说发挥了作用，当林风眠再次来到白石家时，齐白石答应试试看，"开始了有生以来第一次的教学生涯"。③ 他以在绘画上的高深造诣以及严肃认真的教学态度受到了学生的敬重，与同学们建立了亲密的感情。

---

① 廖静文：《徐悲鸿一生：我的回忆》，中国青年出版社1982年版，第101—102页。
② 张次溪：《齐白石的一生》，人民美术出版社2004年版，第131—132页。
③ 林浩基：《齐白石传》，学苑出版社2005年版，第372—374页。

## 第二章 历史与文学中的艰难选择

郑重的《林风眠传》中也写到，林风眠担任北平艺专校长后，不顾国画教师的反对将齐白石请来艺专任教，"一次又一次地上门邀请，终于感动了齐白石。每当齐白石上课时，林风眠就特地为他预备一只藤椅放在一边，下课后有时还亲自送他到校门口"。郑重还提到了齐白石在《白石老人自述》中对往事的回忆以及在《一代大师——忆三十年前的往事》中对林风眠的访谈，其中都提到了林风眠邀请齐白石任教的事情，有关的细节也基本相同，由此作者得出了结论："林风眠请齐白石出山要比徐悲鸿请他任教早二十年，但林风眠从来不宣扬，要不是齐白石写了《白石老人自述》，后人几乎没有人知道这件事情。"[①] 李松的《万山层林——李可染》中提到："徐悲鸿与齐白石友谊笃深，……1928年秋，徐悲鸿应北平艺术大学艺术学院之聘出任院长之职……在北平，他从遭受冷落的齐白石的作品中看到了齐白石高深的艺术造诣和胆敢独造的首创精神，于是几次三番登门造访，敦请年近古稀的老画师再次出任艺术学院教授，但此举遭到学院保守派的非议。……1928年底徐悲鸿毅然辞职南下。"[②] 作者在这里讲的是"再次"请齐白石出任教授，但遭到学院保守派的反对，况且1928年底徐悲鸿就辞职南下了，不可能出现廖静文"回忆"中记述的1929年9月请齐白石担任艺术学院教授一事。

而关于任教这件事情，齐白石在《白石老人自述》中这样回忆往事："民国十六年（丁卯·一九二七），我六十五岁。北京有所专教作画和雕塑的学堂，是国立的，名称是艺术专门学校，校长林风眠，请我去教中国画。我自问是个乡巴佬出身，到洋学堂去当教习，一定不容易搞好的。起初，不敢答允，林校长和许多朋友，再三劝驾，无可奈何，只好答允去了，心里总多少有些别扭。想不到校长和同事们，都很看得起我，有一个法国籍的教师，名叫克罗多，还对我说过：他到了东方以后，接触过的画家，不计其数，无论中国、日本、印度、南洋，画得使他满意的，我是头一个。他把我恭维得了不得，我真是受宠若惊了。学生们也都佩服我，逢到我上课，都是很专心地听我讲、看我画，我也就很高兴地教下去了。"

---

[①] 郑重：《林风眠传》，东方出版中心2008年版，第63—64页。
[②] 李松：《万山层林——李可染》，山东画报出版社2001年版，第55页。

齐白石的自传《白石老人自述》直到1929年的记叙中只字未提徐悲鸿请自己任教的事，甚至没有提及徐悲鸿的名字，看来林风眠首次邀请齐白石到大学任教是客观存在的史实，况且齐白石从不以自己的木匠出身为耻反以此自豪，"民国十七年（戊辰·一九二八），我六十六岁。……广东搞出来的北伐军事，大获胜利，统一了中国，国民革命军到了北京，因为国都定在南京，把北京称作北平。艺术专门学校改称艺术学院，我的名义，也改称为教授。木匠当上了大学教授，跟十九年以前，铁匠张仲飏当上了湖南高等学堂的教务长，总算都是我们手艺人出身的一种佳话了"[①]。齐白石对此也是很得意的，考虑到他与文人打交道从来都是不卑不亢、甚至有拒绝给慈禧太后当内廷供奉的经历，那么，廖静文在《徐悲鸿一生：我的回忆》中描述的齐白石受聘任教时的那种兴奋、激动、"双膝下屈"的感激涕零的情状就令人难以置信了。"记忆"在经过时间、岁月的打磨之后，可能会出现错觉或者某种暗示，而这种错觉或暗示又可能会不自觉地去修正"记忆"，而这个经过不自觉地修正了的"记忆"，又可能会使传记作者叙述的历史文本与当时的历史真实相距非常遥远。

英国传记作家斯特拉奇曾提出了"新传记"的三大信条：一是清晰简洁，二是保持传记作者的自由精神，三是不偏不倚地追求真实。[②] 真实，是传记文学的基本要求。《庄子·渔父》也强调了"真"的重要性："真者，精诚之至也。不精不诚，不能动人。故强哭者虽悲不哀，强怒者虽严不威，强亲者虽笑不和。真悲无声而哀，真怒未发而威，真亲未笑而和。真在内者，神动于外，是所以贵真也。"只有真实才能够感动人，才能使读者产生强烈的共鸣，传记文学才能够具有永久的生命力。章实斋说："文人之文，惟患其不已出。史家之文，惟患其已出。"[③] 传记作家应该严格遵循历史的真实的创作原则，不能凭空臆造、随心所欲地想象、虚构，但是传记文学的真实与历史的真实又有所不同：在历史真实的基础之上，传记文学可以适当地虚构、想象，比如适当地增加人物的传奇色彩，合情

---

① 齐白石：《白石老人自述》，山东画报出版社2000年版，第135—136页。
② 朱文华：《传记通论》，复旦大学出版社1993年版，第93页。
③ 梁启超：《中国历史研究法》，江苏文艺出版社2008年版，第165页。

合理的夸张,环境气氛的渲染,依据传主所处的社会时代、生活环境以及个性特点设计语言、行动、内心独白,运用丰富细腻的心理描写等等文学性的手法,这也是传记作者自由精神的一种体现;但是,传记文学的虚构又与小说有绝对的不同,不能随心所欲地展开想象、虚构的翅膀,"历史的真实"是传记文学始终不能逾越的鸿沟,无怪乎连传记大师莫洛亚都感叹传记的难度:"无论未来的传记采取什么形式,它总是难度最大的艺术形式。我们要求它具有科学的精确,艺术的魅力,小说的感性的真实和历史博学的虚构。"① 陈思和先生也说:"任何传记作者都希望能写出一个真实的传主形象,我也是。但是我在本书开场白中已经声明,我无法做到这一点。传记的真实和一般文学创作的真实本不是一回事。当我们选定一位现实的人作为传主时,我们能够做到的'真实性',仅仅是书中所写的细节经得起检验,也即是过去常为人称道的'笔笔有来处'的原则。但做到这一点还远不能与传记人物的'真实'等同起来,后一种'真实'的概念内涵要大得多,当我们说某某人'真实的一生',不仅包含了他做过的那些已被人们证实了的事情,还包括这个人的全部生命活动——他的精神世界,情感历程以及行为过程的总和。这涉及有些相当隐秘的部分,仅属于个人所拥有的。……我想,要'真实'地复原一个人的生命活动的全部内容,恐怕连传主本人也难以做到,纵然他有这种自觉的意识和能力,也未必就愿意正视或愿意表达。"②

## 第三节　新时期画家传记中的人与史

在中国传记文学的发展历程中,司马迁的《史记》是中国传记文学的开山之作,代表了中国古典传记的最高成就。《史记》的艺术成就主要体现在对人物形象的塑造方面,运用文学性的表现手法来刻画个性丰富复杂的历史人物形象,上至帝王将相,下到平民百姓,各种各样的人物都涌现

---

① 杨正润:《传记文学史纲》,江苏教育出版社1994年版,第502页。
② 陈思和:《人格的发展——巴金传》,上海人民出版社1992年版,第256—257页。

在司马迁的笔下，各有性情，各具特色，被鲁迅称之为"史家之绝唱，无韵之《离骚》"，明确指出了《史记》的历史性与文学性相结合的性质。之后的《汉书》、《三国志》、《后汉书》等继承了《史记》的优良传统，也塑造了不少血肉丰满的历史人物形象，繁荣了中国古代传记文学的创作。中国的传记文学自诞生之日起就兼具文学与历史的双重属性。

法国19世纪文学批评家圣·波甫说："我所谓的好传记是指那些能把握住主人翁的内心、不放开他，从各方面去审察他，使他复活，使他的坐立谈吐宛如活生生的人，使其家居及日常生活都给我们看穿，然后从各方面让他与这块大地和真实的存在以及日常的起居生活发生密切的关系。总之，要把他们赖以存在的真实的生活基础，整个地显露出来。"① 传记文学是为人物立传的，优秀的传记作品不但要真实地叙述传主的生平事迹，还要生动地描绘出传主的形象、表现其独特的个性特点、展现其丰富复杂的情感世界和心理世界，真实地再现传主的整体形象；传记文学是历史性和文学性相结合的一种文体，其历史属性要求对传主生平事迹的叙述要严格依照历史事实和历史资料，而其文学属性又要求传记作家需要运用多种文学性的手段来表现传主性格，再现传主丰富多彩的个性形象，但是传记的文学性有一个最基本的要求，即必须在尊重史实的前提下运用艺术性的表现手法来展现传记主人公的形象，出现在读者面前的应该是一位真实的、有呼吸的、极具立体感的传主形象。

梁启超曾经谈道："传记要紧的是写出这个人与别人的不同之处……凡记人的文字，唯一职务在描写出那个人的个性。"② 郁达夫也讲到，传记"是在记述一个活泼泼的人的一生，记述他的思想与言行，记述他与时代的关系"，新的有文学价值的传记，应当将传主"外面的起伏事实与内心的变革过程同时抒写出来，长处短处，公生活与私生活，一颦一笑，一生一死，择其要者，尽量写来，才可以见得真，说得像"。③ "见得真，说得像"应该是传记文学成功塑造多姿多彩、富有个性的传主形象的标准，而

---

① 朱文华：《传记通论》，复旦大学出版社1993年版，第47页。
② 杨正润：《论传记的要素》，《江苏社会科学》2002年第6期。
③ 郁达夫：《什么是传记文学》，《郁达夫文集》第6卷，花城出版社1983年版。

## 第二章　历史与文学中的艰难选择

要成功地展现传记主人公丰富多彩的个性形象，可以运用多样化的艺术手法，主要有：对自然环境的描写、场面氛围的渲染，对传主精神历程的叙述、展现传主独特的个性气质，对人物的行动、语言的描写，日常生活中的轶事描写、细节的刻画等等。正如董炳月所讲："作者是否能用超群的、艺术家的眼光去发现传主生命历程中具有文学性的因素，并将这生动传神地表达出来，就非常非常重要了"；"这种文学性的创作应体现为由三种因素构成的线性过程：历史事实——对于史实的文学性发现（生存环境的独特性，生命历程的情节性或戏剧性，性格特征的鲜明程度等）——对这种发现的文学性表达"。[1] 一部成功的传记，不仅要真实地展现传主的生命过程，更重要的是要揭示这个过程的内在动力。1984 年初北京十月文艺出版社召开的现代作家传记作者研讨会上，唐弢曾对传记的"文学性"有过表述："文学传记也要讲点文学性。所谓文学性，我的理解是要求文笔活些，生动些，不枯燥"；马良春也指出："艺术性实际是一个写作手法的问题，传记文学应该带有创作的特点，要写出有血有肉活灵活现的人，给人以立体感"。[2] 对传记文学性的追求实际上是传记作家文体意识自觉的一种表现，肯定了传记与一般的学术著作的区别，将传记文学作为一种独立的体裁建立了起来。传记的文学性主要体现在对传主形象的塑造上，但是，"了解人是一门最高深的艺术，便是最伟大的哲人、诗人、宗教家、小说家、政治家、医生、律师，都只能掌握一些原则，不能说对某些具体的实例——个人——有彻底的了解。人真是矛盾百出，复杂万分，神秘到极点的动物。看了传记，好像对人物有了相当的认识，其实还不过是一些粗疏的概念。"[3] 所以，能否真实地再现传主的形象也就成了传记文学成功与否的重要标志。

司马迁的《史记》中记录了 4000 多个人物形象，而其中著名的就有 100 多个，这 100 多个人物都可以称得上是作者塑造得比较成功的传主形

---

[1]　董炳月：《生命与生命的对话——从几部现代作家传记谈"作家传记"观念》，《文学评论》1992 年第 1 期。

[2]　《传记文学的科学性和文学性——北京十月文艺出版社召开现代作家传记作者座谈会》，《中国现代文学研究丛刊》1984 年第 2 期。

[3]　傅雷：《傅雷家书》（增补本），生活·读书·新知三联书店 1984 年版，第 269 页。

象：生平事迹的叙述比较完整，他们既有复杂鲜明的个性特征、又有强烈的历史责任感和社会时代感，在中国传记文学的人物长廊中留下了鲜明的印迹。司马迁在塑造人物形象方面主要采用的手法有：环境氛围的渲染；对人物语言、动作、心理的刻画；细节的描写；夸张的手法等等。比如，项羽，是一个失败了的英雄的形象，也是作者塑造得比较成功的一个人物，《项羽本纪》写"垓下之围"："于是项王大呼驰下，汉军皆披靡，遂斩汉一将。是时，赤泉侯为骑将，追项王。项王瞋目而叱之，赤泉侯人马俱惊，辟易数里。"夸张手法的运用，栩栩如生地展现出项羽的英雄本色；在环境氛围的渲染方面，比如写荆轲刺秦王的险象环生、惊心动魄，鸿门宴的剑拔弩张、一触即发，传主的形象也就在激烈紧张的事件冲突中丰满起来；在细节的描写方面，如李斯的"观仓鼠"，韩信的"胯下之辱"，酷吏"张汤治鼠"，刘邦的"骑周昌项"，陈平的"社中分肉"，张良的"圯上进履"等等，正如章学诚在《文史通义·古文十弊》中所讲："陈平佐汉，志见社肉；李斯亡秦，兆端厕鼠。推微知著，固相士之玄机；搜间传神，亦文家之妙用也。但必得其神志所在，则如图画名家，颊上妙于增毫。"① 传记中细节的刻画深刻揭示了人物性格形成的动因及其过程，在真实地展现传记主人公生命过程的同时，揭示了这个过程的内在动力，传主的形象就会更加鲜活、丰满、立体，更具生命价值和审美价值。

西方传记一直注重传主的个性形象的生动展示，以鲍斯威尔为代表的早期传记作家强调运用日常生活中的细节来展现传主真实可信的形象；20世纪初以斯特拉奇为代表的"新传记"作家强调传记作者的精神自由，要以超然物外的姿态来描摹传主的独特的个性形象，表现传主的真实的生活风貌；20世纪法国传记文学作家莫洛亚曾指出，传记文学是艺术作品，是"史与文"的结合，作为历史要做到"求真务实"，而作为文学则要"力求其美"。作为历史性与文学性相结合的一种文学样式，传记文学与纯粹的学术研究是迥然不同的，其目的是生动形象地向读者展示传记主人公曲

---

① （清）章学诚著，叶瑛校注：《文史通义校注》，中华书局1985年版，第507页。

坎坷的生命历程，深入地挖掘影响这个人成长、发展的各种各样的内在的以及外部的因素，将传记主人公真实可信、极具魅力的艺术形象展现在读者面前，给读者以强大的艺术感染力，正如傅抱石夫人罗时慧所说："像傅抱石这样一个在国内外有很大影响的艺术家，人们不会满足于欣赏他的绘画作品，而总想更多地了解他的身世，想知道是什么样的家庭环境和社会环境造就了这样一个艺术天才，想知道傅抱石的个人生活怎样影响了他的艺术创造和发展，他的为数众多的优秀作品的艺术感染力是纯粹来自他的天才、灵感，还是也有其他因素的影响……所有这些，只有艺术家的传记中才能得到解答。"[①]

首先，传记作家通过对传记主人公精神历程的叙述，从更深层次揭示了画家的生命状态和精神追寻的历程，在其独创性的发现与阐释中，展现出传主独特的个性气质。一个出色的、富有个性意识的画家，他的个性色彩必然显现在他对于艺术创作的不断追寻之中。齐白石，20世纪中国画的艺术大师，他的生活和艺术历程，他早年贫寒的出身、备受冷落的境遇，以及晚年享有的盛誉，构成了他传奇色彩的艺术人生；他的诗、书、画、印无所不精，笔下的人物、山水、花鸟等作品具有刚健清新的独特品格，是一份十分丰富和宝贵的文化遗产，他爱憎分明的人格魅力和雅俗共赏的审美取向更使他成为家喻户晓的一代大家。林浩基的《齐白石传》主要是依照齐白石先生生命的轨迹来表现他的艰辛曲折、丰富多彩的艺术人生的：少年时的家境贫寒、艰难的求学经历，只上过半年学；中年时的刻苦勤奋，"五出五归"，远游南北各地，足迹遍及半个中国，祖国的壮美山河和多姿多彩的风土人情，开阔了他的胸襟，拓展了他的视野，增强了对祖国的无限热爱之情，提升了其绘画的艺术境界；对绘画事业孜孜以求，"衰年变法"；新中国成立以后，党和政府为老画家创造了良好的工作环境，并给予了他极高的荣誉：1953年文化部授予齐白石"人民艺术家"的称号，他被选为中国美术家协会主席，1954年当选为人民代表大会代表，1956年，世界和平理事会确定齐白石为1955年国际和平奖金获得者，以

---

[①] 胡志亮：《傅抱石传》，百花洲文艺出版社1993年版，第532页。

表彰他为人类和平事业所作出的贡献。通过这部传记展现的是齐白石一生对于艺术不懈的追求,传记主人公的形象也在从"芝术匠"到画坛巨匠的精神追寻的旅程之中日渐丰满、感人,而这也正是齐白石这位画坛大师的魅力所在。

在中国画坛,吴冠中的名字代表着个性、追求。翟墨的《圆了彩虹:吴冠中传》(人民文学出版社 1997 年版)中吴冠中的个性特点也是通过对传主人生道路的五次重大的选择、对艺术的苦苦追寻这一历程来展现的:"下艺海/第一次选择",弃工从艺,是兴趣的选择,也证实了传主的自我选择能力。"向东流/第二次选择",欧洲留学期满之后毅然归国,表明了吴冠中对祖国的赤子之心;正如梵高所讲:"你也许会说在巴黎也有花朵,你也可以开花、结果。但你是麦子。你的位置是在故乡的麦田里。种到故乡的泥土里去,你才能生根、发芽。不要再在巴黎的人行道上浪费你的生命吧!"他要让自己的艺术在祖国的大地上开花、结果。"画风景/第三次选择",忍痛放弃画了多年的人物画而改画风景,是吴冠中对艺术的一种更新、更高的追求。"互转轮/第四次选择",是指油彩和墨彩的转轮兼作,这一次的选择既是艺术的选择更是性格的选择,再次展现了吴冠中的个性光彩,"既有热烈外向的个性又有执着圣洁的纯情,既喜欢浓艳的色彩又喜欢素白的情致,这是吴冠中性格与爱好的两极"。"牵线飞/第五次选择",这一次的选择应该讲是一次艺术创造的升华,也是吴冠中个性最鲜明、最闪亮的地方——"他始终像安徒生童话《皇帝的新衣》里的小孩子那样老老实实地讲真话,既不为托庇而逐'风',也不为趋新而赶'潮',以顽强的韧性不挠地沿着自己选定的方向和方式独立向前。""使吴冠中得以成为吴冠中。"

在西方画家传记的创作中,传记作家通过对传主精神追寻历程的真实描述,揭示了画家独特的个性气质,产生了震撼人心的艺术魅力。美国著名传记作家欧文·斯通的成名作《渴望生活:梵高传》被译成 80 多种文字,产生了广泛的社会影响,关键在于作者真实地再现了梵高短短的一生之中对于艺术的执着追求和艰难探索的过程。梵高的画在他生前并没有名气,而是在他死后才得到推崇的,欧文·斯通是在观看了一次梵高的画展

## 第二章　历史与文学中的艰难选择

之后，心灵感受到了极大的震撼，"我的确惊呆了。当我惊诧不已地徘徊于一幅又一幅壮丽辉煌的油画面前时，我进入了一个新的境界，整个世界豁然开朗"。激发了作者强烈的创作欲望，于是他"肩背旅行袋，走遍了欧洲，住在温森特曾经居住和作画的每一处房屋，跋涉在布拉邦特和法国南部的田野上，寻觅温森特曾经在那里安插画架、把大自然变成不朽艺术的确切地点"。"在几近发狂的状态下""用六个月的时间四易其稿写成《渴望生活》"，梵高的一生，"是人所经历过的最为悲惨然而成就辉煌的一生"。① 几十年来，正是欧文·斯通再现的梵高悲惨而成就辉煌的人生震撼了无数的读者。

其次，通过细节的刻画来展现传记主人公多姿多彩的性格特点。画家是极富于个性的艺术群体，情感丰富、思维活跃，他们的性格当中有对于自己所挚爱的艺术的狂热、崇拜之情，"独持己见"，在日常生活之中也有童心、可爱的一面，对于自己的喜怒哀乐丝毫不加掩饰。在传记文学中，传记作者主要是通过画家的语言、行动以及日常生活中轶事的描写来表现他们独特的个性色彩的。齐白石的绘画、书法、篆刻、诗词等都取得了很高的艺术成就，享有世界声望，但是却童心未泯。林浩基的《齐白石传》运用语言、动作等细节描写，生动形象地描述了著名评剧演员新凤霞在50年代初与齐白石第一次见面的情景："老人紧紧地拉着新凤霞的手，慈祥地、亲切地端详着、凝视着。'您不要老看人家，多不好意思。'伍大姐附在老人的耳旁，大声地说。'她可爱，她美丽活泼，为什么不能看？'他显然被伍大姐的话语激怒了，生气地反驳。新凤霞见老人生气了，赶忙说：'您看吧，我是演员，不怕人看。'……老人在这欢乐的笑声里，神情舒展了，也爽朗地笑了。"②

九十岁的老艺术家仍然保持着率直的个性、纯真的童心，而正是这种个性使得白石老人能够始终创造出情趣盎然的艺术形象。

萨缪尔·约翰生有句名言："一个人的真实性格，从他同一个仆人的简短谈话中可以得知的，比从那些从门第开始到葬礼结束的正式的、一本

---

① ［美］欧文·斯通：《渴望生活：梵高传·导言》，常涛译，北京十月文艺出版社2008年版。
② 林浩基：《齐白石传》，学苑出版社2005年版，第3页。

正经的叙述中所能得到的要更多。"① 画家传记中传主的语言、行动是对其个性的最好的阐释。在传记写作中通过逸事的描写来表现人物性格也是传记作者经常运用的手法。司马迁的《史记》就非常注重逸事的描写,他在《李斯列传》的开头写了一段李斯观鼠的逸事:"李斯者,楚上蔡人也。年少时为郡小吏,见吏舍厕中鼠,食不洁,近人犬,数惊恐之。斯入仓,观仓中鼠,食积粟。居大庑之下,不见人犬之忧。于是李斯乃叹曰:'人之贤不肖譬如鼠矣,在所自处尔。'乃从荀卿学帝王之术。""李斯观鼠"这样的一件生活琐事却反映了李斯的价值观、人生观,深刻揭示了传主的性格特征,同时也为传主命运的发展埋下了伏笔:贪恋富贵爵禄,是李斯的人生理想得以实现的强大动力,但也是最后葬送了他的身家性命的祸根。在新时期画家传记的创作中,通过逸事的描写来展现传主的形象也是常常采用的手法,齐白石的传记中记述了这样一件创作逸事:1951年,齐白石先生应老舍的要求,用绘画来表现"蛙声十里出山泉"这一诗句。"老先生为了这个题目,两夜没有睡好觉。他想,画面上怎样才能表现出蛙声呢?于是,他没有去画蛙,而是在山泉里画了蝌蚪。"② 画家以成群的蝌蚪顺山泉出谷来表现,让观者自己从想象体悟蛙声。这样的一件小事体现了齐白石老先生严肃认真的创作态度,也反映了老先生从"芝木匠"成为杰出画家的历史必然性。中国人对画家的评价,向来有"人品即画品"之说,人们能够通过这些生活中的日常琐事窥见白石老人单纯、率真的心灵,感受到中国传统知识分子的优秀品格,从而加深对其作品的理解。

廖静文的《徐悲鸿一生:我的回忆》(中国青年出版社1982年版)也是通过一个个日常生活的故事,来展现挚爱的丈夫徐悲鸿的高尚品格的。作者在传记中真实详尽地叙述了"八十七神仙卷"得而复失、失而复得的故事:1937年底,徐悲鸿倾其所有买下了"八十七神仙卷",抗战期间颠沛流离的生活中,他一直精心珍藏。但后来却不慎被人偷走,徐悲鸿为此痛苦万分患了高血压病,就是这个病后来夺去了他的生命。几年之后,正当徐悲鸿遍寻不得、几近绝望的时候,竟然意外地发现了这幅画的下落,

---

① 杨正润:《传记文学史纲》,江苏教育出版社1994年版,第262页。
② 林浩基:《齐白石传》,学苑出版社2005年版,第481页。

## 第二章 历史与文学中的艰难选择

欣喜之余为筹措大笔资金将这幅画重新购回,徐悲鸿日夜作画,积劳成疾。由于他的努力,"八十七神仙卷"终于得以完整地保存了下来,至今仍珍藏在"徐悲鸿纪念馆"里。通过这个故事,我们可以看出徐悲鸿先生对于艺术的挚爱和不顾一切保护国宝,高度的爱国主义情怀等。另外,传记中还描写了徐悲鸿给车夫画马、拒绝蒋介石收买他的作品《灵鹫》、不顾国民党的威逼利诱在《陪都文化界对时局宣言》上签名等一系列的日常生活中的事情,无一不展现了传主的高尚人格。在这部传记中,徐悲鸿才华横溢、风趣幽默,尊重老艺术家,精心培养学生,对待工作认真负责,对待家人体贴入微,具有很强的社会责任感,是一个值得传记作者用一生去回忆的人。

同样是回忆丈夫,传记主人公也是同一个人,蒋碧微的《蒋碧微回忆录:我与悲鸿》中的徐悲鸿则是一位自私、冷漠、性格暴躁、用情不专、虚伪的男人,没有责任感,也没有道德感,在他的世界中只有画画、教书、与学生谈恋爱,徐悲鸿的这种形象也是通过一件件日常生活的小事来展示的。比如《回忆录》中提到,蒋碧微与徐悲鸿相识11年来第一次随徐悲鸿回家乡拜见婆婆,不料却遭遇了强盗,慌乱之中大家急匆匆各自找地方躲藏,却不见了她的"徐先生",蒋碧微一方面为自己和孩子的处境担忧,同时又为"徐先生"的安全忧虑,"一想起徐先生,我就忐忑不安,心乱如麻,急切中又无从打听消息"。惊恐不安始终伴随着妻子,一直到傍晚她的"徐先生"才神情狼狈地回来了,原来"徐先生的反应和动作太快了,枪声一响,他跳起来就跑,自己一个人跑到屋后谷仓,打破了气窗的木条,钻进去躲在谷子堆里"。"他的神情很狼狈,头发里、衣服上,黏附着许多谷粒……我忙不迭地问他,但是他摇头苦笑,默不作答"。[①] 在危难时刻,完全置妻儿的安全于不顾,没有丝毫的家庭责任感。1937年,徐悲鸿带一双儿女乘坐火车去上海的外婆家,"上车的时候,有许多徐先生的学生陪着我们,送到车站月台。直到上车,我方才晓得徐先生买的四张火车票,其中只自己的一张是二等,孩子和用人座位都是三等。……我安

---

① 蒋碧微:《蒋碧微回忆录:我与悲鸿》,漓江出版社2008年版,第100页。

顿刘妈带伯阳、丽丽坐在一个卡座上,望望两个孩子,我不但为他们抱屈,而且非常生气。""我懂得徐先生的心理,他以为小孩子不必坐二等,同时也可以节省三元七毛五分钱一张的票价差额。但是我的想法不同,我并不是要孩子坐二等,要是果真有心照料他们,他又何妨也坐三等?而且可以再省个三元七毛五分。"出现在这里的"徐先生"是一个对孩子异常冷漠、不关心的自私的父亲的形象。"这许多莫名其妙的事,没有人可以理解,而徐先生却是一桩桩地去做,仿佛冥冥中有魔鬼指使他,一直要做到我们的感情全部破裂为止"。①蒋碧微通过一件件日常生活琐事的描写来表现她的丈夫"徐先生"的形象,将二人感情破裂的主要原因归结于作为丈夫、父亲的徐悲鸿的自私、冷漠,对家庭、对妻儿丝毫没有责任感。诚如梁启超先生所讲,"凡真能创造历史的人……不但要留心他的大事,即小事亦当注意。大事看环境、社会、风俗、时代,小事看性格、家世、地方、嗜好、平常的言语行动乃至小端末节,概不放松。最要紧的是看历史人物为什么有那种力量。"②

再次,对传主丰富细腻的内心世界的逐步关注、表现。以《史记》为开端,中国的传记文学对于传主的内心世界一般没有过多的关注,《史记》中对于人物的内心世界很少直接描绘,而是大多运用独白或对话甚至歌唱来表现:《李斯列传》总共写了李斯的五次叹息,成为统领全篇的结构线索,极其清晰地展示了李斯的心理变化和性格发展的轨迹;司马迁在《项羽本纪》中比较成功地塑造了项羽这一形象,这是个失败了的英雄,在"垓下之围"中,作者写了项羽三次自白"天之亡我",表现出他虽然失败了但是并不服气,也没有认识到失败的真正原因,他唱的《垓下歌》则兼有儿女情和风云气。在中国现代传记文学的第一个高峰"五四"时期的自传创作中,知识分子在个性解放思潮的影响之下,勇于表现自我、剖析自我、张扬个性,在传记中注重自我内心世界的展示,这主要是一些著名的作家创作的自传,而画家传记的数量很少,在郁达夫的中外文人传记中,著名的雕塑家刘开渠,著名的画家徐悲鸿、刘海粟等也进入了其传记创作

---

① 蒋碧微:《蒋碧微回忆录:我与悲鸿》,漓江出版社2008年版,第180—181页。
② 梁启超:《中国历史研究法》,江苏文艺出版社2008年版,第170页。

## 第二章 历史与文学中的艰难选择

的视野，但多是有关传主的片断性回忆，对传主的内心世界很少甚或没有描述。

新时期的画家传记创作呈现出一种繁荣的景象，但是通过心理描写来展现传主形象的作品也比较少：简繁的《沧海》（第一部《背叛》、第二部《彼岸》、第三部《见证》，人民文学出版社2000年版）主要是通过人物的对话来刻画导师刘海粟的形象的；翟墨的《圆了彩虹：吴冠中传》是将传主放在中国现代美术史的巨大背景之上来展现其独特的艺术生涯、性格特点的；蒋碧微的《蒋碧微回忆录：我与悲鸿》（漓江出版社2008年版）、廖静文的《徐悲鸿一生：我的回忆》都是通过日常生活逸事的描写真实再现了各自心目中的"丈夫"的形象；林浩基的《齐白石传》则主要是运用语言和日常生活轶事相结合的手法再现艺术大师齐白石的形象；郑重的《林风眠传》主要是通过描述林风眠一生的艺术教育、艺术创作活动来塑造传主的形象的。而西方的传记作品则注重对于传记主人公心灵的探究，英国的斯特拉奇在他的代表作《维多利亚女王传》中将大量的笔墨用于对传主性格形成过程的描画和心理世界的分析。奥地利作家茨威格的《巴尔扎克传》就是运用现代心理分析手段，揭示了传主丰富复杂的内心世界，成为同名传记中的佼佼者。弗洛伊德的第一部精神分析传记《达·芬奇》"承担起一个同过去一切传记家都不相同的任务：探索一个人的心灵最深处——他的无意识的活动"[1]，将笔触深入传主的内心最深处，深刻揭示了达·芬奇之所以成为伟大的艺术家和科学家的深层次因素，并且对《蒙娜·丽莎》的微笑作了这样的解释："这个迷人的、熟悉的微笑让人们去猜想这是个爱的秘密，达·芬奇可能是在这些人物身上否认他性生活的不幸，而且通过表现一个迷恋着母亲的孩子，实现他男女本能的最幸福的结合的愿望，达·芬奇在自己的艺术里战胜了不幸。"[2] 弗洛伊德的《达·芬奇》中的精神分析存在明显的不足，但是这种精神分析方法对西方乃至世界传记的创作都产生了深远的影响。

纵观新时期的中国画家传记的创作，传记主人公形象的刻画主要还是

---

[1] 杨正润：《传记文学史纲》，江苏教育出版社1994年版，第525页。
[2] 同上书，第527页。

运用传统的艺术手法：通过人物的语言、行动、日常生活的细节等等来表现，而忽视对传主心理世界的分析。美国学者汪荣祖指出："近世'心解'（即精神分析）之术，大有利于揣情度变，盖'心解'之烛，可照心灵之幽，超越'诗之想象'也。运医学利斧，剖魂魄深处，可令传主无所遁形矣。"① 心理分析手法的运用对于传主形象的再现发挥着至关重要的作用。20世纪以来，西方传记作家就开始运用精神分析学说来进行他们的传记创作。一部成功的传记，要真实地展现出传记主人公的生命过程，更为重要的是要深入传主的内心世界，揭示这个生命过程的内在动力，对传主进行更深层次的阐释，在这一方面，作家传记的创作取得了令人瞩目的成就，比如王晓明的《无法直面的人生——鲁迅传》、陈思和的《人格的发展：巴金传》、吴福辉的《沙汀传》、钱理群的《周作人传》等都注重对传主心灵世界的探寻，传主的形象也就更加丰富立体、栩栩如生，但是画家传记中的心理分析往往在叙述传主生平时用三言两语附带提及，还缺乏对传主进行深层次心理分析的作品。人类社会中，富于创造性的画家本身往往就隐含着某种奥秘，而心理分析手法的运用，为传记作家在由画家的个人经历而推论其艺术创作活动以及阐释作品的过程中发挥了重要作用，法国皮埃尔·戴的《毕加索传》就是成功运用心理分析手法的传记作品。

学者陈剑晖早在1987年便指出："如果与国外的传记文学相比，则我国的传记文学还远远落在后面：从传记与文学的结合来看，我们还没有出现《贝多芬传》、《托尔斯泰传》、《巴尔扎克传》、《拿破仑传》这样的作品；从笔致的飘逸、写法的灵活来看，我们还没有出现《维多利亚女皇传》、《约翰逊博士传》这样的作品；从真实性的角度来看，我们没有一部传记文学敢于像《邓肯传》、《忏悔录》那样毫无保留地袒露自我……"② 作为历史性与文学性相结合的一种文体，传记文学可以运用各种文学性手法来刻画人物，但是，传记文学所要表现的是真实的人物，不允许其有天马行空般的创造想象和无拘无束的任意虚构，在这一方面与小说的"因文

---

① [美]汪荣祖：《史传通说——中西史学之比较》，中华书局2003年版，第84页。
② 陈剑晖：《近年来传记文学述评》，《文艺理论家》1987年第1期。

生事"不同,传记文学要求的是"以文运事"。正如朱东润先生所讲:"传记文学是文学,同时也是史。因为传记文学是史,所以在记载方面,应当追求真相,和小说家那一番凭空结构的作风,绝不相同。这一点没看清,便会把传记文学引入一个令人不能置信的境地;文字也许生动一些,但是出的代价太大,究竟是不甚合算的事。"① 新时期的画家传记主要展现的是中国画坛上绚丽多姿而又极具个性的"名人"画家的形象,在创作过程中要认真地处理历史性和文学性的关系,应该达到这样一种境界:"资料,死的,冷冰冰的;故事,活的,热乎乎的;我真想将两者都搂住,跳一个美妙的交谊舞,活脱脱地托出一个真实的人物。"② 在充分尊重历史真实的基础之上,借助丰富多样的文学性表现手法,将死的、冷冰冰的资料激活成为活的、热乎乎的故事,达到历史性和文学性的完美结合,塑造出丰满生动而又充满个性的人物形象,用写生画家的术语来说,就是要塑造出一个色彩感强烈的传主形象。

---

① 朱东润:《张居正大传·序》,百花文艺出版社 2000 年版,第 12 页。
② 李辉:《浪迹天涯——萧乾传·后记》,中国文联出版公司 1987 年版,第 376 页。

# 第三章

# "生命与生命的对话"

主体性是人在与自然和社会的活动中所形成的人的本质特征，是人在实践活动中表现出来的主观性、自主性、能动性和创造性，是人类自我意识觉醒的标志。传记作家与传记主人公是传记文学中的两种主体，他们之间是主体与主体的关系，而其中传记作家的主体性尤为重要，烛照着传记文学创作的全过程，传记作家与传主要能够进行深层次的心灵对话和交流，进行"生命与生命的对话"，以平等的而不是俯视或仰视的态度看待传主，如何处理传记作家与传主之间的关系是传记文学创作成败的关键。美国当代著名传记作家利昂·艾德尔认为"全然的爱戴和敬慕写不出好的传记，全然的恨意更少有用处"，传记作家要做一个"参与性的观察者"（participant-observer），传记作家一定要"牢牢控制传记中的自我"[①]，这样才能保证传记作品的真实性和客观性。传记作家与传记主人公之间良好的关系有助于传记作家对传主的更深层次的了解，以保证传记的真实性，但同时也极易受到作者主观情感因素的影响，出现"为尊者讳、为亲者讳、为贤者讳"的现象，或者是走向另一个极端，即在作品中过度关注传主日常生活琐事的描写以及隐秘情感的展现，过度描写、暴露传主的隐私。传记作家应该正确地处理尊重史实与发挥自身主体意识之间的关系，在写作

---

① 赵山奎：《传记文学的移情问题探讨》，《国外文学》2005年第1期。

的过程中应当忘怀自我,"温情而又冷漠,投入而又疏远",对历史事件、历史人物进行客观、公正的描述、表现,要让读者通过自己的阅读、思考去发现、领悟文字中的世界,设身处地的体验传主内心情感的发展、变化,与传主同享欢乐、悲苦的人生体验,领略传记主人公全面的、立体的、富有内涵的生动形象。

## 第一节 传记文学中的传者与传主

传记文学中存在着两种主体,一个是传记作家,一个是传记主人公,如何处理好二者之间的关系是传记文学成功与否的关键所在,正如艾德尔说:"传记家同传主的关系正是传记活动的核心。"[1] 主体性是人在与自然和社会的活动中所形成的人的本质特征,是人在实践活动中表现出来的主观性、自主性、能动性和创造性,是人类自我意识觉醒的标志,是社会活力的重要源泉。人的主体性的内涵是一个动态的发展过程,社会发展的程度决定着人的主体性的内涵及其发挥的程度。刘再复认为,"文学中的主体性原则,就是要求在文学活动中不能仅仅把人(包括作家、描写对象和读者)看作客体,而要尊重人的主体价值,发挥人的主体力量,在文学活动的各个环节中,恢复人的主体地位,以人为中心、为目的"。[2]

恩斯特·卡西尔在他的《人论》开篇即说:"认识自我乃是哲学探究的最高目标。——这看来是众所公认的。在各种不同哲学流派之间的一切争论中,这个目标始终未被改变和动摇过:它已被证明是阿基米德点,是一切思潮的牢固而不可动摇的中心。"[3] 在传记文学的创作中,传记作家和传记主人公是主体与主体之间的关系,而传记作家的主体性更是发挥着至关重要的作用,如何体现其主体性是传记作家所面临的重要问题。著名传记大家朱东润在《陆游传·自序》中说:"传记中的传主,无论作者主观

---

[1] 杨正润:《现代传记学》,南京大学出版社2009年版,第159页。
[2] 刘再复:《论文学的主体性》,《文学评论》1985年第6期;1986年第1期。
[3] [德]恩斯特·卡西尔:《人论》,甘阳译,上海译文出版社2004年版,第4页。

的意图如何力求和史实符合,其实一切叙述都必须通过作者的认识,所以传主是不是和史实符合,还要依靠作者的认识。因此传记文学中的传主,正和一般文学中的主人公一样,是作者创造的成果。所不同的在于传记文学的作者,有责任通过自己的学习,求得对于传主的全面认识。"[1] 传记作家必须要具备史学家的严谨、哲学家的睿智、心理学家的细腻、文学家的笔调等等这些基本的素质,在写作的过程中必须尊重历史事实,严格遵循传记文学"纪实传真"的原则,尽可能地书写历史的本真,客观、公正,真实地再现传主的形象;在此基础之上,传记作家还要充分重视传主的主体性,真实生动地描绘出传主主体意识的觉醒及其发展的过程,展现出传主独特的个性特征,同时又要充分发挥传记作家个人的主体性,对纷繁复杂的历史材料进行详细的分析、研究、综合,选取自认为最有价值的资料,运用文学性的表现手法还原真实可信的传主形象,使一个个远离读者的传主形象再次真实生动地出现在读者面前,栩栩如生,丰满鲜活。在这一过程中,传记作家要与传记主人公进行深层次的心灵对话和沟通、交流,对传主的精神世界与性格特征有更深层次的了解,塑造出传记作家自己心目中的"这一个"传主的形象。

董炳月曾就作家传记的创作谈过自己的观点:"作家传记的本质是'再现'和'表现'的统一。任何一本作家传记的主人实际上都有两个:一个是'显在'的传主,一个是'潜在'的传记作者。在这个意义上,我把作家传记定义为生命与生命的对话。"[2] "生命与生命的对话"应该是传记作家与传记主人公之间所遵循的最基本也是最重要的一条原则,是传记文学写作成功的关键所在,从这一方面来讲,传记作家的主体性是非常重要的。传记作家的主体性体现在选择的充分自由,有对传主选择的自由,也有对传记材料的选择、安排的自由以及对传主的阐释的充分自由,但是所有这些选择必须要建立在不违背历史真实性的基础之上。

---

[1] 朱东润:《陆游传·自序》,《朱东润传记作品全集》第1卷,东方出版中心1999年版,第427页。

[2] 董炳月:《生命与生命的对话——从几部现代作家传记谈"作家传记"观念》,《文学评论》1992年第1期。

## 第三章 "生命与生命的对话"

首先，传记作家的主体性表现在对传主的选择上。自传不存在选择传主的问题，自传的传主就是作者自己，而对于他传来讲，传主的选择就非常自由了：有侧重于纪念碑式的选择，即着重于传主的历史功绩的表彰；有人化的选择，即着重于传主人性的展现；有社会指针式的选择，即通过传主的人生遭际来反映历史，等等。然而，传主的选择同时也是一个异常复杂的问题，梁启超先生曾概括了最适合做传主的几类人物：一是"思想及行为的关系方面很多，可以作时代或学问中心的"人物；二是"一件事情或一生性格有奇特之处，可以影响当时与后来，或影响不大而值得表彰的"人物；三是"在旧史中没有记载，或有记载而太过简略的"人物；四是"从前史家有时因为偏见，或者因为挟嫌，对于一个人的记载完全不是事实。我们对于此种被诬的人，应该用辩护的性质，替他重新作传"；五是"皇帝的本纪及政治家的列传有许多过于简略，应当从新作过"；六是"有许多外国人，不管他到过中国与否，只要与中国文化上政治上有密切关系，都应当替他们作专传"；七是"近代的人学术、事功比较伟大的，应当为他们作专传"。梁先生同时也指出了"绝对不应作传"的两种人：一是"带有神话性质的，纵然伟大，不应作传"；二是"资料太缺乏的人，虽然伟大奇特，亦不应当作传"。[①] 传记作家对于传主的选择并不是随随便便的，而是要受到某些条件的制约，比如社会政治经济环境以及文化思潮的影响、时代精神的展现、自我情感的寄托等等。

一般情况下，传记作家会选择那些既能够体现社会时代精神又与自己心性相投、极易产生共鸣的人物作为传主；同时传记作家还常常会通过对传记主人公形象的再现，借以抒发个人的内心情怀，表达自己的情感和理想。正像莫洛亚所说的，"传记是一种自我表现的手段，作者选择其传主来迎合自己人性中的某种需要"[②]。司马迁作《史记》，最看重的就是这一点，《史记》中的传主分别代表了当时社会不同领域的人物，"《史记》每一篇列传必代表某一方面的重要人物。如《孔子世家》、《孟荀列传》、《仲尼弟子列传》代表学术思想界最重要的人物，《苏秦张仪列传》代表造成

---

[①] 梁启超：《中国历史研究法》，江苏文艺出版社 2008 年版，第 182—190 页。
[②] 杨正润：《现代传记学》，南京大学出版社 2009 年版，第 168 页。

战国局面的游说人士,《田单乐毅列传》代表有名的将帅,四公子《平原、孟尝、信陵、春申列传》代表那时新贵族的势力,《货殖列传》代表当时经济状态,《游侠列传》、《刺客列传》代表当时社会上一种特殊风尚。每篇都有深意。大都从全社会着眼,用人物来做一种现象的反映,并不是替一个人作起居注"。① 传记作家之所以选择某一个人物作传主,说明他对这个人感兴趣,希望能够通过传记主人公的形象展现出时代的一种精神,同时也是传记作家自我审视、自我表现的一种方式方法,正如艾伦·谢尔斯顿所讲:"传记作家总是要去写他对之怀有本能的同情的主人公,在这一过程中,展现其主人公,同样也展现他自己。"② 对传主的选择是一个非常艰苦、细致的过程。

著名传记作家朱东润的第一部传记作品《张居正大传》完成于1943年,而在1938年他就开始了对传主的选择工作。朱东润先生讲,他创作这部传记的目的,是"想从历史陈迹里,看出是不是可以从国家衰亡的边缘找到一条重新振作的道路"。"为什么我要写张居正?因为在一九三九年到达重庆以后,我看到当日的国家大势,没有张居正这样的精神是负担不了的。我抛弃了我所眷恋的一切,就是为了寻找这样的人物,但是我失望了。我只能从过去的历史追求。张居正不是十全十美的,我没有放过他的缺点,但是我也没有执着在这一点,人是不可能没有缺点的。但是我并没有因为他有了这样的缺点,就否定他对国家的忠忱。"③ 朱东润之所以选择张居正作为传主主要是由于反映当时社会现实的需要。他写作《张居正大传》的时候,正是中国的抗日战争最为艰巨的时期,他感受到当时社会的腐败、黑暗,不由自主地联想到同当时的社会形势相似的明王朝,进而联想到了张居正。朱东润笔下的张居正是一个不畏牺牲、不惧人言、敢做敢当的政治家,他是在国家陷入深重危机、财政入不敷出、流民四处闹事、政治腐败不堪的危机四伏的关键时期出任内阁首辅的,以国家民族的利益为重,对明朝的弊政进行了大刀阔斧的改革,取得了良好的成效,在政

---

① 梁启超:《中国历史研究法》,江苏文艺出版社2008年版,第169页。
② [英]艾伦·谢尔斯顿:《传记》,李永辉、尚伟译,昆仑出版社1993年版,第70页。
③ 朱东润:《我怎样写〈张居正大传〉的》,《社会科学战线》1983年第3期。

治、经济和军事等方面都颇有建树，他力挽狂澜，使大明王朝得以中兴。但是，为了推行自己的改革措施，张居正也曾经使用过不光彩的手段，其个人生活也难说检点。张居正去世之后，被剥夺了谥号，改革成果也被否定，家产也悉数被查抄，并祸及子孙。朱东润对张居正这位专制王朝的著名改革家抱有深刻的理解与同情，对传主置身的那个时代有着清醒的认识与反思，希望作者自己所处的社会中也能够出现像张居正这样的政治人物，救国家民族于危难之中，从这部传记中我们可以感受到朱东润先生的拳拳爱国之心。

传记作家同他所选择的传主之间往往存在着某种一致性，这在那些成功的传记文学中表现得尤为明显。中国古代的许多传记家都喜欢选择能够与自己产生强烈精神共鸣的人物来做传主，鲁迅曾评说司马迁："恨为弄臣，寄心楮墨，感身世之戮辱，传畸人之千秋，虽背《春秋》之义，固不失为史家之绝唱，无韵之《离骚》矣。惟不拘于史法，不囿于字句，发于情，肆于心而为文，……读游侠传即欲轻生，读屈原、贾谊传即欲流涕，读庄周、鲁仲连传即欲遗世，读李广传即欲立斗，读石建传即欲俯躬，读信陵、平原君传即欲养士也。"[①] 司马迁在选择传主时偏爱悲剧型的人物，如项羽、屈原、商鞅、信陵君等，这是与他自身的悲剧命运息息相关的，司马迁对屈原"正道直行，竭忠尽智，以事其君，谗人间之，可谓穷矣。信而见疑，忠而被谤"的不幸遭遇深表同情，联想到自身的痛苦遭际，他就在精神上与屈原自然而然地产生了共鸣，对屈原的文学成就和杰出才华进行了高度评价："其文约，其辞微，其志洁，其行廉。其称文小而其指极大，举类迩而见义远。其志洁，故其称物芳，其行廉，故死而不容。……推其志也，虽与日月争光可也。""余读《离骚》、《天问》、《招魂》、《哀郢》，悲其志。适长沙，过屈原所自沉渊，未尝不垂泪，想见其为人。"（《史记·屈原贾生列传》）传记作者强烈的主观情感的投入，使得《屈原贾生列传》写得激情充沛、荡气回肠，读者也有"即欲流涕"之感。司马迁的身心曾经遭受过极大的摧残，《史记》通过对历史人物的描写寄托了作

---

① 鲁迅：《汉文学史纲要》，《鲁迅全集》第9卷，人民文学出版社1981年版，第420页。

者自己的人生理想，尤其是其中的悲剧型人物形象的塑造更是与作者的身世之叹联系在了一起，他的忍辱含垢的生活、他的悲哀的情绪等等都借助于笔下的人物形象真实生动地表达了出来。苏轼的《方山子传》塑造了一个出身名家却抛弃荣华富贵、甘愿过隐居生活的传主形象，方山子的不慕名利、超凡脱俗的高洁品格正是作者所倾慕的理想人格，苏轼在这里是借他人的酒杯浇自己的块垒，通过对传主形象的刻画，实际上抒发了自己怀才不遇的内心苦闷之情。在优秀的传记文学创作中，传记作家与传记主人公能够在精神上产生高度的共鸣，传主也就成了传记作家自我形象的折射。

罗曼·罗兰在他的英雄传记创作中抒发了个人的情怀，表达了对社会和人生的深刻思考，"我们周围的空气多沉重。老大的欧罗巴在重浊与腐败的气氛中昏迷不醒。……打开窗子罢！让自由的空气重新进来！呼吸一下英雄们的气息。"他的传记作品中充满了道德和精神的力量，希望通过对英雄人物伟大品格的歌颂来恢复文学中日益衰落的人文主义精神，他笔下的贝多芬是"正直与真诚的大师，教我们如何生如何死的大师"，《贝多芬传》"绝非为了学术而写的，它是受伤而窒息的心灵的一支歌，在苏生与振作之后感谢救主的"[①]。法国传记大师莫洛亚通过笔下的迪斯雷利表达了自己的政治理想，而雪莱在个性气质、生活遭际等方面则与莫洛亚本人有着相似之处，作者是借助浪漫主义诗人雪莱的形象来抒发自己内心的苦闷情绪。

在中外画家传记的创作中，蒋碧微的《蒋碧微回忆录：我与悲鸿》和廖静文的《徐悲鸿一生：我的回忆》描写的都是传记作者极为熟悉的"丈夫徐悲鸿"的形象，她们凭借各自的人生阅历和体验理解塑造了自己心目中"真实"的"丈夫"的形象，而且是截然不同的"丈夫——徐悲鸿"的形象；林浩基喜爱中国传统的绘画艺术，并且为艺术大师齐白石历尽沧桑、奋斗不已的强大的生命力以及辉煌的艺术成就所激动、折服而创作了《齐白石传》；郑重因为喜欢林风眠的艺术而历尽曲折创作

---

[①] [法]罗曼·罗兰：《巨人三传·贝多芬传·序》，傅雷译，天津社会科学院出版社2004年版。

了《林风眠传》；简繁是刘海粟最后的也是唯一的一名研究生，在《沧海》中生动形象地展现了艺术大师刘海粟性格中的鲜为人知的另一个侧面，也是传主人性中更为真实的一面；欧文·斯通是因为看了梵高的画展之后心灵受到极大的震撼而创作了影响世界的《梵高传》；皮埃尔·戴在毕加索去世后，获准阅读他的笔记并在他的画室工作，于1977年开始创作《毕加索传》，试图扭转一般人喜欢将毕加索视为超人的倾向，之后经过反复修改，又试图从毕加索的画作中将传主的生活经历、私生活与20世纪的社会现实相融合，等等。所有这些传记作品，传记作家选取的传主都能够与其在精神上产生高度的共鸣，从传主身上我们也看到了传记作家的自我形象，因而都可称之为优秀的传记作品。传记作家要想塑造出成功的传主形象，就应当深入地了解、研究传主的生活经历、情感变化，探寻、发现传主更深层次的人性的秘密，寻找与传主之间的某种感情的契合、一致。

梁启超说："如替一个人做特别传记，必定对于这个人很信仰，时常想要如何才做得很好。"① 在古今中外优秀的传记文学作品中，传记作家与传主的关系都达到了心灵相契合的程度。由于优秀的传记作家本身往往就是大文学家，他们具有丰厚的文化底蕴和很强的文学表达能力，能够直接与传主进行更高层次的精神交流和更深层次的心灵对话，因而塑造出来的传主形象也就个性鲜明、丰满生动。茨威格曾就他创作的小说与传记中的主人公谈道："在我的中篇小说中，主人公都是一些抵抗不住命运摆布的人物——他们深深地吸引着我。在我的传记文学中，我不写在现实生活中取得成功的人物，而只写那些保持着崇高道德精神的人物。"② 茨威格在选择传记主人公时，总是着眼于能够引起自己心灵共鸣与震撼的悲剧性人物，深入到传主的内心世界，通过对传主细腻的心理刻画来表现人物形象，展现广阔复杂的社会生活画面。翟墨的《圆了彩虹：吴冠中传》、郑重的《林风眠传》、林浩基的《齐白石传》、杨继仁的《张大千传》、

---

① 梁启超：《中国历史研究法》，江苏文艺出版社2008年版，第154页。
② ［奥地利］斯蒂芬·茨威格：《昨日的世界——一个欧洲人的回忆》，舒昌善等译，生活·读书·新知三联书店1991年版，第187页。

简繁的《沧海》等等,因为传记作者对传主有了比较全面的了解、把握,能够与传主进行深层次的心灵对话和交流,他们笔下的传主形象就比较直观可信。

传记作家和传记主人公之间的关系是很复杂的,许多传主是不愿意别人替自己写传的,他们有很多的顾忌,有的传主即使同意为自己写传但是也要提出许多的要求,美国诗人惠特曼就曾对他的传记作者说:"你要说老实话。无论怎样写,不要替我打扮,我的胡言乱语也要写进去。我恨许多传记,因为它们是不真实的,我国许多伟人都被他们写坏了。上帝造人,但是传记作家偏要替上帝修改,这里添一点,那里补一点,再添再补,一直到大家都不知道他是什么人了。"① 惠特曼对他的传记作者提出的要求是一定"要说老实话","不要替我打扮",追求的是一种历史的"真实"。当代著名画家吴冠中的传记作者翟墨在1988年就想着手开始吴传的写作,正式征求吴冠中的意见时,"他对此事表示漠然。"吴先生在给作者的复信中这样讲:"我所做出的贡献是否能引起人们来关心我的传记,自己无从说起,故不鼓励别人写,也无权阻止别人写。""我无从过问别人如何写,也许根本不相识的人在乱写,今天投机者众,正如我的假画在流行,并有泛滥之势。"② 李可染生前已开始着手整理自传,曾对帮助自己整理自传的人选提出了三个条件:"一是必须对中国艺术有理解,当然也应该理解世界的艺术;二是要有文采;三是对李可染的艺术是欢喜而不是反对的,对李可染的事业有个正确的评价——当然准确也很难。"③ 正是有的传记作者不负责任的凭空臆造产生了极其恶劣的社会影响,使得许多传主对他们产生了极不信任的态度,显然,传记作家与传主之间的良好关系有利于传记的写作。

在传记文学的创作中,传记作家同传记主人公之间是一种非常重要、非常特殊而又非常微妙的关系,他对传主的选择、理解、阐释实际上也是一种自我选择、自我理解、自我阐释的过程。艾伦·谢尔斯顿说:"作

---

① 张新科:《唐前史传文学研究·余论》,西北大学出版社2000年版,第294页。
② 翟墨:《圆了彩虹:吴冠中传》,人民文学出版社1997年版,第2页。
③ 李松:《万山层林——李可染》,山东画报出版社2001年版,第146页。

者——主人公关系的性质在这种体裁的研究中是一个决定性的因素：对主人公的选择与论述，就像传记可以揭示主人公本身，同样也可以揭示传记作者。"① 钱锺书先生也曾说："为别人做传记也是自我表现的一种；不妨加入自己的主见，借别人为题目来发挥自己。……所以，你要知道一个人的自己，你得看他为别人做的传；你要知道别人，你倒该看他为自己做的传。自传就是别传。"② 传记作者要具有自觉的再现意识，以真实还原传主的形象为最终目的，而且还要同时具有很强的表现意识，在对传主进行历史还原的同时表现自我、展现自我，传记作家通过描述传主的生平事迹可以体现自我，使得自己又重新经历了一次人生的体验。在传记文学的发展历程中，传记作家一般情况之下喜欢选择那些经历复杂、个性鲜明、具有传奇色彩的著名人物作为传主，如普鲁塔克的《希腊罗马名人传》中的50位传主都是希腊、罗马的立法者、政治家、军事家，司马迁的《史记》中的传主也都是社会各个阶层、各种类型的代表人物，梁启超的传记主人公也都是中外历史名人；而伴随着社会的安定发展，具有传奇色彩的人物将会越来越少，以普通人物作传主的传记就会越来越多，美国现代传记理论家约翰·亚瑟·葛拉提说："任何人物真实的一生，只要简洁地、满怀同情地写成文字，都是有趣的，会完全合理地使别人感兴趣。……一个修剪指甲的老妇，如果碰巧被一位画家画下来，就会成为不朽之作。"③ 传主类型的改变也对传记作家提出了更高的要求：传记作家要独具慧眼，善于发现日常生活中普普通通的传主，善于挖掘传主身上的极具个性的闪光的一面，塑造出丰满立体的传主形象。

其次，传记作家的主体性表现在对传记材料的选择加工与组织安排上。传主形象的真实再现是通过传记作家的叙述来实现的，"传记写作的过程在某种意义上是'作家的过去'转变为'作者的叙述'的过程。在这一过程中，作者作为独立的生命个体以这样那样的方式进入传记就成为必然。传记中的一切都是经过作者选择、叙述的东西，经过这种选择和叙

---

① [英]艾伦·谢尔斯顿：《传记》，李永辉、尚伟译，昆仑出版社1993年版，第46页。
② 钱锺书：《写在人生边上》，生活·读书·新知三联书店2002年版，第9—10页。
③ 杨正润：《现代传记学》，南京大学出版社2009年版，第150页。

述,绝对意义上'真实'已经不存在,一切都经过了作者心灵之光的照耀,因为选择的尺度与叙述的方式只能属于传记作者。"① 在大量的纷繁复杂的史料面前,传记作家要充分发挥自己的主观能动性,具备独立的思考和判断能力,认真地进行选择、加工、整理。选择何种材料,如何组织材料,实际上反映了传记作家对传主的一种理解、阐释,也反映了传记作家的世界观、价值观、人生观,"传记作家要具有学者的责任感去验证哪怕是最家喻户晓的逸闻趣事,因为传记作家的职责是尽可能地贴近地去再现真实"②。作为传记作家,创作一部优秀传记作品的首要条件是要最大限度地收集传主的有关史料,包括传主所生活时代的资料、传主的生平事迹、著述成就等等,而且必须要对所收集的史料进行认真细致的选择、整理和加工,也就是说要经过"作者心灵之光的照耀",而不是简单地将它们罗列在一起,堆砌起来。

安德烈·莫洛亚说:"画一幅风景画或一幅逼真的面孔都是不可能的,因为面部太富于运动,风景又太富有明暗变化和不同的线条形状。但画肖像画或风景画又是可能的,它们同时既可是忠实的想象,又是美的产物。像肖像画家和风景画家一样,传记作者必须从他思考的全部主题中选出一些必要点,如果他能作出这种选择而不削弱全部主题,在选择的过程中,他恰恰就是在履行艺术家的职责。"③ 朱东润先生在创作《张居正大传》时,研究了明代的政治、经济、文化、军事等方面的史料,涉猎之广、研究之深,无异于明史研究专家;为了写作《陆游传》,朱东润对有关的史料进行了严格的搜集、考证、甄别,先后创作了《陆游研究》、《陆游诗选》等著述,为《陆游传》的创作打下了坚实的基础。著名的历史学家吴晗对他的《朱元璋传》在二十年的时间里进行了四次重大修改。奥地利著名传记作家斯蒂芬·茨威格为写法国文学大师巴尔扎克的传记,曾用了整整十年的时间去搜集材料并了解有关巴尔扎克的一切,他精心研读分析了

---

① 董炳月:《生命与生命的对话——从几部现代作家传记谈"作家传记"观念》,《文学评论》1992 年第 1 期。

② [英]艾伦·谢尔斯顿:《传记》,李永辉、尚伟译,昆仑出版社 1993 年版,第 100 页。

③ [法]安德烈·莫洛亚:《传记作品的艺术性》,刘可、程为坤译,《传记文学》1988 年第 4 期。

巴尔扎克的全部作品和书信，创作了《巴尔扎克传》这部西方传记文学史上的不朽之作。美国著名传记作家弗兰克·弗莱德在撰写美国总统富兰克林·罗斯福的传记时，要处理总统留下的重达40吨的文件。英国传记名家利顿·斯特拉奇在创作《维多利亚女王传》时，搜集了一切可能获得的材料，选择提炼了卷帙浩繁的当事人的手稿、日记、通信、备忘录等，将维多利亚女王的形象真实生动地展现在读者面前。欧文·斯通为了写作《渴望生活：梵高传》，研究并阅读了大量有关梵高的文献资料，对梵高的出生地和足迹所到之处进行了实地考察，在六个月的时间内四易其稿，创作了影响世界的作品；除此之外，欧文·斯通还依据梵高的信件选编了一部《梵高自传》，这部自传的编选也是历尽曲折的：梵高一生之中唯一的朋友是他的弟弟提奥，他除了画画之外就是给弟弟写信，梵高去世6个月后他的弟弟也离开了人世。后来人们将梵高的这些信件印刷成册，共计3大卷1670页，这些信件的数量确实太多了，斯通只好进行了选编。"梵高写的每一行文字，只要是文笔优美、内容充实且具有重要意义的，都保留了下来。而内容重复、无关紧要的细节和没有意义和价值的议论部分，我都毫不犹豫地删除了。"① 欧文·斯通的这一选编原则是成功的。透过这些信件，读者看到了梵高对艺术的痴狂、内心的孤独以及与弟弟提奥之间的深厚的友谊，对梵高的了解将会更加全面、具体。

  翔实的史料是创作优秀传记的基础，但是如何将史料恰如其分地应用于传记的写作之中是一个非常困难的问题，这需要传记作家对其进行严格细致的考证、甄别。克罗齐认为"史料本身并不会说话，使得史料呈现出意义来的只能是历史学家的精神，他的精神世界越丰富和越具有创造性，他所揭示的历史的意义就越深刻"②。而罗素更进一步明确了历史学家所要承担的职责，"历史学家就是一个解释者，他的工作不是要作一个单纯的档案保管员，因为他是要重建过去，重新勾画出一幅过去历史的图像。人

---

① [美]欧文·斯通编：《梵高自传——梵高书信选》，徐汝舟等译，湖南文艺出版社1991年版，第3页。

② 彭刚：《精神、自由与历史——克罗齐历史哲学研究》，清华大学出版社1999年版，第40页。

类的文明,就是在不断地创造新的形式、新的符号;而历史学家的工作程序则正好是反其道而行之,是要由符号再返回到它原来的用意。故此,历史学也是一种解释学,即解释出符号的历史含义的艺术。或者换一种象征的说法,那就是要从那可见的背后,看到那不可见的、看不见的或没有看见的,即要透过符号看到人的本质,看到内在的真正的人。"① 这就对传记作家提出了更高的要求:传记作家作为传记文学的主体,有着与历史学家同样的职责,要拥有丰厚翔实的历史资料,在遵照历史真实的基础上再现传记主人公曲折坎坷的人生经历,反映出传主的多姿多彩的性格特征与丰富复杂的精神世界,同时还要依照史料对传主的生命历程作出独特的解释,真实全面地展现传记主人公一生的心路历程,要让读者看到一个"内在的真正的人"。

再次,传记作家的主体性还表现在对传主的阐释上。传记作品就好像是一面镜子,在再现传主形象的同时也能够映射出传记作家的自我形象,有时是清晰的、明确的,有时可能是模模糊糊的,所以传记作家应该充分地尊重历史,采取一种公正、客观的立场,尽可能忠实准确地、全面地将所掌握的材料呈现给读者,但是"传记家必须避免占据舞台的中心,他不能让传记变成传达他自己某种偏见的工具,更坏的是为了满足自己的某种愿望而歪曲传主的一生来证明他自己需要的观点"②。这就涉及传记作家应该如何对传主进行阐释的问题。在现代的优秀传记中,阐释不仅仅是一种文本指向,而且成了传记作家普遍自觉追求的一种传记要素。英国"新传记"的代表作家斯特拉奇有句名言:"未经阐释的真实就像深埋在地下的金子一样没有用处。艺术是一位了不起的阐释者。"③ 一语道破了阐释的天机。传记中阐释的方法与手段多种多样,传记作家可以充分运用哲学、社会学、人类学、美学、心理学等方式方法对传主的生平及作品进行阐释,在对传主的阐释过程中有意无意地也会体现出传记作家自己的学识修养、气质个性与价值判断等等。

---

① [英] 罗素:《论历史》,何兆武等译,广西师范大学出版社 2001 年版,第 33 页。
② 杨正润:《现代传记学》,南京大学出版社 2009 年版,第 156 页。
③ 赵白生:《传记文学理论》,北京大学出版社 2003 年版,第 211 页。

## 第三章 "生命与生命的对话"

梁启超先生曾经说过:"吾侪有志史学者终不可不以此自勉。务持鉴空衡平之态度,极忠实以搜集史料,极忠实以叙论之,使恰如其本来。当如格林威尔所云'画我须是我'。当如医者之解剖,奏刀砉砉,而无所谓恻隐之念扰我心曲也。乃至对本民族偏好溢美之辞,亦当力戒。良史固所以促国民之自觉,然真自觉者决不自欺,欲以自觉觉人者,尤不宜相蒙。故吾以为,今后作史者宜于可能的范围内裁抑其主观而忠实于客观,以史为目的而不以为手段。夫然后有信史,有信史然后有良史也。"[1] "有信史然后有良史也",传记创作中的阐释要严格遵循"忠实"这一根本的原则,在此基础之上的阐释才能够真正地理解传主、深入到传主的内心世界,对传主的精神本质与性格特征有更深层次的把握,才能够塑造出真实可信的、栩栩如生的传主形象,使传主的生命价值在传记中得到复活和永生。但是,对于传记作家来讲,如何进行阐释确实是一个难题,艾德尔曾指出传记作家的两难处境,"演员是一个角色的扮演者,他在舞台上进入人物的内部,并停留在那里,把他自己真实的自我全部掩盖起来。传记家也需要进入他的主体的内部,他有时使自己进入另一个时代,有时他改变自己的性别,一眨眼、一耸肩,他就有了别人的经历。但是任何时候他都保留自己的心灵,自己的平衡感和自己评鉴的眼光。传记家必须温情而又冷漠,投入而又疏远。在评鉴的时候如冰一样,然而又是那么温情、富有人情味和同情心,这就是传记家的两难处境。"[2] 传记作家要"温情而又冷漠,投入而又疏远",既要能够真正理解传主、深入挖掘传主的内心世界,再现一个真实的、生动的传主形象,更为重要的是又要"保留自己的心灵",能够作出自己独立的判断和选择,对传主作出客观、公正的评价,正如莫洛亚所认为的那样:在传记的写作过程中,传记作家应该隐藏在传主的背后,以传主的眼光去发现世界、认识人生,"如果说我的传记还有一点可取之处,那就是随着主人公逐渐发现人类社会的同时,展示出社会的风貌。我在《巴尔扎克传》里,想让读者看到巴尔扎克的家庭,都尔城,旺多

---

[1] 梁启超:《中国历史研究法》,江苏文艺出版社2008年版,第38页。
[2] 杨正润:《现代传记学》,南京大学出版社2009年版,第161页。

姆学堂，悉如巴尔扎克小时候看到的那样。之后，我们跟他一起认识人生，女人，爱情，破产，贫困和作家的荣耀。让读者有时感到自己就在巴尔扎克的文学作坊里，跟他一样充满回忆，经过声光化电的熔铸，拿出一本《高老头》或一篇《夏娃的女儿》。如果我写得成功，读者得以参与一点巴尔扎克的生活与创作，那我就得分，算做了一桩有用的事。因为，跟伟人一起生活，了解伟人，是大有裨益的"。① 优秀的传记作家在写作的过程中应当与传主融为一体、忘怀自我，完完全全地生活在传记主人公的生活氛围之中；而在对具体的事件进行描述时，传记作家又要消失在传记主人公的背后，要让读者通过传主的眼光去发现世界，设身处地体验传主的内心世界，分享传主的欢乐与悲苦，这样就达到了艾德尔所说的"温情而又冷漠，投入而又疏远"的创作境界。

　　传记主人公的形象应当是全面的、立体的、富有内涵的，因而优秀的传记作家在叙述外部事件的同时还要对传主其人其事进行阐释和评价，深入挖掘传主的内心世界，这就需要传记作家根据一定的世界观和价值观来认识和理解传主，形成对于传主的独特的看法，并且围绕着这种观点来选择传记材料进行创作，对传主进行深入细致而又全面的阐释。对于一个传记作家来说，重要的不是看他掌握了多少史料，而是看他是否有能力透过史料证据辨析出传主过去的思想和行为，在传记作品中再现传主丰富生动、多姿多彩的个性形象。莫洛亚说："在批评家的印象里，传记是等而下之的作品，因为材料都是传主生平里的，没有什么创造性可言。我认为，错就错在这里。以为缺乏想象力的人才去写传记，才是大谬不然。……那么既然一切都是现成的，作家的作用表现在什么地方呢？首先，是选择材料，从生活或书本提供的浩繁的素材中选取具有基本特征的那些；其次，条贯整理，安排妥帖，因为人生，不管是杜撰人物的或真实人物的，都是凌乱纷繁的，看不出个所以然来。……假如你们要向对方介绍一个他不认识的人，也得用点匠心，选几桩趣闻，

---

① ［法］莫洛亚：《文学生涯六十年》，罗新璋选编《莫洛亚研究》，漓江出版社1988年版，第446页。

几件具有性格特征的事加以说明。而这点匠心，传记家跟小说家一样需要。……一部出色的传记，也可以算是艺术品。"① 司马迁的《史记》在许多人物的传记最后的"太史公曰"就包含着传记作者对传主的阐释，比如《项羽本纪》的"太史公曰"就对项羽失败的原因进行了更深层次的阐释："自矜功伐，奋其私智而不师古，谓霸王之业，欲以力征经营天下。"

到了20世纪，阐释已经成为西方传记中的重要因素，许多重要的传记家对传记的阐释给予了积极评价并在创作中灵活运用，像斯特拉奇、伍尔芙、路德维希、艾德尔、茨威格等等，都对传主进行了深层次、多方位的阐释，深刻揭示了传主人格形成的动因。从这一方面来讲，传记作家不但要具备丰厚的文学知识，而且还要在历史学的修养方面下苦功夫，学会对历史资料的融会贯通，具备对史料的整理、加工、甄别以及组织的能力，诚如胡适先生所讲的，要具有"大刀阔斧的远大见识""绣花针的细密功夫"以及"写生传神的大手笔"，使传记成为活的历史而不是死的历史，将一个个距离我们遥远的传主形象又重新拉回到读者面前，真实可信、栩栩如生，从中凸显出传记作家的主体性和创造力。除了对传主的生平、人格进行阐释之外，传记作家更要注重对传主的作品进行阐释，这有助于读者了解传主思想情感的发展变化、价值观念、艺术创作的成就及水准，诗人余光中曾说："如果传记是作家的外传，则作品可谓作家的内传：作品应该更贴近作家的心灵。透过传记，我们看见作家的生活。透过作品，我们才能窥探作家的生命。"②

传记文学是以真实生动地展现传记主人公的生命历程为创作目标，传记作家在创作过程中发挥着极其重要的作用，用自己的"心灵之光"照耀着传记文学创作的整个过程，因而也应该具备多方面的基本素质，传记作家"要有学者有系统的治学方法，好从事搜集所需要的资料；要有哲学家的高超智慧的人生观，以便立论时取得一个不同乎凡俗的观点；要有文学

---

① [法]莫洛亚：《文学生涯六十年》，罗新璋选编《莫洛亚研究》，漓江出版社1988年版，第447—448页。

② 傅孟丽：《茱萸的孩子：余光中传·新版前言》，上海远东出版社2006年版。

家的艺术技巧与想象力,好赋予作品艺术美与真实感,使作品超乎干枯的历史之上,而富有充沛的生命与活力"①。

## 第二节　新时期画家传记中的自我意识

作为传记文学中的两种主体,传记作家与传记主人公之间的关系是主体与主体之间的关系,这就要求传记作家与传主能够进行深层次的心灵对话和交流,进行"生命与生命的对话",以平等的而不是俯视或仰视的态度来看待传主,在作品中充分体现出传记作家的自我意识,正确处理传记作家与传主之间的关系,而这直接影响到了传记文学创作的成败。在传记文学的写作过程中,传记作家的主体性发挥着至关重要的作用,烛照着传记创作的全过程,"传记本质上依赖于传记家对传主人格和行为的反应的敏感,依赖于传记家同传主的关系,依赖于传记家的眼光和他显示自己眼光时的技巧"②。如果没有传记作家主体的积极参与,写出来的传记就会非常沉闷、索然无味,传主的形象也将会是公式化、概念化的,单调、呆板、失去了生命力,最终只能是材料的罗列与堆积而已。从传主的选择到对传记材料的选择、加工以及结构的组织、安排,到对传主的阐释无一不体现出传记作家的个性特征,优秀的传记文学作品大多有传记作者强烈的主体情感的投入,也就是所谓的"笔锋常带感情"。

乔治·圣兹伯里说,一位真正优秀的传记文学作家"不应该满足于仅仅展示材料,不管这些材料编排得多么精确有序。他的功夫应该用在回忆录、书信、日记等等材料之外。作为一名有造诣和才智的艺术家,他应该把所有这些材料在头脑里过滤,然后再呈示在我们面前,不是让我们只见树木,而是让我们看到一幅完整的画,一件作品。这是纯粹的一堆细节和素材所无法比拟的"③。普鲁塔克也曾说过:"我写的不是历史而是传记,

---

① 林语堂:《苏东坡传·译者序》,百花文艺出版社2000年版。
② 杨正润:《传记文学史纲》,江苏教育出版社1994年版,第16页。
③ 赵白生:《传记文学理论》,北京大学出版社2003年版,第8页。

## 第三章 "生命与生命的对话"

甚至在那些辉煌的事迹中也并不总是完全证明了善与恶的,而且,一句话,一个玩笑这样的小事往往可以比造成千万人死亡的战争、军队的最大的调动、城市的围攻等更清楚地表现一个人物。因此,正如画家要把面孔或眼神画得很像,对身体的其余部分则很少注意,我也必须让自己主要致力于人们灵魂的特征,以此描绘出每个人的一生,让别人去叙述伟大的战争吧。"① 西方的传记家们有着清醒的文体意识,普鲁塔克就明确地指出了传记文体与历史文体的根本不同,在写作过程中要将作者强烈的主体情感投入到对材料的选择以及传主形象的塑造之中,他的《希腊罗马名人传》中塑造的希腊罗马历史上的英雄形象即是成功的例证。传记作者主体情感的投入影响了传记文学创作的艺术成就,如果把传记仅仅当作历史著作来写,就只能是纯粹客观地叙述而不允许有丝毫作者主体情感的投入,这样的传记最终只能是大量资料的堆砌,传主的形象也就缺乏个性色彩。

日本传记作家鹤见佑辅说:"人物的记录不能只是他左趋右步的纪录,而必须有他何以向左走及向右走有何价值的判断……浅言之,传记作家自身非有一种哲学乃至理想不可,……至少为了说明那个人所有的人生观,判断那个人所给予社会的影响,作家自身总非有了解这个人生观与社会观不可……因此传记家的最重要部分,是在作家的价值判断,他的价值判断可以引动读者。"② "作家的价值判断" 在传记文学的创作中有着重要的作用。胡适在《四十自述·自序》中说:"关于这书的体例,我要声明一点。我本想从这四十年中挑十来个比较有趣味的题目,用每个题目来写一篇小说式的文字,略如第一篇写我的父母的结婚。……这个方法是自传文学上的一条新路子,并且可以让我(遇必要时)用假的人名地名描写一些太亲切的情绪方面的生活。但我毕竟是一个受史学训练深于文学训练的人,写完了第一篇,写到了自己的幼年生活,就不知不觉地抛弃了小说的体裁,回到了谨严的历史叙述的老路上去了。"③ 他在《四十自述》的序幕"我的母亲的订婚"的写作中运用了文学性的表现手法,加入了一些想象、

---

① 杨正润:《传记文学史纲》,江苏教育出版社 1994 年版,第 166 页。
② 蔡尚思:《蔡元培先生学术思想传记·序例》,棠棣出版社 1950 年版,第 13—14 页。
③ 胡适:《胡适自述》,安徽教育出版社 2006 年版,第 3 页。

虚构的成分，也即"小说式的文字"，将传记作者的主体情感渗透进了所描绘的人物事件当中，给人以生动形象而又真实可信的感觉，但在后面叙写自己成人以后的生活时又回到了历史著述的老路子上去了，真实严谨但灵动不足，这主要是由于作者"是一个受史学训练深于文学训练的人"，也在一定程度上影响了传主个性形象的呈现。

传记作家主体情感的投入在传记文学的创作中发挥着至关重要的作用，渗透进传记写作的方方面面，正如张辛欣在《萧乾传·序》中所说的："其实，无论如何真实地描绘，再现当时的社会、心理氛围的文学人物传记，也不可能是'忠实''客观'的。传记中的人物，总是笔者眼中的。"[1] 所以，从某种程度上来说，传记往往会成为隐蔽的自传，传记的创作也就成为作者表达自身感受的一种方式方法。"为别人做传记也是自我表现的一种；不妨加入自己的主见，借别人为题目来发挥自己。反过来说，作自传的人往往并无自己可传，就逞心如意地描摹出自己的老婆、儿子都认不得的形象，或者东拉西扯地记载交游，传述别人的逸事。所以，你要知道一个人的自传，你得看他为别人做的传；你要知道别人，你倒该看他为自己做的传。自传就是别传。"[2] 优秀的传记作品都蕴含着传记作家强烈的主体情感的投入，这也是作者自我意识的充分体现，在作品中的具体表现主要是对于传主的选择以及阐释等方面。

每个传记作家都有自己喜爱的、感兴趣的传主，从传主的选择中可以凸显传记作家的个性气质与兴趣爱好。在新时期创作的画家传记中，郑重的《林风眠传》是一部比较成功的传记，作者对林风眠的感觉是"陌生的甚至神秘的"，选择林风眠作为传主是因为喜欢林风眠的艺术，"他的画既不是传统的中国画，也不是传统的油画，他搞现代派，但又不完全是西方的现代派。他使东方的水墨和西方的色彩接吻，孕育出一种特殊的艺术形式，也就是人们常说的'风眠体'"，林风眠的艺术"在孤寂中有着热烈，在沉静中有着壮美，在失望中有着希望，在向往怀旧中似乎又在思索着什么。这正是生活在历史峡谷中人们极为复杂的情绪"。郑重认为，在与传

---

[1] 李辉：《萧乾传》，江苏文艺出版社1993年版，第5页。
[2] 钱锺书：《写在人生边上》，生活·读书·新知三联书店2002年版，第9—10页。

主同时代的画家之中,没有人能够觉察更没有人能够表现出这种"复杂的情绪",林风眠是一位时代感极强的画家,但是却"受到时代的冷落",由此催发了作者"为他写传的心芽,想写一本孤独的林风眠","我感到林风眠的一生是在被误解中度过的。或者说,他的一生有许多地方被人误解"。基于这样的创作缘由,郑重先生的宗旨是:"在写作中我就采取特别谨慎的态度,特别老实的叙述方法,把事情说清楚,以消除人们对他的误解。由于要把事情说清楚,我就特别注意历史的真实,包括对林风眠持支持或反对的人和事都作真实的记录。我只是记录史实,没有评判是非。"而我们现在看到的这部传记,郑重先生正是严格遵循着这种创作原则,多方面地搜集、整理资料,让尽可能多的史实"真实地"呈现在读者面前,让读者自己去体味、评判其中的是非功过。阅读完这部传记,传主林风眠给人的感觉正如作者在书中所讲的"他的足迹有时是那样清晰,有时是若隐若现,有时又消失在视野中,使我感到迷茫与彷徨,不知如何再寻找下去"[1]。但是,传主林风眠的形象又是如此强烈地吸引着读者,他那"热情似火又清静如水的矛盾的性格",给读者留下了非常深刻的印象。虽然作者一再强调在创作的过程中"只是记录史实,没有评判是非",但是读者仍然能够感受到作者"若隐若现"的主体情感的投入,而这也正是这部传记成功的重要条件。

廖静文在《徐悲鸿一生:我的回忆·后记》(中国青年出版社1982年版)中讲到,在创作这部传记之前做了大量认真细致的准备工作,她长途跋涉到徐悲鸿的故乡宜兴,见到了淳朴的乡亲和徐悲鸿儿时的玩伴,"追寻着悲鸿青少年时代的影子","寻觅悲鸿当年的足迹";又到了南京和上海,听悲鸿的故友叙说传主的往事,曾在一个风雨交加的日子伫立在黄浦江边,感受徐悲鸿当年山穷水尽而不气馁的精神,也曾在清晨只吃一个饭团,一整天不进食,"用以纪念悲鸿当年所度过的艰难岁月"。历经坎坷,直到徐悲鸿逝世29年以后,这部传记才得以问世。传记作者依据大量翔实的资料、运用饱含深情的笔触,生动形象地展现了艺术大师徐悲鸿坎坷曲

---

[1] 郑重:《林风眠传·后记》,东方出版中心2008年版。

折而又刻苦勤奋、倾情奉献的一生,他热爱祖国、倾心艺术,为中国的现代美术事业作出了杰出贡献,在美术教育领域也倾注了满腔热忱,为祖国培养了大批优秀的美术人才,对家人体贴、关爱,对学生倾情扶持。作为传主的妻子,廖静文在字里行间倾注了自己的全部情感,真实再现了这位"值得她用一生去爱的人"——徐悲鸿的栩栩如生的形象,在充分掌握大量史实的基础之上,投入了传记作者强烈、真挚的情感,真实感人,文笔优美,取得了巨大成功,产生了广泛的社会影响。

一般而言,在优秀的传记文学中,由于传记作者主体情感的影响,读者对传主的认识基本是与作者一致的。比如司马迁评价孔子:"太史公曰:《诗》有之:'高山仰止,景行行止。'虽不能至,然心向往之。余读孔氏书,想见其为人。……天下君王至于贤人众矣,当时则荣,没则已焉。孔子布衣,传十余世,学者宗之。自天子王侯,中国言《六艺》者折中于夫子。可谓至圣矣!"(《史记·孔子世家》)表现了司马迁对孔子的无限崇敬之情,后人对孔子的认识就是从这里受到启发的。司马迁将自己的爱憎情感渗透在人物形象的刻画上,给人以强烈的艺术感染力,容易引起读者的共鸣。"余读《离骚》、《天问》、《招魂》、《哀郢》,悲其志。适长沙,观屈原所自沉渊,未尝不垂涕,想见其为人。"(《史记·屈原贾生列传》)"余读孟子书,至梁惠王问'何以利吾国',未尝不废书而叹也。"(《史记·孟子荀卿列传》)刘熙载评价说:"太史公文,兼括六艺百家之旨。第论其恻怛之情,抑扬之致,则得于诗三百篇及《离骚》者居多。"(《艺概·文概》)我们现在对于林风眠"热情似火又清静如水的矛盾的性格"的认识主要来自郑重的《林风眠传》,对徐悲鸿热爱祖国、倾心艺术、强烈的社会责任感的印象主要是由于廖静文的《徐悲鸿一生:我的回忆》的出现,张大千极具传奇色彩经历的个性形象得之于杨继仁的《张大千传》,翟墨的《圆了彩虹:吴冠中传》中的传主是一位不断求索的艺术家的光辉形象,林浩基的《齐白石传》中的艺术大师齐白石刻苦、勤奋而又朴实无华。

传记作者主体情感的投入是传记文学成功的重要条件,但投入的方式方法以及程度上略有不同,比如郑重的《林风眠传》"只是记录史实",对所有的"人和事都作真实的记录",作者的主体情感投入是"若隐若现"的,而廖静文的《徐悲鸿一生:我的回忆》则将对传主的深笃感情全部熔铸在笔端,读者可以感受到传记作者强烈的主体情感的投入,感受到作者对丈夫的"深沉的、永生难忘"的"爱";但是在许多新时期画家传记中,传记作家并没有自觉的主体情感意识的投入,只是注重对传主外部行为的泛泛叙述而忽略了对传主丰富复杂的内心情感世界变化的阐释,没有能够真实生动地展现出传主主体意识觉醒的具体过程,传主的形象就显得单调、缺乏立体感,失去了吸引力。"一部文学作品,并不是一个自身独立、向每一个时代的每一读者均提供同样的观点的客体。它不是一尊纪念碑,形而上学地展示其超时代的本质。它更多地像一部管弦乐谱,在其演奏中不断获得读者新的反响,使本文从词的物质形态中解放出来,成为一种当代的存在。"① 传主形象的成功再现正如文学作品中人物形象的塑造一样,需要传记作者强烈的主体情感的投入并进行全面的、独特的阐释,在传记作家的阐释过程中不断完善其形象,使之获得新的意义。

钱理群先生说:"作为一般的传记写作者也存在着这样的困惑:既要'深入进去',搞清楚'事实是怎样的'和'为什么会这样',这样才能对传主有一个理解的同情;又要'跳出来',正视事情的'后果'(这是许多传主本人见不到的),有研究者的独立立场与判断。我说这是一个'困惑',是因为如果进不去,不能有理解的同情,你的描述与判断都失之表面或武断;但进去了,跳不出来,你被传主笼罩了,同样会失去独立的判断力。"② 所以说,传记作者要保持清醒的创作意识,严肃认真地对待传主的生平史料,尊重历史事实,要"深入进去",同时又要从单纯的史料中"跳出来",有自己的独立见解和判断,对传主进行独具一格的阐释,这样才能够塑造出一个真实生动可信的传主形象。

阐释也是传记作家主体性的一个重要体现。"思想史、并因此一切的历史,都是在历史学家自己的心灵中重演过去的思想。只有在历史学家将

---

① [德]尧斯、[美]霍拉勃:《接受美学与接受理论》,周宁、金元浦译,辽宁人民出版社1987年版,第26页。
② 钱理群:《不敢写传记》,《中华读书报》1998年6月24日。

他自己心灵的全部能力和他全部的哲学和政治的知识都用之于这个问题时，这种重演才算完成。它并不是消极屈服于别人心灵的魅力之下，它是积极的，因而也就是批判的思维的一种努力。历史学家不仅是单纯地重演过去的思想，而且是在他自己的知识结构之中重演它；因此在重演它时，也就批判了它，并对它形成了他自己的价值判断，纠正了他在其中所能识别出来的任何错误。"① 传记作家在严格依据有关的史实材料再现传主形象的同时，还要对传主进行阐释，这已经成为当代传记的一个重要特点。莫洛亚在《传记的道德》中指出："如果说传记家没有权利杜撰事实，然而他完全有权利、甚至有义务解释事实。——有些情况下，甚至在很多情况下，事实本身是说不清楚的，有时读者不知道该怎么理解它们，在这些情况下，传记家就有权利停下来尝试进行解释。"② 传记作家对传主要有自己独特的理解和认识以帮助读者更深刻地了解传主，也就是说作者不仅要真实地描写传主做了什么，更重要的是要将传主置身于其所处的时代社会的大背景之中，写出传主行动的历史动因和心理动机，塑造一个真实可信、个性独特、形象丰满的传主形象。

一部好的传记应该依据历史事实对传记主人公作出客观、公允的评价，形象地描绘出传主是一个什么样的人，更为重要的是要探寻传主人格形成的原因，真实地描摹出传主成长的时代社会背景、家庭环境、受教育的经历、周围与之关系密切的人、所经历的各式各样的重要事件以及他一生的主要成就等等，完整地再现传记主人公一生的生命历程，但是，人物性格并不是一成不变的，会伴随着时间的变化、空间的转换而不断发展、变化，读者对传主的认识与评价也会不断发生变化，韦勒克、沃伦说："一部个别的艺术作品在历史进程中不是一直保持不变的。当然，艺术确实也有某种结构上的坚实特性是在很长一段时间里都保持不变的。但是，这种结构是动态的；在历史过程中，读者、批评家和同时代的艺术家们对它的看法是不断变化的。解释、批评和鉴赏的过程从来没有完全中断过，并且看来还要无限期地继续下去，或者，只要文化传统不完全中断，情况

---

① [英] 柯林伍德：《历史的观念》，何兆武、张文杰译，商务印书馆1997年版，第303页。
② 杨正润：《现代传记学》，南京大学出版社2009年版，第121页。

至少会是这样。文学史的任务之一就是描述这个过程。"① 人类社会是不断发展变化的，审美标准、审美趣味也会随之不断地发生变化，历史人物也常常会被重新审视和评价，传记作家对传主的人格、作品的阐释也要相应产生变化。所以，传记作者要塑造真实生动的人物形象，就应该描摹出传主在不同环境、不同时期的性格特征与精神风貌，形象地展现出传记主人公性格的动态发展过程。

西方的传记文学更注重对传主人格的发展过程的描述，美国学者汪荣祖对中西方的传记进行了比较，"史传合一，既为定体，吾华史学传统，遂以人为史之重心矣"。"西人史传若即若离、和而不合，传可以辅史，而不必即史，传卒能脱颖而出，自辟蹊径，蔚为巨观也。鲍斯韦尔（J. Boswell）传乃师约翰逊（Samuel Johnson）之生平，巨细靡遗，栩栩如生，煌煌长篇，俨然传记之冠冕也。反观吾华，史汉以后，绝少创新，殊乏长篇巨制，类不过千百字为一传。西哲培根（Francis Bacon）尝云：史有三事，述一定之时，记可忆之人，释辉煌之事。国史编年纪，述时之作也，叠有鸿篇；记事本末，释事之作也，亦有巨匠。虽以纪传为正体，独乏鲍斯韦尔传人之大作，抑传为史体所囿欤？"② 中国传记文学的创作要学习西方传记对人物性格的表现手法，写出人物性格独特的形成、发展历史。艾德尔说："每个人的一生都有自己的形式，传记家必须找到表现它的理想的和独特的文学形式。"③ 传记作家要展现自己理想中的独具个性的传主的形象，自身就要具备基本的知识道德素养。唐代史学家刘知几曾提出史学家应该具备的"史学三长"即史才、史学、史识这一基本素质，"史有三长：才、学、识，世罕兼之，故史者少。夫有学无才，犹愚贾操金，不能殖货。有才无学，犹巧匠无楩楠斧斤，弗能成实。善恶必书，使骄君贼臣知惧，此为无可加者。"（《新唐书·列传第五十七刘子玄》）后来，清代文史大家章学诚在此基础之上又进行了系统的论述，增加了一个

---

① [美] 勒内·韦勒克、奥斯汀·沃伦：《文学理论》（修订版），刘象愚等译，江苏教育出版社2005年版，第305页。
② [美] 汪荣祖：《史传通说——中西史学之比较》，中华书局2003年版，第78、79页。
③ 杨正润：《传记文学史纲》，江苏教育出版社1994年版，第16页。

"德"字,他的《文史通义》有专门的"史德"篇,强调史学家的心术应该端正,善恶褒贬应务求公正,"德"与"才""学""识"合称"四长",遂成为衡量史学家的基本标准,历来沿用。

  梁启超先生在《中国历史研究法补编》中对"史家的四长"有专门的论述,"史家道德,应如鉴空衡平,是什么,照出来就是什么;有多重,称出来就有多重,把自己主观意见铲除净尽,把自己性格养成像镜子和天平一样"。历史的范围是非常广博的,一个人想要把历史包办,是绝对不可能的,所以做史学的人应当"贵专精不贵杂博",但是只有专门的学问还是不够的,"有一专长,又有充分常识,最佳。大概一人功力,以十之七八做专精的功夫,选定局部研究,练习搜罗材料,判断真伪,决定取舍。以十之一二做涉猎的功夫,随便听讲,随便读书,随意谈话。如此做去,极其有益"。史识指的是历史学家的观察力,要做到"旁人所不能观察的,我可以观察得出来。凡科学上的重大发明,都由于善于观察……无论对于何事、何物,都要注意去观察,并且要继续不断地做细密的功夫,去四面观察……求关联的事实。"史才是指作史的技术,也就是指历史家文章的结构技术,主要有"组织"——材料的组织整理,"文采"——"写人写事所用的字句词章"等两个方面,史才的养成要做到"多读、少作、多改。多读,读前人文章,看他如何作法……少作,作时谨慎,真是用心去作,有一篇算一篇,无须多贪作……多改……从组织起到文采止,有不满意处就改,或剪裁,或补充。常看旁人的,常改自己的。"[1] 传记作家同样要具备史学家的这"四长",即传记家的道德、才能、学养、识见。"一个传记家遇到的问题,简直就是一个历史学家所遇到的问题。传记家要解释诗人的文献、书信和见证人的叙述、回忆录以及自传性的文字,而且还要解决材料的真伪和见证人的可靠性等问题。在传记实际撰写过程中,传记家会遇到叙述上的年代顺序、素材的选择以及避讳或坦率直书等问题。传记作为一种文体所大量地碰到和处理的就是上述问题。"[2]

---

[1] 梁启超:《中国历史研究法》,江苏文艺出版社2008年版,第153—168页。
[2] [美]勒内·韦勒克、奥斯汀·沃伦:《文学理论》(修订版),刘象愚等译,江苏教育出版社2005年版,第76页。

## 第三章 "生命与生命的对话"

在传记文学的写作中,传记作家对传主的理解与价值判断是十分重要的,会直接影响到读者对传主的评判。比如徐悲鸿的两任妻子蒋碧微的《蒋碧微回忆录:我与悲鸿》(漓江出版社2008年版)、廖静文的《徐悲鸿一生:我的回忆》(中国青年出版社1982年版),分别描摹了各自心目中自认为真实的"丈夫"的形象,但是出现在读者视域中的徐悲鸿却是迥然不同的形象:在蒋碧微的《回忆录》中,徐悲鸿是一位自私、冷漠、性格暴躁、用情不专、虚伪的男人,没有责任感,也没有道德感,对家人漠不关心,在他的世界中只有画画、教书、与学生谈恋爱;而在廖静文的"回忆"中,徐悲鸿才华横溢、风趣幽默,对待工作认真负责,对待家人体贴入微,热情扶持帮助学生,具有很强的社会责任感,是一个值得她用一生去回忆的人。由于传记作家的思想观、价值观以及切入角度的不同,必然会导致对同一个传主的理解与阐释的不同,但是事实只有一个。

茨威格说:"我们研究史料愈是透彻,就愈是感到悲哀,因为我们从中发现各种历史证据(包括艺术创作)都很成问题……同一件事,同时在几位史家的眼里看法竟截然相反,这种情况在玛利亚·斯图亚特一案中似乎更加明显。在这里,任何一个'是',必有一个'不'予以反驳,双方各有文件为证,任何一个控告,必有一个辩白。"[1] 石楠创作了多部刘海粟的传记,如《沧海人生——刘海粟传》《"艺术叛徒"刘海粟》、《海粟大传》、《百年风流:艺术大师刘海粟的友情与爱情》等等,描写手法比较细腻,注重通过传主日常生活细节的描绘来展现画家的个性形象,在她的笔下,艺术大师刘海粟几乎是一个"完人":热爱祖国、为祖国的艺术教育事业倾情奉献、胸怀宽广,关爱家人、学生,他周围的朋友也都是著名的人物,甚至曾经"爱河四渡"的传主的爱情也是专一、真挚的;而在简繁的《沧海》(包括《背叛》、《彼岸》、《见证》,人民文学出版社2000年版)中,导师刘海粟则是一个缺点多于优点的人,作者揭示了刘海粟隐秘的内心世界,包括艺术大师的为人为艺,他的失落、痛苦、欲望等种种复杂的精神状态,展现在读者面前的是艺术大师人性中的另外一面,有的甚

---

[1] [奥地利] 茨威格:《玛利亚·斯图亚特》,赵燮生、谭源译,安徽文艺出版社2002年版,第2页。

至是与大师的称号不相匹配的某种自私的、不光彩的一面,写出了一个不平凡的人的真性情,展示了一个真实的生命之中人性的复杂,在这里,善与恶、美与丑、崇高与卑微之间不断地相互交织、争斗甚至厮打,将传记主人公复杂的内心世界赤裸裸地呈现在读者面前,让读者自己去感受、体悟。传记作家对传主的认识和判断受到其自身的学养与认识水平的影响,同时也会自觉不自觉地受到当时社会环境的影响,体现在作品中就是每个人对传主的理解与阐释都是不同的,甚或是截然相反的。但是我们知道,客观发生的历史史实只有一种,对历史的认识与理解却是多种多样的,并且会伴随着时间的推移、环境的变化而不断地丰富、发展、变化,我们要允许不同观点同时存在,不能简单地进行否定或肯定,只有这样,新时期的传记文坛才能够呈现出绚丽多姿的风貌,满足读者不同的审美需求。

卢卡契说:"人不是简单地让现实的印象在自身起作用,人对现实的反映往往是瞬息地、自发地、不容思考或不容对感官印象进行想象或概念性说明。结果在知觉水平上,在意识对现实的反映中就进行了一种决定人与周围环境之间相互关系的选择。也就是说,某些作为基本的要素得到了强调,而其余的则完全或者至少部分地被忽视、被排斥到背景中去。""选择的主观原则建立在人的基本生活利益和兴趣上,这种兴趣不是自发地起作用,而往往是思考、经验积累和条件反射固定的结果。"① 这也是新时期画家传记的创作中出现"一人多传"现象的重要原因。

传记作家与传记主人公之间是非常复杂的主体与主体的关系,他们之间良好的关系有助于传记作家对传主的更深层次的了解,以保证传记的真实性,同时也极易受到情感因素的影响,"在真实的生活中了解传主的传记作家,在写作时会享有两种益处:他对传主有直接的印象,这种印象往往又因为传主在谈话中表露出来的东西而更加深了;并且他和传主生活在同一个时代,这样可以避免在描写久远时代的人物时所易犯的错误。但在另一方面,在作者与传主的生活联系中,几乎不可避免地存在着感情的因素,这种因素将影响作者的观点。反之,那些只从字面证据或见证人的记

---

① [匈]乔治·卢卡契:《审美特性》,徐恒醇译,中国社会科学出版社 1986 年版,第 299—300 页。

录上了解传主的作家,由于缺乏私人关系,而对传主洞悉不够,但是在他探索传主的内心活动的努力下,一般可以具有较大的客观性。"[1]但是如果传记作家与传主之间没有私人关系的话,创作的传记就不容易受到主观感情的影响,从而增强传记的客观性与科学性。

张次溪在《齐白石的一生·余记》中谈到与白石老人的关系以及这部传记的创作过程时说:"他是我的世伯,又是我的老师。先父和他有同门之谊,我们交往了差不多40个年头,一直保持着我们两代世交的深厚感情。他在1933年春天,叫我编写他的'自述'稿,原是预备寄给住在苏州的吴江金松岑丈(天翮),替他撰著传记用的参考资料。因为经过好几次波折,稿子写成了一半,就停顿下来。而抄寄给金丈的,仅仅是这一半成稿中的一小部分而已,后因金丈逝世,给他撰著传记的诺言,无法实现,他虽很扫兴,却对我说:'这篇稿子,何必半途而废?'就叫我继续写下去……我病愈之后,还想趁他健在的时候,继续地再给他记点下来,不料事隔未久,他就去世了,这是很遗憾的一件事。现在我写他的《一生》,1948年以前,是根据他的'自述'整理的,1949年以后,是我替他补记的。"全书共计223页,1948年以前的叙述就占用了200页,内容完全是传记作者依据传主的"自述"整理的,1949—1957年这一时期作者替传主补记的材料很少,叙事也比较简略,整部作品的叙述风格也一如白石老人的创作风格,朴实、真切、自然,虽然没有作者的直接评述,但字里行间仍可看出传记作者与传主之间的深厚感情,融入了作者强烈的主观情感。

郑重的《林风眠传》是新时期画家传记中的优秀之作,他在《林风眠传·后记》中谈到是因为"喜欢林风眠的艺术"才决定为他写传的,他本人与林风眠并没有深交,见过面,但"彼此都是淡淡的,始终没有进入他的世界,对他总有着一种陌生的甚至神秘的感觉"。为了写作《林风眠传》,郑重阅读了与传主同时代人的传记,到巴黎、香港实地采访传主的朋友、学生,多次去杭州国立艺专的旧址寻访传主的足迹,与林风眠的研究者多次共谈、讨论,到公安局查阅传主的档案,去传主的故乡寻找"感

---

[1] 梅江海、刘可译:《传记文学——〈新大英百科全书〉条目》,《传记文学》1984年第1期。

受",在写作的过程中注重遵循历史的真实,对传主"持支持或反对的人和事都作了真实的记录",作者强调"我只是记录史实,没有评判是非。"基于这样的创作原则,郑重的这部传记真实、客观地再现了传主林风眠的形象,获得了一致好评,是新时期画家传记中的佼佼者。

雷达先生曾有过这样一段论述:"传记文学,顾名思义,是以形象化的笔法记叙真实人物的事迹、品德的叙事性作品,故而作者的主观抒发、议论过甚,会损伤传记的真实性和客观性;但它又并非被动的记录,主体与客体、作者与传主也并非主仆的关系,于是怎样极大地尊重客体,又不掩滞主体的分析能力和思想光彩,便常常成为传记家的两难境地。"① 雷达先生在这里将传记文学中的作者与传主之间的关系解释为"主体与客体"关系的观点有待商榷,传记作者与传记主人公二者之间应该是主体与主体之间的关系,但是他在这里又强调作者与传主的关系并非"主仆关系",这一点是非常重要的,传记作家要以平等的而不是俯视或仰视的态度来看待传主,既要尊重历史事实,同时又要充分发挥主体的自我意识,在创作过程中有自己独立的分析判断能力,还要注重主体情感的投入,使读者能够通过传主的形象或隐或显地领略到作者自己的"思想光彩";雷达先生的"传记家的两难境地"指的就是传记作家应该如何处理尊重历史史实与发挥主体意识之间的关系,这是非常重要的然而又是异常艰难的,明确指出了传记文学创作所应遵循的最基本也是最重要的一条原则,而这也正是传记文学成功的关键。

随着传记文学的发展,人们不再只是对传主的人生经历感兴趣,而是要求进入传主的内心精神世界,看到一个极具个性色彩又丰富立体的、真实的、全面的传主形象。崔瑞德说:"在中国,个人的社会身份大大不同于西方社会里的情况。中国人认为,个人不是社会所赖以形成的基本单位,而只是与各种不同大集团有错综复杂关系的那个社会复合体中的一分子。这种社会态度深深地影响着法律和风俗习惯,因为个人所被卷入的每一种社会关系使他必须在某种程度上对集体负责。因此不妨作个比较:在

---

① 雷达:《文学活着》,人民文学出版社1995年版,第329页。

西方社会，从很早的时候个人就有了个人的社会地位，而在远东，个人直到不久以前还是与各种外部关系有法律联系，而在我们看来很清楚的是，这一事实有助于传记历史学家集中注意于其传主在这些关系范围内的完成其职责和义务的情况，特别是要他们注意他作为官僚体制中的一员在他的关系范围内的所行所为。其结果就一直是使传记只探究一个人在某些特殊职能中的行为，而不是对那个个人提供全面的、生动的图像。"[1] 为了真实全面地展现传主的形象，要求传记作家必须准确把握与传主之间的关系，在充分占有历史史料的基础之上，更为重要的是要有自己的自由、独立判断的能力，有自己客观、独特的理解、见解、阐释，使传主的形象达到"再现"和"表现"的统一，这样的传记作品才是成功的。

弗吉尼亚·伍尔芙说："到了20世纪，如同小说和诗歌的变化一样，传记的写作也发生了变化……作者与传主的关系与从前大不一样。他不再是那个一丝不苟、满怀同情的伙伴，不辞辛苦甚至是亦步亦趋地去找寻他书中主人公的足迹。不管是朋友或是对头，也不管是仰慕或是批评，他都是与之平等的人。无论在什么情况下，他都保持着自己的自由和独立判断的权利。此外，他还认为自己不必墨守成规、按部就班地写作。他的独立精神使他有点居高临下，他可以把传主的一切尽收眼底。他可以挑选，可以组合，一句话，他不再是一个记事者，他已然是一位艺术家。"[2] 新时期的传记作家一定要认真处理与传主之间的关系，始终与传主保持一种"平等"的关系，始终保持着自己的"自由和独立判断"的权利，做一位能够真实、客观、生动地再现传主形象的真正"艺术家"。

## 第三节　新时期画家传记中的"避讳"现象

"避讳为中国特有之风俗，其俗起于周，成于秦，盛于宋唐，其历

---

[1] [英]崔瑞德：《中国的传记写作》，张书生译，《史学史研究》1985年第3期。
[2] [英]弗吉尼亚·伍尔芙：《新派传记》，王斌、王保令等译，《伍尔芙随笔全集》第4卷，中国社会科学出版社2001年版，第1703页。

垂二千年";"民国以前,凡文字上不得直书当代君主或所尊之名,必须用其他方法以避之,是之谓避讳"。① 陈垣先生在《史讳举例》中为中国的"避讳"史作了一个总结,详细列举了避讳的种类、所用的方法,历朝的讳例,避讳学之贻误、利用以及避讳学应注意的事项等等,并称避讳学是"史学中一辅助科学也"。唐代史学家刘知几在《史通·曲笔》中说:"肇有人伦,是称家国。父父子子,君君臣臣,亲疏既辨,等差有别。盖'子为父隐,直在其中',《论语》之顺也;略外别内,掩恶扬善,《春秋》之义也。自兹已降,率由旧章。史氏有事涉君亲,必言多隐讳,虽直道不足,而名教存焉。"② 在中国文学史上,《春秋》开"曲笔"之先河,此后的史传,大都存在着"为尊者讳""为亲者讳""为贤者讳"这种现象,但是也有一些史传作家勇敢地突破了这一藩篱,秉笔直书,"不虚美,不隐恶",司马迁的《史记》就是最为典型的"实录"例子。班固这样称赞司马迁:"自刘向、扬雄博极群书,皆称迁有良史之材,服其善序事理,辨而不华,质而不俚,其文直,其事核,不虚美,不隐恶,故谓之实录。"(班固《汉书·司马迁传》) 司马迁的这种"实录"精神对中国的传记文学创作产生了重大影响,但是传记文学中的"避讳"现象却始终存在着,正如胡适先生在《南通张季直先生传记·序》中所说:"传记最重要的条件是纪实传真,而我们中国的文人却最缺乏说老实话的习惯。对于政治有忌讳,对于时人有忌讳,对于死者本人也有忌讳。圣人作史,尚且有什么为尊者讳,为亲者讳,为贤者讳的谬例,何况后代的谀墓小儒呢!……故几千年的传记文章,不失于谀颂,便失于诋诬,同为忌讳,同是不能纪实传信。"③

"为尊者讳"、"为亲者讳"、"为贤者讳"的现象一直在传记文学的创作中或隐或显地存在着,这也是传记作家主体情感的投入之下必然产生的一种现象,所以"中国的传记文学,因为有了忌讳,就有许多话不敢说,许多材料不敢用,不敢赤裸裸的写一个人,写一个伟大人物,写一个值得

---

① 陈垣:《史讳举例》,中华书局2004年版,第1页。
② (唐)刘知几撰,黄寿成校点:《史通》,辽宁教育出版社1997年版,第59页。
③ 耿云志、李国彤编:《胡适传记作品全编》第4卷,东方出版中心1999年版,第203页。

## 第三章 "生命与生命的对话"

做传记的人物"①。这种现象一直延续到中国当代传记文学的创作之中，严重影响了传记文学的健康发展。田本相在《曹禺传·后记》中说："本来，我国有着历史久远的史传文学传统，但是，近代以来中国的史传文学却愈来愈不发达。近几年有所发展，但有形的或无形的禁忌和框框还是太多了。即使在材料很少的情况下，写什么，怎么写都不知道在什么地方会遇到麻烦。我和一些传记文学作者私下交换意见，几乎都遇到程度不同、大小不等的麻烦和苦恼，主要是传记文学的观念不够开放。我自己虽力求摆脱困扰，但写起来也难免缩手缩脚。""我深深地感到，为一个作家，特别是为一个健在的作家写传，在我，在客观上都有事前所未曾料到的困难。"在这样的条件之下，田本相先生在创作《曹禺传》时，还是"力求写得真实，我尽可能把我采访搜寻来的史料……征引到传记中来，不敢妄加增删，除个别的文字上的加工，均照原始记录加以记叙"②。这部传记以曹禺的生活经历和创作道路为主线，将传主置身于波澜壮阔的社会时代大背景之中，对传主的创作历程、思想情感、性格特征以及艺术成就等等方面进行了深入细致的分析、阐释，真实地还原了作者"所认识和理解了的"曹禺的形象，有自己"独到的认识和把握"，具有很高的学术价值。

钱穆先生指出："中国人向来讲史学，常说要有史才史识与史德。"史才就是"贵能分析，又贵能综合。须能将一件事解剖开来，从各方面去看。……另一方面要有综合的本领，由外面看来，像是绝不相同的两件事，或两件以上的事，要能将它合起来看，能窥见其大源，能看成其为一事之多面"；史识即是"须能见其全，能见其大，能见其远，能见其深，能见人所不见处"；所谓史德"也只是一种心智修养，即从上面所讲之才与识来。要能不抱偏见，不作武断，不凭主观，不求速达。这些心理修养便成了史德"。③ 史才、史识、史德也是一个优秀的传记文学作家所必须具备的条件。中国源远流长的史学传统对传记文学的创作产生了积极影响，吴冠中在《我负丹青：吴冠中自传·前言》中说："身后是非谁管得，其

---

① 耿云志、李国彤编：《胡适传记作品全编》第4卷，东方出版中心1999年版，第251页。
② 田本相：《曹禺传》，东方出版社2009年版，第547页。
③ 钱穆：《中国历史研究法》，生活·读书·新知三联书店2001年版，第10—11页。

实,生前的是非也管不得。但生命之史都只有真实的一份,伪造或曲解都将被时间揭穿。我一向反对写自己的传记,感到平凡人生何必传之记之,今年逾八旬,常见有长、短文章叙我生平故事与言行,善意恶意,或褒或贬,真伪混杂,我虽一目了然,也只能由其自由扩散。但促我反思,还是自己写一份真实的自己的材料,以备身后真有寻找我的人们参照。"① 可见当代文坛"真伪混杂"的现象何其严重,促使80多岁的老画家不得不拿起手中的笔"写一份真实的自己的材料",留给后人参照。

简繁是艺术大师刘海粟的中国画硕士研究生,他的《沧海》(人民文学出版社2000年版)披露了大量鲜为人知的"隐秘"事情,牵扯到当时中国美术界的恩恩怨怨,展现了艺术大师刘海粟性格中的另一面,出现在读者视域中的刘海粟是传记作者眼中、心中的刘海粟:个性张扬、爱出风头、爱慕虚荣、情感丰富多变,有时甚至故意编造、虚构历史,作者的叙述是渗透着真情实感的、赤裸裸的叙述。简繁写作这部传记所依据的是"二十多万字的笔记""录有刘海粟谈话的128卷磁带"以及师母"夏伊乔的回忆151卷磁带",作者在"自序"中强调是"以第一人称叙述我的亲眼所见、亲耳所闻和亲身经历",但是"为了我的真实叙述不给当事人造成可能的伤害困扰,我在书中隐去了某些人的真实姓名……我只是希望写出真实的刘海粟和真实的历史,写出事情发生之时我的真实状态和感受……我绝无对任何当事人不恭敬或是有意给其制造麻烦的意思,我诚恳地请求每一位被我在书中提到的当事人,对于我可能的冒犯给予原谅和包容"。② 即便如此,这部传记出版以后还是引起了轩然大波,引发了持续不断的争议和众多当事人的怨愤,后来作者接受各方面的意见和建议,进行了大幅度的删减和修正,将《沧海》由三部曲缩为两部,分为上下卷,字数也从134万字压缩到90万字,2002年8月由人民文学出版社重新出版。

在西方的传记写作中,"避讳"现象也一直不同程度地存在着,尤其是自传文学的创作,莫里哀和拉罗什富科等将他们的"自白"加以美化,

---

① 吴冠中:《我负丹青:吴冠中自传》,人民文学出版社2004年版,第5页。
② 简繁:《沧海·关于〈沧海〉三部曲(自序)》,人民文学出版社2000年版,第1—4页。

## 第三章 "生命与生命的对话"

伏尔泰以写自己的一生为名而实际上是在为自己辩解,将自己写成了他愿意给别人看到的形象,但就是一点儿也不像他本人,"蒙田让人看到自己的缺点,但他只暴露一些可爱的缺点。决没有一个人是没有可耻之事的"①。古希腊传记家普鲁塔克在《卢古鲁斯传》中说:"当画家在画一个非常美丽可爱的形象时,如果这个形象有某个细小的缺点,我们要求画家既不要完全漏掉它,也不要表现得太精确,因为在后一种情况下,形象会变得不美,而在第一种情况下,形象则会失真。和作画的情形一样,因为很难或者看来甚至不可能想象那种无可指责、洁白无瑕的人类生活,那就应当在美好的事物里充分相似地描写真相。但是,由于某种强烈的情感或者政治上的必要而潜入人的行为里的错误和缺点,与其看成是罪行的凶险预谋,不如视作某种美德的衰退无力。而如果为人的本性,为它没有产生任何道德上无可争议的性格而感到羞愧,就不应该在历史著作中尽情地、详细地描写这些错误和缺点。"② 普鲁塔克认为,从伦理道德的角度来讲,传记作家对于传主的某些错误和缺点"既不要完全漏掉它,也不要表现得太精确",否则的话,传主的形象就会变得"失真"或"不美",应该适度地进行描写,以维护传主在人们心目中的形象。

在新时期画家传记中,"避讳"现象的存在主要是指对传主私生活的描写方面而言的。在传记文学的写作中,如何对待传主的私生活一直是一个容易引发争议的问题,但是成功的传记文学往往是注重传主私生活的描写的,艾伦·谢尔斯顿说,"有充分的证据表明,即使动机最为纯正的传记作家也总是感到天生的好奇心的刺激,无论他们所表白的目的究竟是什么","喜欢探究那些当代翘楚们最琐细的生活小节和他们信口而出的只言片语,这的确是相当自然地","无论传记作家究竟提出了什么更高尚的动机来为自己的行为辩护,他们都无一例外地容易耽迷于对私生活细节的窥探,这也许会证明其自我辩护确有更道德的因素"。③ 朱东润在《张居正大传·序》中指出:"现代传记文学,常常注意传主的私生活。在私生活方

---

① [法]卢梭:《忏悔录》,黎星译,人民文学出版社1980年版,第825页。
② 孟丹青:《论现代文学作家传记中的"隐讳"》,《文学评论》2007年第4期。
③ [英]艾伦·谢尔斯顿:《传记》,李永辉、尚伟译,昆仑出版社1993年版,第6页。

面的描写，可以使文字生动，同时更可以使读者对于传主发生一种亲切的感想，因此更能了解传主的人格。"① 有关传主私生活的描写可以使传主的形象更加真实可信、丰满立体，而且"在对传记文学创作作纵向观察的时候，我们不难发现，传记文学的社会价值与作品的深度，在很大程度上取决于对传主所谓的私生活的披露程度。由于传主与作家的坦诚、勇敢、自我解剖精神，我们看到了传主的思想发展的真实脉络，感受到了传主那裸露的灵魂，那真实到令人害羞的具有原始生命力的传主形象"②。郁达夫也主张要尽量地描写传主的"长处短处，公生活与私生活"，这样的人物形象才能够"见得真，说得像"。

18世纪的英国文坛盟主塞缪尔·约翰生（Samuel Johnson）曾指出："传主的某些表现和事件会给他带来世俗的伟大，但作家的任务不是动不动就去浓墨重彩地描绘这些表现和事件，而是应该把心思放在家庭私事上，去展现日常生活的细枝末节。这里，外在的可有可无的附着物没有了，只有人和人之间谨慎和品德的砥砺。"③ 古今中外的著名学者都强调了描写传主私生活的重要性。尽管如此，传记文学在创作过程中对于传主私生活的描写还是或多或少地有所"避讳"的，出于伦理道德的考量是传记文学中"避讳"现象产生的重要原因，传记作家不愿意或不能将传主真实的私生活——尤其是涉及人性的某些领域公之于众，这些是传记描写的"禁区"，一方面，是由于传记主人公本人或是传主的亲朋好友人为地设置障碍；另一方面，则是传记作家自身的情感因素的影响，也就是传记作家主体情感的投入程度的影响，正如艾伦·谢尔斯顿所讲："传记作家常常受家族之托，尽管他并非真是其中的一员，而且对他来说，又充当遗稿保管人的情况也不少见。这些角色常常会互相冲突：比如我们知道，罗斯金的遗稿保管人为了避免传记曝光的危险，把他许多更有趣的书信给毁掉了。一个像托马斯·阿诺德自己的得意门生阿瑟·彭林·斯坦利这样的人，当他于

---

① 朱东润：《张居正大传》，百花文艺出版社2000年版，第6页。
② 全展：《传记文学创作的若干理论问题》，《浙江师范大学学报》（社会科学版）2007年第5期。
③ 赵白生：《传记文学理论》，北京大学出版社2003年版，第10页。

其师家居丧期间随侍左右的时候,受博士遗孀之托来写正式的传记时,怎么能让自己有任何背离其主人公之举呢？或者,当金斯利夫人编辑她的丈夫、那位小说家和改革家的传记时,怎么能不在编辑上大动外科手术呢？"①

郑重在《林风眠传》后记中讲到,写作林风眠传,林风眠的义女冯叶是"绝对重要的采访对象",但是在巴黎作者准备采访时,"她不在巴黎,到别的地方去了";在香港,"通过朋友介绍,她不愿和我见面。后来还是由新闻界的老前辈卜少夫设宴把冯叶请来,席未终她就走了。我送她到门口,站在马路边说了几句话。她说许多人都要为她干爹写传记,都找她要材料,但她都没有时间,将来肯定要把材料整理出来,交给哪位传记作者还不知道。说罢,她就消失在香港的夜色中"。林风眠晚年在香港的生活是由"义女"冯叶照料的,但是冯叶的不愿配合采访使得传记作者无法获取传主在香港生活期间的第一手资料,作者也"只能自叹与冯叶无缘",这在一定程度上影响了传记写作的真实性。作为艺术大师刘海粟唯一的一名中国画研究生,简繁在写作《沧海》之前做了长时间的艰苦细致的资料搜集工作,其中包括录制了大量的录音带、做了20多万字的笔记,但是导师刘海粟及其夫人夏伊乔曾多次嘱托简繁一定要在老师去世之后才能将之公之于世,实在是担心其中的某些事件会损害传主刘海粟的形象。

法国著名记者阿尔贝·杜鲁瓦在《虚伪者的狂欢节》中曾经告诫人们:"历史、回忆录、传记……在这些领域,时间的作用是决定性的。披露的私生活的事件越是久远,当事者就越不容易上火。让-德尼·布雷坦告诫道:'历史家们,千万不要去碰在世的人们的私生活!'"② 写作传记困难重重,为在世的传主写作传记更是一件异常艰难的事情,"树碑立传的传记作家在处理比较现代的人物时,不得不谨慎从事"③。著名文学家孙犁在谈到写作传记的禁忌时也指出"忌轻易给活人立传",因为给在世的人写作传记,确实存在着很多的困难,来自方方面面的干扰太多,传记作者

---

① [英]艾伦·谢尔斯顿:《传记》,李永辉、尚伟译,昆仑出版社1993年版,第14—15页。
② [法]阿尔贝·杜鲁瓦:《虚伪者的狂欢节》,逸尘等译,北京时事出版社1998年版,第145页。
③ [英]艾伦·谢尔斯顿:《传记》,李永辉、尚伟译,昆仑出版社1993年版,第14页。

写起来很难保持一种客观的态度。田本相先生也曾感慨道:"我深深地感到,为一个作家,特别是为一个健在的作家写传,在我,在客观上都有事前所未曾料到的困难。"① 尤其是究竟应该不应该描写传主的私生活、应该如何描写在世传主的私生活,这对于传记文学的作者来讲确实是一个非常棘手的问题。但是,中国古代史家一直以来就有秉笔直书的传统,唐代史学家刘知几在《史通》中说:"盖君子以博闻多识为工,良史以实录直书为贵……盖明镜之照物也,妍媸必露,不以毛嫱之面或有疵瑕,而寝其鉴也;虚空之传响也,清浊必闻,不以绵驹之歌时有误曲,而辍其应也。夫史官执简,宜类于斯。苟爱而知其丑,憎而知其善,善恶必书,斯为实录。"(《史通·惑经》)"若南、董之仗气直书,不避强御,韦、崔之肆情奋笔,无所阿容。虽周身之防有所不足,而遗芳余烈,人到于今称之。"(《史通·直书》)但是"验世途之多隘,知实录之难遇耳。"(《史通·直书》)司马迁的《史记》以"辨而不华,质而不俚,其文直,其事核,不虚美、不隐恶"的实录精神,给史家树立了秉笔直书的光辉榜样;卢梭在《忏悔录》的"序言"中宣称:"这是世界上绝无仅有、也许永远不会再有的一幅完全依照事实描绘出来的人像……它可以作为人的研究——这门学问无疑尚有待于创建——的第一份参考资料。""完全依照事实描绘出来的人像"的创作原则使得卢梭成为法国乃至西欧自传的开山鼻祖,《忏悔录》成为传记文学的经典之作。受此影响,谢冰莹在《女兵自传》中说:"我站在纯客观的地位,来描写《女兵自传》的主人公所遭遇的一切不幸的命运。在这里,没有故意的雕琢、粉饰,更没有丝毫的虚伪夸张,只是像卢梭的《忏悔录》一般忠实地把自己的遭遇和反映在各种不同时代、不同环境里的人物和事件叙述出来,任凭读者去欣赏、去批评。"② 郁达夫创作的《日记九种》和《达夫自传》等以卢梭的《忏悔录》为参照,直面自我,自我暴露、自我剖析,体现了鲜明的个性意识,因而被称为"中国的卢骚"。

在新时期传记文学的创作中,传记作家应当以平等的而不是仰视或者

---

① 田本相:《曹禺传》,东方出版社 2009 年版,第 546 页。
② 谢冰莹:《女兵自传》,四川文艺出版社 1985 年版,第 9 页。

## 第三章 "生命与生命的对话"

是俯视的眼光来看待传主,确立与传记主人公的平等对话的意识,真正深入传主的内心世界,将传主当作普普通通的人物来理解、阐释,"不虚美、不隐恶","善恶必书",尽量避免"为贤者讳"、"为尊者讳"、"为亲者讳"的现象,再现更加人性化、真实可信的传主形象,更能够唤起读者内心深处的情感共鸣,这就要求传记作家要与传主保持一种良好的关系,而这也是传记文学成功的关键所在。

传记作家与传记主人公之间的密切关系有助于作者深入了解传主的私生活。艾伦·谢尔斯顿说:"从事传记写作的只能是一个与主人公关系密切的熟人,写作的时间与主人公的生活相隔不远。"约翰生也曾说过:"只有那些与一个人在社会交往中一起吃过、喝过和住过的人,才能写他的传记。"鲍斯威尔在《约翰生传》的首页写道:"由于我荣幸地享有他20多年的友谊;由于我始终不渝地牢记着为他作传的计划;由于他对个中原委十分了解,并且通过告诉我他早年的那些事情,时常很乐意地满足我刨根问底的要求……我自认为,几乎没有几个传记作家着手写如本书这样一部著作时有过更多的有利条件。"① 传记作者与传记主人公之间相互熟悉的关系是从事传记写作的重要条件,鲍斯威尔非常热烈地崇拜约翰生,他寻找一切能够与约翰生接触、谈话的机会,并且及时地记录与约翰生谈话的详细内容以及种种的生活细节,为传记写作积累了丰富的素材。在《约翰生传》中,鲍斯威尔真实再现了约翰生日常生活中的细节,生动展现了传主性格的各个侧面,成功塑造了真实可信、丰满鲜活的传主形象,同时,读者从阅读之中又可以感受到传记作者与传记主人公之间的一种真实生动的关系,领略到传记作者强烈的主体情感的投入,传记也就成为某种意义上的自传。

传记作者与传记主人公之间密切的关系确实有助于传记文学的创作,尤其是在对传主私生活的了解方面占据着绝对的优势,保证了传记文学的真实性,但是也带来了显而易见的缺陷,即对传主有意无意地"避讳"。张次溪在《齐白石的一生》的结尾讲到他与白石老人的关系:"他是我的

---

① [英]艾伦·谢尔斯顿:《传记》,李永辉、尚伟译,昆仑出版社1993年版,第50—51页。

世伯,又是我的老师。先父和他有同门之谊,我们交往了差不多40个年头,一直保持着我们两代世交的深厚感情。"由于是世交,又有师生情谊,张次溪的这部传记中绝大部分的内容是依据白石老人的自述整理的,叙述的语调也类似,基本没有自己的见解。而罗曼·罗兰的《巨人三传》是"着重记载伟大的天才,在人类忧患困顿的征途上,为寻求真理和正义,为创造能表现真、善、美的不朽杰作,献出了毕生精力。他们或由病痛的折磨,或由遭遇的悲惨,或由内心的惶惑矛盾,或三者交叠加于一身,深重的苦恼,几乎窒息了呼吸,毁灭了理智。他们所以能坚持自己艰苦的历程,全靠他们对人类的爱、对人类的信心"①。其中的"三巨人"贝多芬、米开朗琪罗、托尔斯泰的形象深深地印在读者的脑海之中,罗曼·罗兰在塑造这三位伟大艺术家的形象时,并未因其是英雄而美化他们的形象,而是采取了"实录"的态度对传主的外貌进行了如实描写,在《米开朗琪罗传》中写到这位创作了《大卫》式美男子的大师却因"劳作过度,身体变形,背伛身屈而很丑陋",以致"妇人的爱与他无缘",但读者并未因其外貌描写的特殊变形而轻视传主,反而因其真实的描述增添了对米开朗琪罗献身艺术精神的崇敬之情。《贝多芬传》写贝多芬的相貌"他短小臃肿","一张土红色的宽大的脸","眼睛又细小又深陷","宽大的鼻子又短又方,竟是狮子的相貌","左边的下巴有一个刻陷的小窝,使他的脸显得古怪地不对称",其貌不扬甚至有点丑陋,但贝多芬的"用痛苦换来的音乐"烛照着理想主义者的魂灵,他的伟大一直延续至今。正如鲁迅先生所说:"给名人作传的人,也大抵一味铺张其特点,李白怎样做诗,怎样耍颠,拿破仑怎样打仗,怎样不睡觉,却不说他们怎样不耍颠,要睡觉。其实,一生中专门耍颠或不睡觉,是一定活不下去的,人之所以能有时耍颠和不睡觉,就因为倒是有时不耍颠和也睡觉的缘故。然而人们以为这些平凡的都是生活的渣滓,一看也不看……芟夷枝叶的人,决定得不到花果。"②

美国著名作家马克·吐温在《自传》"序言"中说,"在这本自传里,

---

① 杨绛:《巨人三传·序言》,[法]罗曼·罗兰《巨人三传》,傅雷译,天津社会科学院出版社2004年版,第1页。

② 鲁迅:《鲁迅全集》第6卷,人民文学出版社1981年版,第601页。

## 第三章 "生命与生命的对话"

我将牢牢记住,我正是从坟墓中向世人说话,我确确实实是从坟墓向世人说话,因为这本书出版时我已经死了","我决定从坟墓中而不是亲口向世人说话,是有充分理由的:我可以无拘无束地说话。一个人写一本有关他平生私人生活的书——一本在他还活着的时候给人们看的书——总是不敢真正直言不讳地说话,尽管他千般努力,临了还得失败","写情书的人深知别的人不会看到他所写的话,从而表露心曲时可以无拘无束",如果"看到自己的信被公开发表,真是受罪。早知道会公之于众,便不会这么吐露衷曲了……不过不管怎么说,如果早知道是写给公众看的,他总会写得拘谨得多"。"我认为,我会像写情书那样写得真诚、坦率,不受拘束,不感到为难,因为我深知,在我死去,从而无知无觉、不闻不问以前,我所写的东西是不会给任何人看到的"。① "无拘无束地说话""真诚、坦率"应该是传记作家所必须遵循的基本创作原则。真实是传记文学的生命,传记作者在掌握大量真实历史材料的基础之上,要对传主有一个全面、深入的理解和把握,既要关注传主伟大的、真善美的一面,也不能忽视其渺小的、假恶丑的一面,真正做到"爱而知其丑,憎而知其善,善恶必书",真实全面地再现传主丰富复杂的个性形象。

杨继仁的《张大千传》展现了传主丰富多彩的传奇经历,书中不为尊者讳,描写张大千戒赌、戒画虎、戒酒的情节,写得真实生动,塑造了一个有血有肉的艺术家张大千的形象;吴冠中的《我负丹青:吴冠中自传》是传主"自己写一份真实的自己的材料",著述中对于父母的爱情并没有避讳:吴冠中对母亲感情深厚,母亲是大家闺秀,由父母之命下嫁了吴冠中父亲这个穷书生,她是一个完美主义者,事事追求称心如意,性子又急,经常挑剔父亲、发脾气,父亲的节省也被她骂作"穷鬼,穷鬼","同父亲吵架也是她的嗓门压过父亲的","她的青春是在寂寞中流逝了的,但没有一点绯闻"。父亲对母亲极其忍让,"刻苦老实,更谈不上拈花惹草",父母在磕磕绊绊中认认真真地经营着自己的家庭,"从来没动手打架,相安度日"。在作者的眼中,"父母是一对诚信的苦夫妻,但没有显示爱情,

---

① [美] 马克·吐温:《马克·吐温自传》,许如祉译,江苏文艺出版社1998年版,第1页。

他们志同道合为一群儿女做牛马。大约四五十岁吧，他们就不在一个房里睡觉了，他们没有品尝过亚当夏娃的人生，他们像是月下老人试放的两只风筝"。语调平和自然，娓娓道来，没有丝毫的掩饰、避讳，而读者从中感受到的是高度的生活的真实、艺术的真实，真真切切地看到了当时中国社会生活的一个缩影，也领略到作者追求"真实"的严谨的创作态度。父母之间虽然没有山盟海誓的爱情，但相濡以沫的真情也诚挚感人：后来母亲病了，父亲就不再去无锡教书了，而是"在家围起母亲的围裙洗菜、做饭、喂猪，当门外来人有事高叫'吴先生'时，他匆匆解下围裙以'先生'的身份出门见客"①。中国传统家庭的"爱情"就是体现在夫妻二人的相互尊重、互相忍让、相扶相携走过一生。

英国学者崔瑞德认为，在中国古代，"官方历史学家最大的志向是为后世儒家提供可以言传身教、足为法式的人物，其意不在完整地描绘他的生平与所处时代。传记是给读者提供教益和模范行为的，历史学家在以说教为目的的指导思想下选择传记材料，选入的材料以是否合乎正统美德为准，正统传记强调传记主人公的儒家品质，把传主与某种完美形象连在一起，对传主的品德和行为极尽形容之能事。典型的传记枯燥无味和无个性，现代的读者在寻找传主的发展线索时会难于得出此人作为个人的图像"②。为了"给读者提供教益和模范行为"，传记作者往往会抱着树碑立传的心理来写作传记，将传主塑造成完全符合社会伦理道德规范的完人，一味地将传主拔高、美化，对传主日常生活行为中符合社会伦理道德的一面大肆渲染，而对其私生活以及生活中的种种过失则讳莫如深，有的甚至歪曲事实，塑造出来的传主形象如同蜡像，缺乏生机和活力，也就更谈不上真实生动、个性丰满了。沈左尧是吴作人先生的学生，他的《吴作人·大漠情》（山东画报出版社 2001 年版）是以吴作人先生去西北写生为主要线索，以吴先生的艺术创作为主要内容，其中也贯穿着传记主人公的生平事迹，展现了传主曲折坎坷而又精彩的人生历程。作为著名的画家，传记作者对传主艺术创作的阐释非常准确、到位，字里

---

① 吴冠中：《我负丹青——吴冠中自传》，人民文学出版社 2004 年版，第 126 页。
② ［英］崔瑞德：《中国的传记写作》，张书生译，《史学史研究》1985 年第 3 期。

行间充满着对传主的崇敬之情，但著述中有关传主日常生活琐事的描写则很简略，尤其是传主曲折多彩的爱情生活往往用三言两语来概括，读者看到的只是一位正在进行艺术创作的艺术大师的形象，高大而完美，但并不丰满、生动，影响了读者对传主整体形象的了解，这是有意无意地"为尊者讳"、"为亲者讳"。石楠的《百年风流：艺术大师刘海粟的友情与爱情》（作家出版社2005年版）运用文学性的笔法展现了艺术大师刘海粟一生的友情与爱情，为读者了解刘海粟性格中的某一个侧面提供了帮助。艺术家的感情是非常丰富、浪漫的，他们的爱情是激发创作的重要源泉，爱情来临之际，轰轰烈烈，真可谓惊天地、泣鬼神，是异常浪漫的，但同时又是非常多变的。刘海粟一生"爱河四渡"，丰富的情感生活在他的人生历程之中占据着重要地位，但是作者仅用了全书大约七分之一的篇幅来描述大师的爱情生活，而将大量的笔墨用于传主友情的描摹。在友情的描写上，作者不厌其烦地描述了刘海粟与康有为、梁启超、蔡元培、胡适、陈独秀、周恩来、郭沫若、吴昌硕、郁达夫、徐志摩、傅雷、梅兰芳等著名历史文化名人之间的密切交往，他对学生的提携、帮助等，读者眼中的传主形象是伟大的、令人崇敬的，但却是不真实的，这同样是"为尊者讳"。

钱穆先生说，历史是人事的记录，我们研究历史的目的是希望人能成为一历史人物，"一人物生于治世盛世，他在当时某一事功上有所表现，他所表现的即成为历史了。但在事业上表现出其为一人物，而人物本身，则决非事业可尽。因此，只凭事业来烘托来照映出一人物，此人物之真之全之深处，则决不能表现出。人生在衰乱世，更无事业表现，此人乃能超越乎事业之外，好像那时的历史轮不到他身上，但他正能在事业之外表现出他自己。他所表现者，只是赤裸裸地表现了一人。那种赤裸裸地只是一个人的表现，则是更完全、更伟大、更可贵，更能在历史上引起大作用与大影响。"[①] 传记是读者全面了解传记主人公的第一手资料，在真实描绘传主生平与事迹的基础之上，要着重刻画人物的内心世界，表现出传主丰富

---

① 钱穆：《中国历史研究法》，生活·读书·新知三联书店2005年版，第84页。

多彩的个性,揭示出传主性格形成及发展的动因,真实生动地展现出传主的整体形象,这就要求传记作者以正确的态度来对待创作。

安德烈·莫洛亚指出:"一个现代传记的作者,如果他是诚实的,便不会容许自己这样想:'这是一个伟大的帝王,一位伟大的政治家,一位伟大的作家;在他的名字周围,已经建立了一个神话一般的传说,我所想要叙说的,就是这个传说,而且仅仅是这个传说。'他的想法应该是:'这是一个人。关于他,我拥有相当数量的文件和证据。我要试行画出一幅真实的肖像。这幅肖像将会是什么样子呢?我不晓得,在我把它实际画出之前,我也不晓得。我准备接受对于这个人物的长时间思量和探讨所向我显示的任何结果,并且依据我所发现的新的事实加以改正。'"[①] 真实、客观、公允是传记作者所要遵循的基本创作原则,既不能"为尊者讳"、"为亲者讳"、"为贤者讳",也不能过度暴露隐私。

简繁是艺术大师刘海粟唯一的也是最后一名中国画研究生,他的《沧海》(包括《背叛》、《彼岸》、《见证》,人民文学出版社2000年版)根据刘海粟和夫人夏伊乔的回忆以及相关人物的回忆和访谈,以130多万字的篇幅从不同的角度向读者再现了一个立体的刘海粟的形象,作者注重对传主隐秘的内心世界的揭示,写出了大师的真性情,展现的是大师日常生活中鲜为人知的另一面,同时还触及中国美术界的是非恩怨。《沧海》出版以后,在社会上产生了极大的反响,各方争议不断。洪治纲说,他读完了《沧海》之后,"倒抽了好几口冷气",作为传记,"在写法上显然突破了传记的一些基本常识和要求——不仅叙述不够冷静客观,对人物的整个生命流程的把握也不够全面,更重要的是,作者与叙述对象之间的恩怨纠葛自始至终缠绕在一起,失去了传记作者所必须控制的某种审视距离"。但是,他同时认为这是一部读起来让人"酣畅淋漓"的著述,因为作者"写出了刘海粟人性的另一面,甚至是与大师的称号不相匹配的某种自私的、不光彩的一面,但我觉得这也正是一个真实的生命景观。人的复杂就在于善与恶、美与丑、崇高与卑微的不断厮打,简繁写出了刘海粟的这种精神状

---

① 赵白生:《传记文学理论》,北京大学出版社2003年版,第49页。

态,不仅让人感到真切,而且也让人觉得鲜活。这正是《沧海》的魅力所在,至少给我们提供了另一种解读刘海粟生命的精巧视角"。我们知道,生命是一部永远都解读不尽的书,每一个人的内心都有着各自纷繁复杂的个性元素,关键在于传记作者应该"如何去审度这种生命背后的真实状态,如何去发掘他在那些日常言语之外的内心境遇,如何去体悟他精神深处的欲望及追求"[①]。这是每一位传记作家应该正确把握的创作尺度。鲁彦周也认为,简繁的《沧海》"把主人公全部立体化了,也将他的老师也是美术界的公认的大师,完整地赤裸裸地摆到你的面前,优点缺点乃至人类的许多通病,在他的身上都具备着,对他丝毫不加掩饰。有的地方写得相当可笑,有的地方写得又非常苍凉悲壮。总之这时的刘海粟是真真实实的刘海粟,而非虚构粉饰戴面具的刘海粟"。但是,作者"在写作时太感性化了,有些地方可以不写或是应当简略的也都直率地写过头了,有些该含蓄的地方却很露骨,这样不仅会给书的出版带来一些麻烦,而且也有损于书的艺术性"。[②] 传记作者在作品中过度关注传主日常生活琐事的描写,过度描写了传主的隐私。后来作者吸收了专家们的建议和意见,也考虑到来自读者的一部分反映,对《沧海》进行了大幅度删减和修正,结构上也有所调整,篇幅从原来的三部134万字,压缩到后来的上、下卷90万字。正如何西来在再版的《沧海》序中所讲到的,简繁在写作上"遵循了以往史家'秉笔直书'的原则,不为尊者讳,没有因为是自己的恩师,而藏藏掖掖,而略去那些不光彩的东西","写出了一个活的,人性的,性格中充满了矛盾、充满了内在张力的刘海粟","他的叙述是渗透着真实乃至激越的感情的叙述",但是,在作品之中"某些意义不大的带有隐私性的东西,也不一定都要写。'言所不追,笔固知止',取舍之间,还可以再讲究些"。

司马迁的《史记》"不虚美、不隐恶",展现了人物形象的丰富性、复杂性,成为中国传记文学的里程碑,但是,司马迁在塑造人物形象时,有时是在一篇传记中同时写出了人物性格的各个侧面,有时则采用"互见法",通过多篇传记来完成对某个传主形象的塑造,比如《高祖本纪》主

---

① 洪治纲:《生命是永远解读不尽的》,《扬子晚报》"读书版"2001年2月24日。
② 鲁彦周:《〈沧海〉沉浮》,《文艺报》"艺术周刊"2002年11月28日。

要展现了刘邦带有神异色彩的发迹史,他的雄才大略、知人善任等优秀品格,而在《项羽本纪》中,作者借范增之口道出刘邦的贪财好色,《萧相国世家》、《淮阴侯列传》表现了刘邦猜忌功臣,《樊郦滕灌列传》写到刘邦战败逃跑,为了保全自己的性命,竟然将亲生儿女推至车下,等等,所有这些有损于传主刘邦形象的事件,作者并没有在《高祖本纪》中描述而是在其他人物的传记中来表现的,作者运用"互见法"的目的是为了更加全面地展现传主的形象,但是更为重要的原因应该是作者司马迁对汉高祖刘邦有所顾忌,而不得不如此。《魏公子列传》中的信陵君是司马迁最为欣赏的一位人物,作者主要表现了传主礼贤下士的高尚品格,但在《范雎蔡泽列传》中却描写了传主一件极为不光彩的事情:被秦昭王追捕的魏齐走投无路向信陵君求救,但"信陵君闻之,畏秦,犹豫未肯见",魏齐听到这个消息后自刭身亡。司马迁在这里采用"互见法"是因为对信陵君爱之过深,没有将这件有损于传主形象的事情写入《魏公子列传》当中,这也应该是"为贤者讳"。所以,在传记文学的创作中应该遵循"求真"的原则,真实、全面地展示传主的形象,但是,究竟应该如何表现传主的有关"隐私"确实是值得传记作家认真思考的问题。"古来唯闻以直笔见诛,不闻以曲词获罪"[①],季羡林在《牛棚杂忆·后记》中写道,他在书中提到人物时主要采用了三种方式:"不提姓名,只提姓不提名,姓名皆提。前两种目的是为当事人讳,后一种只有一两个人,我认为这种人对社会主义社会危害极大,全名提出,让他永垂不朽,以警来者。"显然,季老认为适当的"避讳"是必要的,同时他又写道,"我只希望被我有形无形提到的人对我加以谅解。我写的是历史事实"[②]。

传记作者在写作过程中尤其是在表现传主的私生活方面更应该慎之又慎。简繁虽然在《沧海·自序》中作了说明,"为了我的真实叙述不给当事人造成可能的伤害困扰,我在书中隐去了某些人的真实姓名……我绝无对任何当事人不恭敬或是有意给其制造麻烦的意思,我诚恳地请求每一位被我在书中提到的当事人,对于我可能的冒犯给予原谅和包容。"但作品

---

① (唐)刘知几撰,黄寿成校点:《史通》,辽宁教育出版社1997年版,第61页。
② 季羡林:《牛棚杂忆·后记》,华艺出版社2008年版。

出版之后还是引发了持续不断的争议，引起了众多当事人的怨愤，造成了很大的社会影响，作者不得已对作品进行了删削、修改；而茅山、光明的《丹青十字架——韩美林传》（人民文学出版社 2002 年版）中对相当一部分当事人都使用了代称，如 A 女士、郑某、方某、姓冯的等等，这就避免了很多不必要的麻烦，也并未影响到传主形象的真实再现，所以李辉说："在这里，写作者的出发点尤为重要。也就是说，你是津津乐道于有幸发现隐私，肆意渲染，使其迎合于图书市场的需要和具有猎奇心读者的需要；还是将之放在恰当的位置，客观而有节制地描述，以此来挖掘人物心理变化、人生变化的内在原因……传记作者有权利、有责任挖掘传主隐私，却不能不负责任地、肤浅地渲染；传记作者应该冷静、客观、尖锐，却又必须是善意的，宽厚的；传记作者首先应该是研究者、思想者，而不是刻意迎合市场的经营者。"[①] 传记作家要严格遵循"纪实传真"的创作原则，必须正确处理与传主之间的关系，准确把握主体情感的投入程度，对于传主的某些错误和缺点尤其是在传主的私生活描写方面，"既不要完全漏掉它，也不要表现得太精确"，以"冷静、客观"、"善意、宽厚"的态度，在充分占有历史史料的基础之上，作出自己的客观、公允、独特的判断，使传主的形象达到"再现"和"表现"的统一，真实、生动、全面地展现传主的形象。

---

① 李辉：《发现隐私与传记写作》，《中华读书报》1998 年 6 月 24 日。

# 第四章

## 艺术手法的多元化探索

鲁迅先生曾称赞司马迁的《史记》是"史家之绝唱，无韵之《离骚》"，明确指出了传记文学自诞生之日起就具备了审美的功能。传记作家在尊重历史真实的基础之上再现传记主人公一生的同时，还要运用各种艺术手法来展现传主丰富多彩的个性形象，以其强烈的艺术震撼力来感染读者，引起读者的共鸣。李祥年先生在《传记文学概论》中指出："传记家在从事传记文学创作的时候，并没有将之视作一件单纯记事写实的工作，而是带着一种自觉的美学意识而投身于传记写作之中的。要使人物传记在真实展示主人公生平的同时还具备强烈的震撼人心的艺术魅力，这一要求从一开始，便已成为传记家们自觉而明确的愿望。为实现这一愿望，传记家在其创作过程中，从题材的选择到具体的写作，无不倾注了极大的热情和匠心。在人物传记的选题方面，传记家们对那些平淡无奇、一览无余的人生往往是不屑一顾的，他们更看重那些崎岖坎坷、充满了热与力、交织着血与火的生命历程。这也便是那些优秀的传记作品其主人公常常是一些彪炳千秋的伟大人物的原因之一。在传记文学家们看来，这些伟大人物的不平凡的一生，较之普通人更具有光彩，更能引人入胜，因而也更具备审美的价值。在传记文学家们热情洋溢的笔端之下，伟人们光辉的一生——他们的艰辛坎坷，他们的悲欢喜怒，他们的探索与追求，他们的成功与失败——无一不是一部辉煌的史诗，一幅壮丽的图画，一曲动人的歌；他们是人类向周遭环境及其自身的命运挑战的缩影，同时也向读者展示出人生最壮美的境界。传记文学的审美价值便也由此而产生了。"① 传记文学的审美价值是经由传记文本的书写来实现的，也就是通过传记作家对传主形象的成功塑造以及传记本身的独特的文体风格而实现的。本章主要通过对传记文学的叙述策略、人物形象的塑造艺术等方面的论述来阐释新时期画家传记的文本书写中多元化的艺术探索。

## 第一节　新时期画家传记的叙述策略

布拉福德说："传记必须写得有趣、漂亮。它必须是一场精心构思、巧妙编导、完整无缺的演出。"斯特拉奇认为"历史学家的第一责任就是要当一名艺术家"②。曾经创作过多部传记作品的桑逢康指出"传记文学的写法也是多种多样的。大致说来有两种：一是着重叙述其生平，二是着重刻画其性格。前者要求材料的翔实，观点的正确。后者则是选择最生动、最典型、最富个性特征、最能突出人物性格，本身又带有某些故事性的事例，把人物的形象活生生地再现于读者的面前"③。传记作为历史学与文学相结合的一种文体，不管采用何种形式，传记作家所应当遵循的原则是不变的：既是历史学家又是艺术家，要用史学家的笔法再现传记主人公一生，同时还要以艺术家的智慧来展现传主丰富多彩的个性形象，增强作品的艺术震撼力。从这个基点出发，新时期画家传记的叙述策略主要体现在以下几个方面：

一是传记的结构方式。清代戏曲理论家李渔认为"结构第一"，他在《闲情偶记》中将文章的结构比作"工师之建宅"："基址初平，间架未立，先筹何处建厅，何方开户，栋需何木，梁用何材，必俟成局了然，始可挥斤运斧。倘造成一架而后再筹一架，则便于前者，不便于后，势必改而就之，未成先毁，犹之筑舍道旁，兼数宅之匠资，不足供一厅一堂之用矣。

---

① 李祥年：《传记文学概论》，安徽文艺出版社 1993 年版，第 174—175 页。
② 赵白生：《传记文学理论》，北京大学出版社 2003 年版，第 203 页。
③ 桑逢康：《感伤的行旅——郁达夫传·后记》，北岳文艺出版社 1989 年版，第 472 页。

故作传奇者,不宜卒急拈毫,袖手于前,始能疾书于后。"一部作品的结构安排,是最为重要、也是作者应该首先考虑的问题。梁启超曾说:"我的理想专传,是以一个伟大人物对于时代有特殊关系者为中心,将周围关系事实归纳其中,横的竖的,网罗无遗。……此种专传,其对象虽止一人,而目的不在一人。择出一个时代的代表人物或一种学问一种艺术的代表人物,为行文方便起见,用作中心。……内容所包亦比年谱丰富,无论直接间接,无论议论叙事,都可网罗无剩。"[①]传记文学的结构是关系到传记文学创作成败的重要一环,传记作家的职责就是将"横的竖的"各式各样的材料组织整理、归纳起来,"巧妙编导",用"艺术家的智慧"结构成传主的画像。艾德尔曾将传记文学的结构形象地比作用针和线来缝制衣服,"在传记中选择和设计就是针和线。那些把他们的传记看成是些材料,按照刻板的年代顺序确定下来的人,到他们完工的时候,他们手里拿的不是一件外套,而是一些布卷和几盒纽扣,还没有缝纫。也有些传记家,他们缝了,但是用了太多的纽扣,有太多的针脚"。而塞西尔则将传记文学的结构比作拼贴图画,传记家"就如同拼贴画家,他的艺术是布局的艺术"。[②]

传记写作一般都按照时间顺序来叙述传主的生平及事迹,这种形式是传记创作中运用得最广、也是历史最为悠久的方式方法。在具体的叙述过程中,传记主人公一生的事迹是严格依照时间顺序的先后而发生的,人格的发展变化也是随时间的发展而发展、变化的。但是,传主的一生是生活在长达几十年的历史进程之中的,社会环境的变化、纷繁复杂的事件、各式各样的人物都或多或少地会对传主产生这样那样的影响,而传记作者不可能将传主所经历的所有事件都一一描摹出来,只能选取最具代表性、最为精彩的片段来展现传主的独特的个性色彩,正如茨威格所说:"往日的生活中只有那些紧张激动的瞬间才留下了痕迹;正因为如此,生活唯有浓缩成瞬间,唯有通过瞬间,才能够真实地描叙出来。"[③] "瞬间"应该是最

---

[①] 梁启超:《中国历史研究法》,江苏文艺出版社2008年版,第179页。
[②] 杨正润:《现代传记学》,南京大学出版社2009年版,第570页。
[③] [奥]斯蒂芬·茨威格:《玛丽·斯图亚特:苏格兰女王的悲剧·序言》,侯焕闳译,生活·读书·新知三联书店2001年版。

第四章 艺术手法的多元化探索

能体现传主性格特征的事件、言行以及心理活动等,抓住了这样的"瞬间",才能够塑造出真实感人的传主形象,而茨威格本人在创作的过程中也正是由于抓住了玛丽·斯图亚特生活中"那些紧张激动的瞬间",生动形象地展现了这位"前半生的女王,后半生的囚徒"的女子性格中的另一面,也是玛丽·斯图亚特形象的真实的一面,她"活过,爱过,疯狂过"的一生。如果传记作家只是将传主一生之中所经历的一系列事实按照编年的顺序罗列起来,这仅仅是描述了事件的大体的轮廓,还不能够真实地再现一个人的一生,所以传记作家要从纷繁复杂的历史材料中探寻出传主活动的动机,从中发现能够真正体现人物个性特征的材料并加以详细阐释,再现传记主人公绚丽多姿的个性形象;为了达到这样的效果,传记作家在按照时间顺序描述传主生平的同时,往往穿插叙述了对传主产生过重要影响的事件、人物等,增强了传记的可读性,容易与读者产生强烈的共鸣,进一步提升了作品的艺术审美水准,如蒋碧微的《蒋碧微回忆录:我与悲鸿》、廖静文的《徐悲鸿一生:我的回忆》、杨继仁的《张大千传》、郑重的《林风眠传》、杨先让的《徐悲鸿》、张次溪的《齐白石的一生》等等均采用此种手法。

中外画家传记中,有一部分作品并不是完全依照传主生活的时间先后来结构作品的,传记作家往往选取他认为最具有代表性、最能够吸引读者的一个点下笔,如欧文·斯通的传记喜欢选择传主青少年时代具有戏剧性的生活转折点下笔,《渴望生活:梵高传》(北京十月文艺出版社 2008 年版)开始时传主已经 21 岁了,他爱上了房东的女儿,一厢情愿地认为她一定也爱着自己,结果却碰了壁,从充满激情的热烈的初恋一下子跌落到了痛苦的失望的深渊,从此梵高离开了伦敦,放弃了收入稳定的职业,与广大的下层民众密切接触,艰辛曲折地行进在自己所痴爱的艺术道路之上。林浩基的《齐白石传》(学苑出版社 2005 年版)采用倒叙的手法,以著名表演艺术家新凤霞为"义父"齐白石扫墓开始,时间是在十年"浩劫"之后,新凤霞是去参加遭受破坏的齐白石墓地的重修祭奠仪式,美术界的同仁以及周围群众纷纷前来缅怀这位艺术大师,并以一个小男孩儿与一位老爷爷的对话将读者的思绪拉回到齐白石的童年,作者运用小说式的笔法，真实再现了艺术大师齐白石曲折而又辉煌的一生，传主形象丰满生动。石楠的《海粟大传》（上海远东出版社2007年版）第一章的题目是"逃婚"，记述了刘海粟因不满父母包办的婚姻，在新娘进了祖堂就要行三跪九叩大礼之时却跑掉了。作品一开始就展示了传主刘海粟的"叛逆"性格，给读者留下了深刻的印象，之后传记作者详尽描摹了传记主人公在美术创作领域、创办学校、使用裸体模特儿等事件中无一不凸显了其"叛逆"的性格特征，"艺术叛徒"的名号伴随着传主的一生，而这也正是作者所要展示给读者的传主的极具个性的形象。

在新时期画家传记的创作中，一些传记作品自始至终严格地按照时间顺序写作，一般情况下，传记作家将传主的一生经历逐年叙述或划分为几个阶段，以时间的推移和空间的变换为基本线索，将传主的思想发展、学术活动、人际交往以及个性特点的形成及发展等按照时间顺序进行串联阐述，全面地反映传记主人公人生历程的各个侧面，如张次溪的《齐白石的一生》（人民美术出版社2004年版）主要是依据齐白石的"自述"整理的，严格按照时间顺序，描述了白石老人生命历程中的几个重要时期：少年时期生活的贫寒、中年生活的坎坷曲折、晚年生活的幸福，而这其中既有齐白石先生对艺术的始终不渝地探索的具体描述，又有对传主一生性格的形象刻画，蕴含着作者对传主画品、人品的赞美，朴实自然一如白石老人的绘画风格，很容易使读者产生共鸣；齐白石的《白石老人自述》（山东画报出版社2000年版）也是严格按照时间顺序来叙述的，如"民国二十六年（丁丑•一九三七），我七十七岁"，依此类推，对于有影响的重大事件也只是平平淡淡地简要叙述，并没有展开具体的论述，平淡自然但缺乏生动形象的描绘，这在一定程度上影响了作品的可读性。

郑重的《林风眠传》（东方出版中心2008年版）则按照时间顺序选取了传主一生之中的几个重要活动地点：故乡广东梅县、巴黎、北京、杭州、重庆、上海、香港等地，其中既有对传主一生的主要经历、思想的发展变化、创作活动与风格、人际交往等等的描写、阐释，又有对传主艺术个性特点的深刻揭示，全面展现了林风眠这位主张"中西融合"艺术理想

## 第四章 艺术手法的多元化探索

的画家、美术教育家一生的艺术创作、艺术教育历程。翟墨的《圆了彩虹：吴冠中传》(人民文学出版社 1997 年版) 是在中国美术史的巨大背景之上展现吴冠中的个性形象的。作品主要按照时间顺序描述了传主人生道路的五次重大的选择："第一次选择——下艺海"，"第二次选择——向东流"，"第三次选择——画风景"，"第四次选择——互转轮"，"第五次选择——牵线飞"，传记作者在描述这关乎传主的性格特点以及艺术创作方向的五次重大选择的同时，对传主的学画生涯、创作风格与追求、当时的社会环境、画坛的状况以及与之相关联的画家的境况等等也进行了详尽的描述，展现了传记主人公人生历程的整体风貌。比如描述吴冠中的"第三次选择——画风景"是在新中国成立后"艺术空前的大众化热潮中"，美术报刊号召艺术家要与人民打成一片，以年画、宣传画、连环画等群众喜闻乐见的画种进行创作，艺术家们纷纷投身到艺术普及的热潮之中，老师潘天寿画农民缴爱国公粮，方干民画军事学院毕业考试，等等。但是，这种过分强调艺术普及的做法忽视了艺术创作的特殊规律和画家的自主性，将生活简单化，过分强调了人民群众生活中光明的一面，从而忽视了艺术应该表现人民群众在争取美好生活过程中的艰苦奋斗、克服困难的积极精神的一面，结果造成"题材单一、感情虚假、语言贫乏的作品大量泛滥"。在这样的情形之下，"不愿意说假话，也不愿意造假画的吴冠中"面临着更为艰难、复杂的选择，"他必须在艺术理想、个人前途、社会需要和政策所容许的诸多因素之间，寻找一条可以发挥自己一技之长的道路"。"我看到有些被认为美化了工农兵的作品，却感到很丑。连美与丑都弄不清，甚至颠倒了……我实在不能接受别人的'美'的程式，来描画工农兵。逼上梁山，这就是我改行只画风景画的初衷"。[①]

虽然忍痛放弃画了多年的人物画，但艺术家并未放弃对艺术美的追求，吴冠中将自己对真情美、形式美、意境美和韵味美的执着追求又真诚地投入到了画风景之中。这种按照时间顺序、以传主的生平为主线，穿插对传主的精彩瞬间的详尽描摹的叙述方式，真切地展现了传主某一特定时

---

① 翟墨：《圆了彩虹：吴冠中传》，人民文学出版社 1997 年版，第 158—159 页。

期的独特个性，深刻揭示了传主个性形成的缘由。随着时间的推移，传记作者对传主形象的刻画一步步深入，读者心目中的传主也逐渐地明晰、丰满起来。

丁家桐的《绝世风流·郑燮传》（上海人民出版社2001年版）基本上是以郑板桥的生平为径，以其杰出的艺术成就为纬，将郑板桥的一生分散结构为32个重点的空间单位来进行展现，分别是"家世：世家家在烟波里"、"求学：寒门狂生"、"秀才：教几个小小蒙童"、"卖画：落拓扬州一敝裘"、"漫游：孤舟破艇看湖山"、"板桥道情：恨人感慨，寒士萧骚"、"彷徨：歌儿舞女、闲消闷"、"雍正举人：南闱捷音"、"艳遇：书中有女颜如玉"、"乾隆进士：秋葵石笋图"、"待官：南北修书谒相公"、"范县令：陇上闲眠看耦耕"、"饮食：劈碎松根煮菜根"、"前刻诗：多放翁习气"、"潍夷长：衙斋卧听萧萧竹"、"后刻诗：墨点无多泪点多"、"案牍：雅谑风流父母官"、"对联：删繁就简三秋树"、"家教：诗书忠厚传家"、"难得糊涂：让尔青山出一头"、"板桥字：乱石铺街，震雷惊电"、"辞官：无留牍，无冤民"、"板桥竹：一枝一叶，满纸皆节"、"晚岁游：再看好湖山"、"板桥兰：世间清品不须多"、"竹西亭：淮南老友渐凋零"、"板桥石：老夫自任是青山"、"板桥词：真气、真意、真趣"、"板桥润格：白银为妙"、"板桥题印：红花绿叶互扶持"、"拥绿园：耀眼的暮光"、"遗踪：流风遗韵遍江南"，这种结构方式类似于用国画中的散点透视技法来布局整部传记，以立体地再现郑燮这位集"诗、书、画"三绝于一身的个性张扬、真情展露、具有高尚人品与风骨的艺术家的形象，文笔优美、流畅、幽默，达到了学术性与可读性的统一。

二是传记文学的叙述视角。传记主人公一生经历了无数事件，与各式各样的人物交往，传记作家不可能将所有的这些材料统统写进传记里去，他要着力选择那些最能够体现传主的生平活动、思想发展历程、艺术创作成就以及性格特征本质的具有代表性的材料来写，剔除那些次要的、可有可无的材料，真实生动地再现传主形象的丰富性，"历史学不可能描述过去的全部事实。它所研究的仅仅是那些'值得纪念的'事实、'值得回忆的'事实"，更看重的是那些"对事物之经验实在的敏锐感受力与自由的想象力天赋的结合"的叙述①,所以我们可以说,传记主人公的形象是由传记作者"叙述"出来的,正如海登·怀特所说,"历史学家把历史记录组织成读者可以识别出来的不同种类的故事","没有任何随意记录下来的历史事件本身可以形成一个故事;对于历史学家来说,历史事件只是故事的因素。事件通过压制和贬低一些因素,以及抬高和重视别的因素,通过个性塑造、主题的重复、声音和观点的变化、可供选择的描写策略,等等——总而言之,通过所有我们一般在小说或戏剧中的情节编织的技巧——才变成了故事"。②而通过"编织的技巧"将历史事件变成"故事"的正是历史学家本身,"历史知识绝不是单纯消极地接受证词,而是对证词的一种批判的解释;这种批判就蕴含着一种标准,而这个标准就是历史学家带到他的解释工作中来的某种东西,也就是说,这个标准就是历史学家自身"③。

华莱士·马丁认为,非虚构性作品和虚构性作品一样都有叙事成规,历史学家同样需要叙事成规,"没有这些成规,面对一大堆纯粹的事实,历史学家就会无从下手。知道什么对人有意义,历史学家就有了一个主体;知道人的思想、感情、欲望,知道它们的变化无穷的表现形式,以及作为它们的中介的社会结构,历史学家就能形成一个假设,以解释某件事为什么如此发生。这个假设决定着哪些事实将受到审视,以及它们将如何被联系起来"。在具体的叙述过程中,"一个事实或事件之所以如此而非如彼只是因为其处于某种'描述之下',而任何现象都可以用不同的方式来描述,并因而进入不同的解释性假设之内。一个有关什么统一了一段特定历史的初步假定就决定着这段历史将包括什么。而时间界线的改变将改变事件之间的关系,因为不同的时间界线构成着不同的题材和主题的统一体"。④

作为传记文学,其叙事与历史学不同,与小说也有很大的区别:同历

---

① [德]恩斯特·卡西尔:《人论》,甘阳译,上海译文出版社2004年版,第270页。
② 张京媛主编:《新历史主义与文学批评》,北京大学出版社1993年版,第163页。
③ [英]柯林武德:《历史的观念》,何兆武、张文杰译,商务印书馆1997年版,第204页。
④ [美]华莱士·马丁:《当代叙事学》,伍晓明译,北京大学出版社2005年版,第64页。

史学相比，传记的叙事是相对自由的，路德维希认为传记作家比历史学家有更多的创造空间，传记作家就如同肖像画家——"在处理方法上相应有更大自由，他可以使用喜剧或短篇随笔的形式，也可以使用详尽无遗的生活史的形式或者社论的形式，他应当非常自如地使用所有这一切形式，也应当依据传主和他的写作目的去选择他们——正如他的同行、沉默无言的肖像画家使用油画颜料、蜡笔或木炭笔、蚀刻针或者水彩一样"[①]。而同小说相比，传记文学的叙事又有一定的限制，即必须以真实可信的历史资料为依据来阐释传主行为的动因、揭示其隐秘的内心世界。传记文学叙事的相对自由性被莫洛亚总结概括为三种叙事视角："一种是以传主的眼光去发现一切；一种以传主和周围人物的不同角度去写；一种是以传记家的'全知视点'总揽一切。"[②] 莫洛亚倾向于采用第一种方法，即通过传记主人公的视角去感知、观察世界，读者跟随着传主的视角进入传主的世界之中，去体验传主的所见所闻、所思所想，去了解传主的精神风貌、感受传主的内心情感世界。在传记文学的创作中，自传中的叙述者一般来讲也就是传主，作者、叙述者、传主三者是合而为一的，他传中的叙述者一般不是传主，叙述者可以采用形式不同的视角来叙事，最常见的是"全知视点"的叙事视角。

"一个视角就是一种观察方法，一种分析特定现象的有利位置或观点。视角一词，意味着每个人的观点或分析框架绝不可能完全如实地反映现象，它总是有所取舍，总是不可避免地受到观察者本人先有的假设、理论、价值观及兴趣的中介。视角这一概念同时也意味着没有哪个人的视点能够充分说明任何一个单一现象的丰富性和复杂性，更不用说去完全说明一切社会现实的无穷的联系和方面了。因此，正如尼采、韦伯等人所言，一切关于现实的知识都来源于某个特定观察点，一切'事实'都是由人们建构起来的解释，一切视角都是有限的、不完全的。因而一个视角就是解释特定现象的一个特定的立足点、一个聚焦点、一个位置甚或是一组位置。一个视角就是一个解释社会现象、过程及关系的特定

---

① 杨正润：《现代传记学》，南京大学出版社2009年版，第606页。
② 罗新璋选编：《莫洛亚研究》，漓江出版社1988年版，第27页。

的切入点。"① 传记主人公一生的经历非常丰富，复杂的社会政治经济环境、重大的历史事件等都会对传主产生影响，传主一生交往的人物也有很多且性格各异，采用"全知视角"的叙事方式非常方便灵活，叙述者可以看到当时当地发生的事件，可以回想以往发生的事件，还可以想象将要发生的事件或可能发生的事件，甚至还可以深入到传主隐秘的内心世界，写出他的所思所想。新时期画家传记中的优秀之作大都采用了"全知视角"的叙述方式，如郑重的《林风眠传》、林浩基的《齐白石传》、翟墨的《圆了彩虹：吴冠中传》、丁家桐的《绝世风流·郑燮传》、杨继仁的《张大千传》、杨先让的《徐悲鸿》等等。在中国美术史上，张大千以交游广而著称于世，当时的富商名流、演员、戏子等都曾与他交朋友，同辈的文士、画家等也经常切磋往来，张大千性格豪爽，乐于助人，寒士、穷画家都得到过他的帮助，杨继仁的《张大千传》采用了"全知视角"的叙述方式，用文学性的笔法描写了张大千与著名艺术家如叶浅予、黄宾虹、齐白石、关山月、沈尹默、梅兰芳、徐悲鸿、赵无极等人之间的交往，有时仅寥寥数笔，但传主及艺术家的形象却个个丰满鲜活，读者从中也可以感受到传主的画品、人品。

马克思、恩格斯说："一个人的发展取决于和他直接或间接进行交往的其他一切人的发展。"② 画家传记中运用"全知视角"的叙述方式详尽描述了与传主交往的各式各样的人物，从不同的侧面反映了传主的性格，加深了读者对传主的全面了解。冯伊湄的《未完成的画：司徒乔传》中记述了司徒乔在巴黎求学期间拜访过的一些著名艺术家的窘况：年近六十的雕刻家云高的家在一条阴暗的巷子里，工作室与卧房之间仅隔着薄薄的帘子，连电灯也点不起；住在四面不通风、只靠天窗透光的汽车间的女雕刻家却能创作出精致的作品；收藏家华西先生的生活异常窘困，他的全部财产就是一堆又破又旧的书，先生还患有严重的心脏病，手套的破洞里露出

---

① ［美］道格拉斯·凯尔纳、斯蒂文·贝斯特：《后现代理论：批判性的质疑》，张志斌译，中央编译出版社 2004 年版，第 339—340 页。

② 马克思、恩格斯：《德意志意识形态》，《马克思恩格斯选集》第 3 卷，人民出版社 1995 年版，第 515 页。

的是苍白而干瘦的手指,为抵御寒冷竟然在背心内塞满了报纸,贫病交加却丝毫不能动摇他对收藏的钟爱,"如果哪天他被逼要卖掉一两本的话,就等于割掉他一块肉似的难过"。① 正是这些艺术家们为捍卫心中神圣的艺术殿堂而甘于忍受贫穷、寂寞的精神深深地震撼了司徒乔,他决心为艺术奋斗终生。

传记文学采用的"全知视角"的叙事模式,具有很大的优势:传记作者可以全面透视传主的身外对象、记述传主的人生经历和生活体验,同时也为传记文本全面地构筑传主的精神世界提供了可能,但也存在着一定的缺陷,即往往容易降低传记的真实性,所以在具体的创作过程中,"全知视角"的叙述方式逐渐被限制性叙事视角所代替,也就是传记作家经常采用的"内聚焦"的叙事视角,"在内聚焦中,我们看到的不是人物自身的内在性,而是反映这个内在性的外在世界"。"不管叙述者显现为人物还是隐身于角色之内,其活动范围只限于人物的内心世界,只是转述这个人物的内心活动,通过这面屏幕来反射外在的人和事"。② 目前很多自传写作采用了"内聚焦"的叙事视角模式,比如李辉主编的"大象自述文丛"中的《黄苗子自述》(大象出版社2003年版),传主自身作为叙述的主角,向读者详细地讲述了自己人生历程中的生活经历与艺术追求,真实全面地展现了传主的人生轨迹和精神世界,更让读者感到亲切可信。

众所周知,一切叙述视角都是有限的、不完全的,所以在传记文学的写作中也应该打破过去单一的叙述视角,采取多视角、多向度的叙述方法,就像一些后现代理论家所主张的,多样化的视角要比一个单一的视角更能提供通向研究对象的丰富进路。多视角的叙述方式可以对传主进行更加多元化的阐释,比如叙事视点的多重转换,可以采用作者、传主、回忆人等多个叙述人叙述视角转换的手法,从不同的角度再现传主的立体形象。一部传记作品中所运用的观察世界以及历史人物的视点越多越广,对历史现象与传主的阐释也就会越全面,越丰富深刻、客观公允。应当注意的是,在传记文学的创作中,不论采用何种叙述模式,都应该严格控制叙

---

① 冯伊湄:《未完成的画:司徒乔传》,人民文学出版社1999年版,第37—38页。
② 徐岱:《小说叙事学》,中国社会科学出版社1992年版,第207、200页。

## 第四章 艺术手法的多元化探索

事主体的主观情感的介入,传记作者要如同局外人和旁观者,应该尽量真实地呈现历史史料或逸闻轶事,或只是原原本本地转述他人的话语,依据历史事实而不是以个人的情感对传主的内心世界进行描摹和表现,这种纯客观化的叙述方式为传记文学的历史真实性的实现提供了可能。不管是自传还是他传,作者在叙述过程中应力求真实、着重揭示传主的内心世界,使得新时期的画家传记的叙述方式有更新的突破。

三是"画传"或"图传"的大量出现。传记文学是一种用文字来表现人的生平的艺术。伴随着现代社会生活节奏的加快以及视觉文化强大的冲击力,人与人之间的沟通越来越依赖图像,图像的重要性日益显现,"读图时代"出现了,因为图像的直观性、生动性更能够引起读者的阅读欲望,更符合现代人快节奏的生活方式。著名哲学家维特根斯坦说:"一幅图画把我们俘虏了,我们不可能解脱出来。"[1] 陈平原的《触摸历史——五四人物与现代中国》(1999 年)、《点石斋画报选》(2000 年)、《图像晚清》(2001 年)等在"读图时代"追求"图文并茂"的众声喧哗中,彰显了图像在学术研究之中的重要意义。在大众文化普及、文化日益多元化的形势下,图像越来越显示出它的重要性,传记文学领域中的"画传"应运而生。"画传"(或称"图传")是指以图片、照片等为主,辅以真实的、简短精练的文字材料,反映传主的生平历史、个性特征、主要成就等的纸质出版物,这种新的传记文本是 20 世纪 90 年代以来广泛流行的,图文之间的互文是传记文学写作走向大众化的一种新的形式,符合现代读者快速的阅读节奏和追求视觉欣赏效果的需求。

在新时期,国内学者编著的外国画家传记大量出现,且大都以"画传"的形式出版,如山东画报出版社出版的"大雅中外艺术大师画传丛书"中的外国画家传记,周时奋的《凡高画传》、《毕加索画传》、《文艺复兴三杰画传》,陈训明的《拉斐尔》、丁言模的《米开朗琪罗》、纪学艳的《安格尔画传》、苏琳的《达利的梦幻与怪诞》、程波的《天才/疯子——达利画传》、王月瑞的《毕加索画传》、杨斌的《毕加索传》、史勤奋的《凡高——燃烧

---

[1] [奥]维特根斯坦:《哲学研究》,李步楼译,商务印书馆1996年版,第72页。

生命》、李行远的《印象派画传》、盛超的《毕加索画传：现代艺术大师》、王志艳的《连接两个世界的奇迹：用画感悟生命的梵高和毕加索》、刘燕的《达利画传》、卓凡的《罗丹画传》、徐志戎的《告诉你一个真实的凡高》等等，从文本的角度来讲，大都是画家画作的图片和日常生活的图片配以比较简短的文字说明，传记作者创作所依据的是画家的画作和他们的传记资料，有关传记的文字资料基本都是引用的或翻译过来的，缺乏第一手的资料，一定程度上影响了作品的真实性。有关中国画家的"画传"也大量涌现，如山东画报出版社出版的"大雅中外艺术大师画传丛书"中的中国画家传记有《徐渭画传》、《八大山人画传》、《扬州八怪画传》、《石涛画传》、《仇英画传》、《沈周画传》、《文徵明画传》、《唐寅画传》等；中国文联出版社出版的《唐寅画传》、《张大千画传》、《郑板桥画传》等，王中秀的《黄宾虹画传》、张健初的《孙多慈与徐悲鸿爱情画传》、翟墨的《彩虹人生：吴冠中画传》、邵盈午的《范曾画传》等；另外还有一部分传记不是以"画传"的形式命名，但整部传记中图片占有相当大的篇幅，如郑重的《谢稚柳》（文物出版社2004年版）、石楠的《"艺术叛徒"刘海粟》（时代文艺出版社2003年版），西泠印社出版社出版的"艺术人生——走近大师"中的傅抱石、刘海粟等大师的传记等等，我们也将之归为"画传"一类。

　　传记文学是一种文学性较强、记载人物生平的作品，它以真人真事为基础，通过描述人物的生平和事迹来刻画传主形象、反映时代生活。文字是传统传记最便捷、最有效的表达媒介，而"画传"兼具画册和人物传记两方面的功能，它的出现既是社会发展的需要，是大众文化盛行、传播手段日益多样化的产物，同时又符合现代人快节奏的阅读方式，满足了读者日益多样化的阅读需求，读者在阅读的过程中可以通过文字的叙述来了解传主的一生，又可以通过图片的展示了解传主的生平事迹及其创作的真实直观的形象，同时也为如何让严肃的学术传记走向大众提供了新的思路。著名作家叶永烈对此有过精确的表述："通常的人物传记是以文字为主，厚厚的几十万字，在书前插几幅照片；通常的人物画册以图片为主，图片多达几百幅，每幅图片配以一两行说明词。前者内容丰富，但是文字太多，要花很多时间阅读；后者图片虽多，但是内容显得单薄。画传则介乎两者之间，既有相当深度的内容，又有形象丰富的图片。"① 许多画传，图文结合得非常紧密，为读者提供了更多的视觉享受，从图片当中能够更为直观地感受到逝去的历史，领略传主曾经的精神风貌，与传主进行更深层次的心灵的交流，就像陈思和在他的《巴金图传》中所讲的"我提供的构思只希望达到一个目的：图传并列，追求双美"，"我想把这本《巴金图传》的图与传结合起来，在形式上保持文学的传记与图片内容相对的连贯性，使文学的传记有相对独立的完整性和可读性，而图片也不仅仅是文字的注脚，而是以时间为序，用图片和形象来贯穿巴金的一生，使文图均有独立的审美的价值。这是我所谓的'双美'"。②《巴金图传》是陈思和的《人格的发展——巴金传》的简写本，既保留了原作的基本框架和学术思路，又增加了大量珍贵的历史图片，更加形象地展示了一个知识分子一生之中探寻真理、寻找道路的艰难历程。追求"双美"是"读图时代"的传记作家们所应该遵循的创作理念，这既是对当下图书出版市场的尊重，适应了读者的阅读口味，又能够使作品呈现出一种灵动而有序的叙述策略。

新时期画家"画传"中的图片主要由两部分组成，一是反映传记主人公一生各个阶段生活经历的图片，一是反映传记主人公不同时期具有代表性的创作成就画作的图片。这些图片数量很大，全部收集起来相当困难，尤其是有关传主早年的生活经历及创作的图片收集起来难度更大，这主要有以下几个方面的原因：

首先，新时期画家传记中的传主绝大多数都经历过抗日战争，有相当一部分还同时经历过"抗战"和"文化大革命"这两个特殊的历史时期。抗战时期颠沛流离的生活使得画家们居无定所，不能安心进行创作，大量的资料及画作也在不断的搬迁中散失、在敌机的轰炸中毁于一旦，如林风眠在抗日战争中未能随身携带的大幅油画，竟被日寇用作防雨布；生活困窘，画家不得不卖画养家糊口，徐悲鸿住在重庆期间曾以每月三张画冲抵

---

① 叶永烈：《傅雷图传》，复旦大学出版社2005年版，第5页。
② 陈思和：《巴金图传·跋》，广东教育出版社2002年版。

房租。十年"浩劫"中，许多著名画家被抄了家，不得不将画笔束之高阁，同时为免遭迫害而自毁心爱的画作，郑重的《林风眠传》记述了林风眠在家中烧画的情形："在潘其鎏的帮助下，把积累了几十年的作品摊放在屋子里，把画撕碎，塞在冬天取火的炉子里烧。但是烧纸灰飞扬，烟囱里浓烟滚滚，虽然关紧门窗，那股纸被烧焦的味道仍然散溢在大气层中，两个人的面孔被烟熏得像炭猴似的。他们感到这样烧下去不行，会被人发现，又把画撕碎，泡成纸浆，从马桶里冲下去。凡是艺术成就最高、色彩最漂亮、构图最新的画，烧得就越彻底。"[①] 林风眠的经历可代表当时许多画家的境况。抗日战争和"文化大革命"这两个时期是画家的艺术创作遭受重创的历史时期，给中国美术界造成了巨大的损失。

其次，画家是一个极具个性的艺术群体，他们的创作激情一旦迸发就异常亢奋，兴之所至随手将自己的画作送人，像被誉为"画坛皇帝"的张大千，他一生率性而为，对自己的作品毫不吝啬，可以说是走一路，画一路，送一路，因此画家的作品常常散失；而且张大千最好的画，只送不卖。林风眠从不题诗于画，他的画上没有标题，经常是仅仅签一个名，也没有年月，后人研究起来也是非常困难的。

再次，假画的严重泛滥使人难辨真伪，每一位著名的画家几乎都遭受过假画的侵扰。翟墨的《圆了彩虹：吴冠中传》写到吴冠中先生曾在1993年状告上海朵云轩、香港永成古玩拍卖有限公司联合拍卖假冒"吴冠中"署名的"毛泽东肖像——炮打司令部，我的一张大字报"的行为，官司历时两年多，浪费了大量的财力、时间、精力，传主根本没有时间也没有精力进行创作，最后"吴冠中赢了官司，却输了时间。由于官司的困扰，在很长时间里，他的心情一直很沉重，精神受到严重刺激。每逢有人来或朋友打电话，他就像祥林嫂诉说阿毛被狼叼走了一样，反复念叨这件事。夜里常常失眠，起来在屋里走来走去"。漫漫的维权历程，吴冠中对时间分分秒秒流逝感到痛心不已，画家的维权之路异常艰难，"这场官司之难，实在令人望而生畏。吴冠中是名人，是全国政协委员，中国美协常务理

---

① 郑重：《林风眠传》，东方出版中心2008年版，第239页。

事，又有所在单位帮助操办，都要耗费这么大的财力、人力和精力，而且真伪昭然，却久拖不决，最后对侵权者的处罚又如此之轻。那么，一般画家和普通百姓遇到这种情况将如何呢？他们到哪里去讨公道？何时才讨得到公道？"[1] 时代环境的影响和画家的个性特征是造成画家的画作收集异常困难的主要原因，并且即使能够收集到，数量也不会很多，可供传记作者选择的余地也是非常小的，这也在一定程度上造成了画家画传的良莠不齐，整体水平与普通的传记相比要差一些。

　　谢稚柳是现代著名的书画大家，也是著名的书画鉴定专家和诗人，郑重先生创作出版了两部谢稚柳的传记：文物出版社2004年版的《谢稚柳》和东方出版中心2008年版的《谢稚柳传》，这两部著述都是以大师的生平为主线，记述了谢稚柳先生一生的艺术创作以及书画鉴定的历程。《谢稚柳》是一部画传，图片所占的篇幅比文字多，对传主一生的叙述就比较简略，传主个性不突出，形象不鲜明；《谢稚柳传》后记中讲到，作者与传主"笃诚"交往有30多年的时间，对于传主的闲情逸事比较熟悉，彼此是亦师亦友的情谊，作者为传主写过画册序言、编过年谱、写过一些介绍与评述的文字，被友人笑称为"写谢稚柳文章专业户"，写作这部传记的目的是"想透过谢稚柳现象来描述中国文化的传承问题"，真实地再现了作为一名鉴定家、画家、书家、诗人的谢稚柳[2]，内容充实，与"画传"《谢稚柳》相比，更加生动形象地揭示了传主性格的形成过程及其动因，展现了传主艺术成就的方方面面，传主形象真实、鲜明、丰满而又极具个性色彩，充分体现了传统传记的优势。

　　事实是传记的基础，传记的主要内容是真实生动地再现传主的一生，传记作家在尊重客观历史事实的基础之上，运用文字可以细致、充分地展示传主曲折而又丰富多彩的心理活动以及情感历程，更深层次地剖析传主的内心世界；而图片往往只能表现传主某一特定时间的某一瞬间，很难完整地再现传记主人公的一生，它们是用来充当配角的，在传记中的作用主要是调节气氛，或深化主题，或制造视觉效果，是一种"锦上添花"的作

---

[1] 翟墨：《圆了彩虹：吴冠中传》，人民文学出版社1997年版，第456、457页。
[2] 郑重：《谢稚柳传》，东方出版中心2008年版，第356页。

用,传主形象的生动再现主要还是要依靠传记作家通过文字来描述,"图传"是不可能取代文字传记的。"如同绘画中的事物在互为补充、互为提升一样,以文字构成的人物传记,在与环绕、穿插的图画的互相呼应、互相应答中,建立起一种新的和谐与次序,为读者的理解,打开了一条深入的通道。然而,图文的关系还不仅仅是那种互为映衬式的环绕与穿插,更有着直接对应的——碰撞。这样的效果,是由图注文字来担当的。我们读传记文字所产生的连续不断的绵延感,在读图注时获得了停顿和凝神观注。"① 传记作品的容量是有一定限制的,如果选择的图片过多地占用了作品的空间,势必影响到文字作用的发挥,留存下来的便只是一堆图片和文字的碎片,作品的艺术成就必然大打折扣。石楠的《"艺术叛徒"刘海粟》(时代文艺出版社 2003 年版)中选用了大量的图片,主要是艺术大师刘海粟的画作图片,216 页的著述中图片有 260 幅,而文字只有区区 8 万字,对传主形象的整体展现不够鲜明,并且文字与图片之间缺乏紧密的结合,影响了作品的艺术成就。

"画传"是顺应大众文化发展需求的一种新的传记形式,"许多画传,'图传并列,追求双美',舍弃文字只作为图片说明的呆板编法,把珍贵图片、魅力文字、传播思想融合在一起,用图片、形象、精神来贯穿传主一生,呈现出一种灵动而有序的言说攻略",全方位、多角度、形象生动地展现了传主丰富多彩的人生历程,但是,当前文坛的"画传"创作也存在着明显的不足,"一是跟风式炒作……一本画传出版,好销,跟风式画传马上达到十多种甚至数十种,而质量参差不齐。画传的跟风出版、相互抄袭现象非常严重,其中 70% 的画传是'再版书',就是以前的传记再加上几张图片,便成了'插图珍藏本'……二是作坊式操作,最典型的莫过于明星画传……很多画传大都这样操作,文字方面,把明星的生平事迹、个人档案、情感经历等在网上随便打开一个搜索引擎,就能找到很多,而图片则干脆取自明星写真。个别作者在不到两年的时间内一下子推出了 6 部画传,多半都是罗列一些关于明星的八卦新闻……三是注水式写作,所谓

---

① 周时奋编著:《凡高画传·前言》,山东画报出版社 2002 年版,第 2 页。

'文字不够,照片来凑',要么把字号、字间距、行间距弄得大大的;要么一页纸留出三分之一的边空,把文字压缩成长条状,边空里写一些人生心得或配几张照片……诸如此类的画传,离读者心目中理想的画传差距还很大"。"好的画传,图片与传文并列,追求双美,体现出一种精神的呼应,为读者提供了更多的审美感受、想象空间和心灵体验"。[1] "画传"并不仅仅是图片与文字的简单组合,一本优秀的"画传"应当兼具画册的直观性、可视性与文字传记的真实性、客观性、可读性等方面的共同特点,传记作者要善于在"图与文之间的缝隙处"做文章,达到图片与文字的完美结合。

## 第二节 新时期画家传记的写人艺术

传记文学作为历史与文学相结合的一种独特的样式,主要目的是完整而真实地展示人物的命运及其生活的各个方面、再现传记主人公丰富复杂的个性形象,它除了具有各种文学样式所共同遵循的一般的美学原则之外,还有其独特的审美标准,即在写作的过程中必须严格遵守历史真实性的原则,这也是传记文学最重要的一条原则,是区别于其他的文学样式的最主要的特征。胡适先生曾在《南通张季直先生传记·序》中讲过:"传记最重要的是纪实传真……传记所传的人,最要紧的能写出他的实在身份、实在神情,实在口吻,要使读者如见其人,要使读者感觉真可以尚友其人。"传记的写作是"给史家做材料,给文学开生路",胡适先生强调的是传记文学在"纪实传真"的原则之下,能够塑造出栩栩如生的人物形象。"我承认,讲述人们出生和死亡的时间与地点、他们的名字以及他们著作的名称与数目,这个主题本质上不过是枯燥无聊的东西罢了;因此,必须用一些有趣的往事来使这副空洞的时间、地点和人物的骨架有血有肉。为此目的,我有意穿插了(不是作为主食,而是作为佐料)许多令人

---

[1] 全展:《读图时代的传记文学》,《宁波大学学报》(人文科学版)2006年第6期。

愉快的故事。"① 斯特拉奇认为"历史学家的第一责任就是要当一名艺术家"②。传记作家也应如此，他们要借助各式各样的文学手段来塑造传记主人公既真实可信又生动丰满的形象，在这一过程中，传记作家或将传主放置于重大激烈的事件冲突之中，或关注传主日常生活细节的表现，或通过人物富有个性化的语言、对话的描写，或侧重于传主精神历程的描述等等，将一个个本已距离我们遥远的历史或现实的人物又重新展现在读者面前，真实可信，栩栩如生。

"艺术美的职责就在于它须把生命的现象，特别是把心灵的生气灌注现象，按照它的自由性，表现于外在事物，同时使这外在的事物符合它的概念。"③ 就刻画人物性格的多样性、丰富性来讲，我们要学习莎士比亚剧中的人物，"莎士比亚创造的人物，不像莫里哀的那样，是一种热情或某一种恶行的典型，而是活生生的、具有多种热情、多种恶行的人物；环境在观众面前把他们多种多样的性格发展了。莫里哀的悭吝人只是悭吝而已，莎士比亚的夏洛克却是悭吝、机灵、复仇心重、热爱子女而且敏锐多智。"④ 而不要像"维多利亚时代的大多数传记作品，全像目前保存在威斯敏斯特大教堂里的蜡像"⑤。艺术家本身就是极具个性魅力的，而有关艺术家的传记应当着重写出艺术家的生命投入，表现出他们绚丽多彩的个性、丰富浪漫的情感，传达出传主和常人不一样的东西。生命是一部永远都解读不尽的书，每一个人的内心都有其独具特色、绚烂多姿的精神元素，传记作者要善于观察、探求传主生命背后的真实状态，去发掘传主在那些日常言语行动之外的内心境遇，去体悟传主灵魂深处的欲望及追求，阐释传主生命的整体意义。朱光潜先生说："人是一个整体，一个多方面的内在联系着的各种能力的统一体。艺术作品必须向人这个整体说话，必须适应人这种丰富的统一体，这种单一的杂多。"⑥ 在传记文学的创作中，对传主

---

① [英]艾伦·谢尔斯顿：《传记》，李永辉、尚伟译，昆仑出版社1993年版，第35页。
② 赵白生：《传记文学理论》，北京大学出版社2003年版，第203页。
③ 黑格尔：《美学》第1卷，商务印书馆1979年版，第195页。
④ 普希金：《茶余饭后的漫谈》，《文艺理论译丛》1958年第3期。
⑤ [英]弗吉尼亚·伍尔芙：《传记文学的艺术》，《世界文学》1990年第3期。
⑥ 朱光潜：《谈美书简》，《朱光潜全集》第5卷，安徽教育出版社1989年版，第249页。

## 第四章 艺术手法的多元化探索

形象的成功再现要从多个不同的侧面来展示,黑格尔曾对人物形象的塑造进行过深刻的阐释:"创造性格,就是创造一个独特、完整的生命世界。因为现实生活中的每一个真人,都是完整的活人。每个活生生的人,其本身就是一个'世界'。而性格是生命和灵魂的表现,只有写出其复杂丰满的性格,人物才有生命的活力,才能在传记作品的篇页上直立起来。"①"直立起来"的"有生命活力"的人物应该是传记文学成功塑造人物形象的基本要求,画家传记中传记主人公性格的丰富、复杂、立体、鲜活的形象需要传记作家通过多样化的文学手段来展现。

首先,将传主置身于重大激烈的事件中来展示其形象。传记作家选择为之立传的人物往往在某一特定的历史时期扮演过重要的角色,对本时期的某些重大事件产生过极其重要的影响,而一些出身普通或从事平凡工作的人也大多因为他有着坎坷曲折、丰富多变的人生历程。马克思说:"人的本质并不是单个人所固有的抽象物。在其现实性上,它是一切社会关系的总和。"任何个人都是"在一定历史条件和关系中的个人,而不是思想家们所理解的'纯粹的'个人"。② 人是生活在错综复杂的社会关系之中的,一个人的性格,既与先天的禀赋有关,也受到后天社会环境的重要影响,传记文学要真实全面地再现传主的形象,就应该充分展现传主与时代社会环境之间的密切关系。在西方,斯特拉奇的《维多利亚女王》中的维多利亚女王经历的是英国资本主义蓬勃发展的时期,对英国社会的政治、经济、文化等产生了深刻的影响,斯特拉奇紧紧围绕着在历史转折的关键时刻对女王的内心世界以及行为举止产生过重大影响的历史事件,进行了详尽的剖析,真实再现了维多利亚的形象:既有作为女王的辉煌、煊赫的一面,也有普通女性的爱情、欢乐、痛苦,她的内心是矛盾的更是真实的。

司马迁的《史记》善于在复杂事件、重大场面的描述中展现人物丰富复杂的个性形象,《项羽本纪》中的项羽在秦汉之际一度称霸天下,作品概括描写了项羽幼年的生活、起兵抗秦直至被汉兵所败而自杀身亡的人生

---

① 黑格尔:《美学》第1卷,商务印书馆1979年版,第303页。
② 《马克思恩格斯选集》第1卷,人民出版社1972年版,第18、84页。

经历，司马迁是在对项羽人生历程之中几次最重大事件的描述过程中成功完成这一人物形象的塑造的："巨鹿之战"，展现的是纵横叱咤、勇冠三军的霸王形象；"鸿门宴"，险象环生、波澜起伏，扣人心弦，显示出项羽的率直轻信、优柔寡断的性格，传主个性日渐丰满；"垓下之围"，最终失败的决定性战役，展示出主人公的独特个性，悲歌别姬，率骑突围，拒渡乌江，自刎身死，勇猛狠斗的个性和丰富复杂的内心情感世界栩栩如生地展现在读者面前。司马迁写蔺相如，突出描述了"完璧归赵"、"渑池会"、"将相和"三个重大而复杂的事件，一位勇敢机智、先国家之急而后私仇的将帅形象跃然纸上。

在新时期的画家传记创作中，翟墨的《圆了彩虹：吴冠中传》（人民文学出版社 1997 年版）就是将传记主人公的形象放在中国美术史的巨大背景之上展开的，作品主要描述了传主人生道路的五次重大的选择："第一次选择——下艺海"，15 岁之前的吴冠中的人生道路完全是由父亲设计的：师范毕业后当个高小教员，生活有保障；但是 15 岁师范初中班毕业之后，工业救国的热潮深深地感染了吴冠中，他没有直接升入师范高级班，而是以优异的成绩考入了省立工业职业学校电机科，准备走工业救国的道路；机缘巧合使吴冠中认识了杭州艺专的朱德群，"一个睡意朦胧的艺术灵魂苏醒了"，他决定弃工从艺，然而遭到父亲的强烈反对："……上艺专的学生，有许多都是家里有钱却不肯好好读书的纨绔子弟。他们因为考不上别的学校才去学画画……你学画画，将来是要饿肚子的！"但是吴冠中决心已定："我宁肯饿死，也要学画！"[1] 公然违抗父命毅然选择了自己喜爱的绘画艺术，从此走上了为艺术的"殉道"之路。"第二次选择——向东流"，1949 年即将在欧洲留学期满的吴冠中面临着去留的选择，"这又是一次需要调动全部感觉、经验、思考、认识、勇气、信心的一次举足轻重的决定"[2]。在法国最高美术学府——巴黎国立高等美术学院的三年留学生涯，也是他艺术沉淀的三年，对莫奈、毕沙罗、西斯莱、塞尚、梵高、尤脱利罗等西方大师的研读，使得他对西方的现代艺术有了自

---

[1] 翟墨：《圆了彩虹：吴冠中传》，人民文学出版社 1997 年版，第 57—58 页。
[2] 同上书，第 127 页。

## 第四章 艺术手法的多元化探索

己的见解,也目睹了中国画家在法国的处境:有的在艺术上获得了极高的荣誉,办画展、卖画轰轰烈烈;而有的曾红极一时,可新鲜劲儿一过便衰落了,画家也颓废了。当时国内正在发生着翻天覆地的变化,解放区的代表热情地欢迎留学生们回国参加新中国的建设;而他一向崇拜的画家梵高的一段话也深深地打动了他:"你也许会说在巴黎也有花朵,你也可以开花、结果。但你是麦子。你的位置是在故乡的麦田里。种到故乡的泥土里去,你才能生根、发芽。不要再在巴黎的人行道上浪费你的生命吧!"① 学透了西方艺术的吴冠中决心以艺术报效祖国,于1950年夏天毅然踏上了归国的航程,他要让自己的艺术在伟大祖国的大地上"开花、结果"。"第三次选择——画风景",这一次吴冠中所面临的情况则更为复杂。当时,艺术掀起了大众化的热潮,"走哪条道路,并不只是他个人的艺术旨趣所能决定的。他必须在艺术理想、个人前途、社会需要和政策所容许的诸多因素之间,寻找一条可以发挥自己一技之长的道路……不能真诚地画人,那就真诚地画风景。"他说:"我看到有些被认为美化了工农兵的作品,却感到很丑。连美与丑都弄不清,甚至颠倒了……我实在不能接受别人的'美'的程式,来描画工农兵。逼上梁山,这就是我改行只画风景的初衷。"② 由画人物而改画风景,实在是出于无奈,但是吴冠中对于艺术美的追求却始终没有放弃,在风景画的领域中继续着他的现代化的探索。"第四次选择——互转轮",是指油彩和墨彩的转轮兼作。巴黎塞纽奇博物馆馆长波波小姐对吴冠中的艺术进行了高度评价:"留学西方的中国艺术家回国后许多人选择了水墨,如吴作人;留下的则献身于油画,如赵无极与朱德群;而像吴冠中这样坚持油画与水墨互补兼作的实在不多。吴冠中若非最伟大的,也许是今天唯一的,能成功地融汇了东西方两种文化的人。"③ 她认为吴冠中是"今天唯一的"能够成功地将东西方文化融合并走出了自己的创作道路的画家。"第五次选择——牵线飞",艺术上取得辉煌成就的画家却始终与人民群众保持着情感的交流,他的画作也始终与广大

---

① 翟墨:《圆了彩虹:吴冠中传》,人民文学出版社1997年版,第126页。
② 同上书,第159页。
③ 同上书,第230页。

人民群众的生活密切联系，70年代被称为"粪筐画家"的吴冠中给自己的艺术规定了奋斗的目标是"专家鼓掌，群众点头"，人民群众的生活自始至终是牵着他这只风筝的线，"从生活中来的素材和感受，被作者用减法、除法或别的法，抽象成了某一艺术形式，但仍须有一线联系着作品与生活的源头。风筝不断线，不断线的风筝才能把握观众与作品的交流"①。"风筝不断线"，是吴冠中坚持不懈的艺术追求，也是他的艺术创作始终遵循的原则。吴冠中人生历程中的这五次重大的选择，既是他艺术道路的选择，形成了他独特的艺术风格，同时又是他的个性性格的展现；而这五次选择又是与中国社会的发展尤其是中国美术的发展历史密切相连，间接展示了中国美术史的发展历程。

一部优秀的人物传记，应该同时是一部形象的历史画卷。廖静文的《徐悲鸿一生：我的回忆》（中国青年出版社1982年版）中以饱含深情的笔触详尽描述了徐悲鸿青年时代学画时的穷愁潦倒、抗战时期颠沛流离的生活境遇，间接揭示了当时的社会现实，反映了当时艺术家的境况。吴作人是中国当代美术界的代表人物之一，到西北旅行写生是他一生中最为难忘的一段经历，他笔下的高原牦牛、"沙漠之舟"骆驼形神兼备、姿态灵动，是画家精神品格的象征，"大漠情"是吴作人一生创作的动力和源泉，沈左尧先生在《吴作人·大漠情》（山东画报出版社2001年版）中紧紧围绕传主吴作人的西北写生经历，真实再现了传主坎坷而又精彩的一生，展现了中国当代艺术家的风采。

第二，通过细节的刻画来塑造栩栩如生的传主形象。古希腊传记作家普鲁塔克非常重视细节对于传记主人公形象再现的作用，他有一段名言："我写的不是历史而是人物生平。最显赫的业绩不一定总能表示人们的美德或恶行，而往往一桩小事，一句话或一个笑谈，却比成千上万人阵亡的战役，更大规模的两军对垒，或著名的围城攻防战，更能清楚地显示人物的性格和趋向。因此，正如画家通过最能表现人物的面孔和眼神，就能画出逼真的肖像，而无须斤斤计较人体的其他部分一样，我也必须得到读者

---

① 翟墨：《圆了彩虹：吴冠中传》，人民文学出版社1997年版，第329页。

的许可,俾能专心致志于人物灵魂的特征及其表现,并借此描绘每个人的生平事迹,而将他们赫赫的战功政绩留给别人去写。"① 他在描绘人物形象时重视的是"一桩小事,一句话或一个笑谈",在《希腊罗马名人传》中,传主的个性形象往往借助日常的生活场景来表现,即使是亚历山大、恺撒等名震一时的人物也不例外,如恺撒的英雄气概就是通过他被海盗劫持前后的几件小事来展现的。

司马迁《史记》中人物形象的塑造也大量运用了细节描写,《项羽本纪》中的"垓下之围"描述了项羽慷慨悲歌的细节:"项王军壁垓下,兵少食尽,汉军及诸侯兵围数重。夜闻汉军四面皆楚歌,项王乃大惊曰:'汉皆已得楚乎?是何楚人之多也!'项王则夜起,饮帐中。有美人名虞,常幸从;骏马名骓,常骑之。于是项羽乃悲歌慷慨,自为诗曰:'力拔山兮气盖世,时不利兮骓不逝。骓不逝兮可奈何,虞兮虞兮奈若何!'歌数阕,美人和之。项王泣数行下,左右皆泣,莫能仰视。"这一段的细节描写展示了失败后的项羽的形象:既有英雄的气概又不失儿女情长,在作者的引领之下,读者走进了主人公丰富的内心世界,体验了其内心深处的真情实感。《万石张叔列传》中的石奋父子谨小慎微、唯命是从的性格特征也是通过细节来展现的:"过宫门阙,万石君必下车趋,见路马必式焉。子孙为小吏,来归谒,万石君必朝服见之,不名……万石君少子庆为太仆,御出,上问车中几马,庆以策数马毕,举手曰:'六马。'庆于诸子中最为简易矣,然犹如此。"非常生动形象,使读者如见其人、如闻其声。

通过细节的描写来表现人物性格是中外传记写作中重要的原则和方法,欧文·斯通的《渴望生活:梵高传》中提到,温森特·梵高的一生之中唯一的朋友就是他的弟弟提奥,兄弟情深,提奥给了梵高精神上的激励和经济上的最大的资助。当提奥听说梵高自杀的消息后,"赶上了第一班火车,接着匆匆乘马车直奔奥维尔",在最短的时间之内赶到了温森特身旁,见到了哥哥梵高。"'啊,提奥。'温森特说。提奥在床边跪了下来,像抱着一个很小的孩子一样把温森特抱在怀里,他说不出话来。""整整一

---

① 杨正润:《现代传记学》,南京大学出版社2009年版,第44页。

天，提奥守在床边，握着温森特的手。夜晚来临，房间里只剩下他们两人。他们开始轻轻地谈起他们在布拉邦特的童年……'我准备自己开一个小画廊，温森特。而且我举行的第一次画展，将是一次个人画展。温森特·梵高的全部作品……就像你亲手……在公寓房里设计的一样。''啊，我的作品……为了它，我冒了生命的危险……而我的理智也差不多完全丧失了。'……温森特微微转了一下头，喃喃地说：'我现在能死就好了，提奥。'过了几分钟，他闭上了眼睛。提奥觉出他的哥哥离开了他，永远地离开了。"① 这一段语言、动作细节的详细描摹，展示了梵高与弟弟提奥之间的兄弟之情，感人至深，同时也将梵高的一生作了简要的概括：他的一生是对绘画艺术的不懈的追求，直至丧失理智、失去生命，但在他生前没有举办过一次个人画展，他的画作不为人知。六个月后，几乎就在梵高去世的同一个日子，提奥也带着对哥哥的深深的思念之情辞世了，妻子将他葬在了哥哥梵高的墓旁。莫洛亚说："最小的细节往往是最有意思的，能使我们了解一个人的外貌，他的声音、谈吐风度的一切细节往往是极其重要的……在我们看来，人首先是一定的外貌，一定的目光，特有的姿势、微笑、表情；我们要从书上向我们介绍的人的身上找出这一切。这对历史学家来说是一个十分困难的任务……如果他不能使我们透过文件、言辞和事情看清具体的人，那么他就失败了。"② 细节的描写对传主形象的成功塑造发挥着重要的作用。

在中国美术界，林风眠与徐悲鸿同为大师级的人物，他们同时留学法国并同时归国，但是二人之间的交往却是少之又少，因而他们之间的关系也一直是研究者们关注的问题。直到 1989 年林风眠长眠香江，戴天在《敬悼林风眠先生》一文中还写道："众所周知，林风眠先生于中国当代艺术改革与艺术教育方面，与徐悲鸿可以并称双璧。如林先生侧重于表现主义，徐悲鸿倾向于写实主义，各擅胜场，影响及于好几代……也许那句

---

① ［美］欧文·斯通：《渴望生活：梵高传》，常涛译，北京十月文艺出版社 2008 年版，第 517—519 页。
② ［法］安德烈·莫洛亚：《传记是艺术作品》，王忠琪等译，《法国作家论文学》，生活·读书·新知三联书店 1984 年版，第 154 页。

第四章 艺术手法的多元化探索

'尽善尽美'的成语,最足以统纳林风眠先生的艺术精神。许慎《说文解字》说,'美与善同义',林先生的作品及人品,即证明了此一点。"① 郑重先生在《林风眠传》中谈到了林风眠在重庆期间,平时很少与人交往,他的主要活动就是画画、上课,课余同关良、丁衍庸、李可染、赵无极等在一起闲聊、赏画,相互观摩品评,参加一些绘画展览活动。传记中依据当时正在国立艺专读书的吴冠中的回忆,记述了他见到的有关林先生的一件事情:"那是在重庆图书馆,当时正举办徐悲鸿的画展,各界人士都来参观,车水马龙的。他当时是快要毕业的学生,也去看展览。偶然发现林先生也在看这个展览,记得林先生的衣服袖子都破了。从艺术上讲吴冠中如同看见父母一样,他就一直跟着林先生,希望听到先生的评价。但林先生只是看,不加评论。正好碰见徐悲鸿进来,身穿白色西装,打着黑蝴蝶领结,还有蒋碧微,前呼后拥地进来了。林先生看见徐悲鸿就跟他握手,徐悲鸿很忙,打了个招呼就照顾别人去了,看到这里,吴冠中心里很难受,他觉得徐悲鸿对林先生太冷淡了。许多年以后,有次吴冠中到上海看林先生,聊天时提到这件事情,林先生说记不得了。"②

可见林风眠并没有把这件事情放在心上。李可染在《一位真正的艺术家》中也回忆道,抗战期间林风眠与徐悲鸿都居住在重庆,李可染与林先生、徐先生这两位大艺术家都非常要好,经常到二位先生的家中去玩,"但这两位先生没有来往。有一天,我要到徐先生家去,我跟林先生讲:我今天要到徐悲鸿家里去,咱们一道去好不好?林先生说:我跟你一道去。林先生到了徐家,徐先生一开门,我就介绍说林先生来看您,徐悲鸿一听非常震惊,马上请林先生进到房间里,话没说几句,徐先生就说,我三天以后摆一桌盛大的宴席请林先生。确实三天以后就请了林先生,我与李瑞年等几位学生作陪。从前的大艺术家是互相瞧不起的,你叫我先去看他,这怎么行呢?这说明林风眠的心胸很开阔,这很不容易……林风眠先

---

① 郑重:《林风眠传》,东方出版中心 2008 年版,第 178 页。
② 同上书,第 176 页。

生是位真正的艺术家，心胸一点儿杂质都没有。"① 生活中的琐碎小事，展示了传记主人公的品格、胸怀。正如艾伦·谢尔斯顿所讲："传记作家的职责往往是稍稍撇开那些带来世俗伟大的功业和事变，去关注家庭的私生活，展现日常生活琐事，在这儿，外在的附着物被抛开了，人们只以勤谨和德行互较短长。"② 而传记主人公的形象也正是在传记作者对于日常生活细节的描绘过程中日渐丰满起来，使读者产生了共鸣。

张次溪的《齐白石的一生》也是通过一件件日常生活的小事来展现齐白石这位艺术大师的形象的。比如1927年秋天，国立北京艺术专科学校校长林风眠邀请齐白石去教中国画，但是齐白石"自问是个乡巴佬出身，从小读书很少，到学校去当教员，恐怕不容易搞好"。开始的时候，齐白石百般推托，但经不住林风眠和许多朋友的再三劝说，勉强答应去试试。"担心自己教得不好，弄出笑话来"。③ 结果，几堂课教下来，效果很不错，受到学生的欢迎，校长、同事也都很尊重他。当时齐白石已经65岁了，他的绘画艺术已经取得了很高的成就，但是仍然保有谦虚的作风，这也是他一生始终坚持的良好品格。到70多岁的时候，齐白石的门牙只剩一个，摇摇欲坠且时常疼痛，但他忍着疼痛不肯拔去，因为他想到了祖父祖母、父亲母亲看到他初长牙时喜不自胜的情景，他感念幼年生活的境遇，怀想失去的亲人，常常流泪。齐白石直至晚年，仍时时想到故乡，思念故乡的亲人，始终怀有一颗感恩的赤子之心，这也是他的艺术创作始终离不开自己熟悉的身边景物的重要原因。这部传记通过一件件日常生活逸事展现了齐白石高尚的品格，对于艺术的认真、执着的追求，谦虚，对祖国的无限热爱之情。

林浩基的《齐白石传》中详细描述了白石老人听到好友陈师曾去世的消息后的情景："八月十二日下午，他无精打采地回到了家，什么话也不说……只见白石呆呆地望着墙上挂的陈师曾的画，眼眶里充满了泪水……白石止不住泪水夺眶而出，顺着脸颊淌下，口中喃喃地说：'师曾走了，

---

① 中国画研究院编：《李可染论艺术》（增订本），人民美术出版社2000年版，第214页。
② ［英］艾伦·谢尔斯顿：《传记》，李永辉、尚伟译，昆仑出版社1993年版，第7页。
③ 张次溪：《齐白石的一生》，人民美术出版社2004年版，第131—132页。

实在太惨,太可惜了。'""太惨",是因为"痢疾"夺去了白石忘年之交的性命;"太可惜",是因为陈师曾去世时才只有48岁,正是风华正茂的年龄。齐白石为陈师曾的突然离世悲痛不已,二人交往的点点滴滴又重新浮现在眼前:陈师曾将齐白石的绘画带到日本参加画展,使得齐白石的大写意红花墨叶的作品,山水和花鸟等都受到日本同行的高度赞扬,日本画展之后,齐白石画名大震,齐白石的"衰年变法"就是在陈师曾的鼓励之下实施并获得了成功,某种意义上来讲,陈师曾是发现齐白石的伯乐,齐白石用诗歌来纪念这位患难知己:"哭君归去太匆忙,朋友寥寥心益伤……此后苦心谁识得,黄泥岭上数株松。"①

孙霞的《郑板桥画传》(中国文联出版社2005年版)写了郑板桥的几件逸事:在焦山住读期间郑板桥到金山寺观赏书画展览,刚刚进门,老方丈见郑板桥衣着简朴,只是勉勉强强地招呼"坐",对小和尚说"茶",板桥不动声色,只是观赏墙上的字画;继而老方丈发现郑板桥专心致志地欣赏字画可能是内行,就主动上前搭话,结果发现郑板桥谈吐不俗,马上将他请入房内说"请坐",对小和尚吩咐道"敬茶";等到发现来人是大名鼎鼎的郑板桥时,老方丈满脸堆笑"请上座",急急忙忙吩咐小和尚"敬香茶"。"坐,上座,请上座;茶,敬茶,敬香茶"是郑板桥为方丈写的一副对联,用老方丈自己的话语来写对联,非常形象地反映了老方丈对郑板桥态度的转变过程。郑板桥在范县任知县期间微服私访,发现一位卖扇子的老婆婆面露忧色,长吁短叹,忙问发生了什么事情,原来是老婆婆家境贫寒,靠卖扇子贴补家用,可是秋天到了,天气转凉,老婆婆手中的扇子卖不出去;郑板桥了解情况之后,马上到附近商店借来笔墨,在老婆婆的扇子上即席画画题字,周围的人听说画画的人就是知县郑板桥时,纷纷拥上前来,老婆婆的扇子很快被抢购一空,这件逸事非常鲜明地体现了郑板桥的爱民之心。

张大千是中国画坛的奇才,而他日常生活中的种种逸事也展现了性格中极具个性的一面,据黄苗子《画坛师友录》(增订版,生活·读书·新

---

① 林浩基:《齐白石传》,学苑出版社2005年版,第369—370页。

知三联书店2007年版）中记述，张大千在日本花店看到一盆盆栽，非常喜爱，但店老板却说是非卖品，大千是越看越爱，主人越是不卖，他就越出高价，结果以逾万美元成交，运回美国又花了几千美元；张大千在国外的打扮，从来都是宽敞袍子、东坡帽、布履布袜，在美国环荜园居住时，喜爱穿红袍，白发红袍非常引人注目，结果引起"嬉皮士"好奇，很多人跟着他走路，大千一时兴起，将他们统统都请进咖啡馆，后来这些人竟然要拥他做"嬉皮士之王"……这些生活琐事的描写生动形象地展现了艺术家生活中另一个真实的侧面，表现了张大千性格的豪放、不羁，"在这儿，你却被领进主人公的私人寓所：你看见他袒露在你面前，你还差不多可以熟知他私下的一言一行……把主人公降到'简直如同天生一般的赤裸状态'……（我们）……发现那'神一样的人'（Demy-God）是一个人"①。

席德进是林风眠的学生，台湾画坛大师级的人物，任性率真，丝毫不拘礼数的言行常常令人瞠目，即使葬礼也别出心裁、与众不同。他的葬礼是生前自己安排好的，身后由好友遵嘱代为执行："灵堂中用艺术布景和书画取代挽联、讣文，由大幅彩色照片充当惯用的黑白遗像，以肖邦的乐曲顶替低回伤感的哀乐。画家本人则身着清朝的官服，躺在自己设计的棺木中，陪伴他西去的除了生前所用的眼镜、图章之外，还有在杭州艺专时女友送的水晶手链。"② 终身未娶的"怪人"席德进在自己的葬礼上也充分展示了艺术家的独特的个性，而读者可从中感受到"大师级"艺术家内心的孤独与寂寞。

在新时期画家传记中，传主亲朋好友的往事回忆往往更能够生动形象地展现传主的个性特征。傅抱石作画追求意境的构思，他的画大处淋漓奔放、小处精细耐看，夫人罗时慧曾回忆傅抱石在画室作画的情形：他习惯于将纸摊开，用手摩挲纸面，摸着，抽着烟，眼睛看着空白画纸，好像纸面上就有什么东西被他发现出来似的。摩挲了半天，烟一根接一根地抽，忽然把大半截烟头丢去，拿起笔来往砚台里浓浓地蘸着墨就往纸上扫刷，他东一下西一下地刷得纸上墨痕狼藉，使旁观者为之担心纳闷，可是他胸

---

① [英]艾伦·谢尔斯顿：《传记》，李永辉、尚伟译，昆仑出版社1993年版，第7页。
② 朱晴：《赵无极传》，花山文艺出版社1999年版，第163页。

第四章 艺术手法的多元化探索

有成竹地继续涂抹着,涂到一定程度,就把它挂在墙上,再坐下来抽烟,但仍然目不转睛地全神注视着墙上的画。抽着烟、注视着、思考着,然后取下来放在画案上渲染层次,添补笔墨,画中的山川景物逐渐具体,还是反复地挂墙、卸下、细察、冥想,有时满纸淋漓,拿都拿不起来。待它稍干,然后做最后一道细致的"收拾"功夫。① 作画过程生动形象又具体的描述,也表现了傅抱石对艺术创作的严谨态度。

李可染先生在《谈齐白石老师和他的画》一文中回忆老师齐白石时这样讲到:"齐白石作画喜题'白石老人一挥',其实他在任何时候作画都是很认真、很慎重,并且是很慢的,从来不曾信手一挥过。他写字也是一样,比如有人随便请他写几个字,他总是把纸叠了又叠,前后打量斟酌,有时字写了一半,还要抽出笔筒里的竹尺横量竖量,使我在旁按纸的人都有点着急,甚至感到老师做事有点笨拙,可是等这些字画悬挂了起来,马上又会使你惊叹,你会在那厚实拙重之中感到最大的智慧和神奇。"② 严肃、认真、精益求精的创作态度是白石老人取得辉煌艺术成就的重要条件。

第三,写出传主个性化的语言。语言可以充分展现人物的个性,揭示人物的心理,展示人与人之间的错综复杂的关系,描述事件发生的过程,尤其是传主极富个性化的语言,在传记文学的创作过程中常常发挥着重要的功能。朱东润在《传记文学能从〈史记〉学到什么》一文中说:"有人说在叙述事实方面,只要列举事实,用不着插进对话。当然这是一种主张,但是问题在于我们无法完全摒除对话。《史记·五帝本纪》记载舜任用禹、稷、皋陶等的事迹,完全是用对话。记载历史事实的发展,有时必须用对话,才能表现当时的神态。也许有人认为这样的叙述,不一定很真实,这是完全正确的,当时没有录音机,谁能保证完全真实呢?但是立论推求太过,有时反而窒碍难行,古人没有录音机,并不能证明古人没有对话。不仅如此,我们在记录语言的时候,有时也不妨转译。舜和禹、稷、皋陶的语言,在《尚书》和《史记》中,就不完全一样,

---

① 黄苗子:《画坛师友录》(增订版),生活·读书·新知三联书店2007年版,第227页。
② 李松:《万山层林——李可染》,山东画报出版社2001年版,第62页。

在记载的时候，只能按照当时的语言规律，给予记录，这不是录音机所能办到的。"①

语言能够反映一个人的生活经验、文化素养、性格特点，对于揭示传记主人公的性格具有很大的作用。《史记》中人物语言的个性化程度就非常高，即使同一件事情，由于人物的出身、生活环境、学识修养、思想观念、个性等的不同，语言的表述方式也迥然有异，比如陈涉、刘邦、项羽三人都有过一统天下的宏大愿望，陈涉具有强烈的取代王侯将相的想法："王侯将相宁有种乎？"表达了他作为农民起义军领袖的一种追求平等的思想；而刘邦的说法是："嗟乎，大丈夫当如此也！"贫寒的出身使他流露出对荣华富贵的无限向往；项羽是旧贵族出身，霸气十足，根本不把秦始皇放在眼里，面对秦始皇说道："彼可取而代也！"三个人的语言各具特色，充分反映了各自的生活经历以及性格特征。《李斯列传》中的李斯看到了"厕中鼠"和"仓中鼠"的处境之后发出感叹："人之贤不肖譬如鼠矣，在所自处耳。"继而向荀子学习帝王之术，学成之后与荀子告别时又发出了感慨："故诟莫大于卑贱，而悲莫甚于穷困。"真实而深刻地反映了李斯的价值观、人生观，这是他人生理想得以实现的动力，也葬送了他的身家性命；在被腰斩之前李斯对儿子说道："吾欲与若复牵黄犬俱出上蔡东门逐狡兔，岂可得乎！"表现了对人世深深的留恋之情，但为时晚矣！李斯不同时期的语言真实地反映了思想的发展变化，展现了其性格形成的过程及其动因。《张仪列传》中写张仪游说诸侯，被楚相门下怀疑盗璧而挨了打，回家之后有一段夫妻对话，其妻曰："嘻！子毋读书游说，安得此辱乎？"张仪谓其妻曰："视吾舌尚在不？"其妻笑曰："舌在也。"仪曰："足矣。"妻子从埋怨到笑，可以看出张仪话语的幽默感，更进一步生动形象地展示出他辩士的身份与个性。日本学者斋藤正谦这样评价《史记》中人物形象的塑造："子长同叙智者，子房有子房风姿，陈平有陈平风姿。同叙勇者，廉颇有廉颇面目，樊哙有樊哙面目。同叙刺客，豫让之与专诸，聂政之与

---

① 王兆彤编著：《传记·回忆录写作导引》，山东文艺出版社1987年版，第92页。

荆轲，才出一语，乃觉口气各不相同。高祖本纪，见宽仁之气动于纸上；项羽本纪，觉喑噁叱咤来薄人。"① 人各一面，形象鲜明、生动、丰满，主要是由于作者司马迁灵活运用了极具个性化的语言，每个人的口气"各不相同"。

杨继仁的《张大千传》真实形象地再现了张大千具有传奇色彩的一生，而其中传主个性化语言的运用发挥了很大作用，比如记述张大千与叶浅予见面的情景："'八叔，叶先生来了。'心德跑进画室，向伏案作画的张大千通报。'叶先生？哪个叶先生？''叶浅予先生。''哦呀！他回来了！'大千一听，将画笔一放，疾步向门外走去。刚走到门边，就听到叶浅予的笑声传了进来。'浅予兄！''大千兄！'两个老朋友奔到一起，互相抓住对方的胳膊，一个劲地摇。'好几年没有见面了，真想你……''是啊，我也时常挂念你。'……要说的话太多，从三十年代的相识扯到今日的重逢，从叶浅予的漫画谈到张大千的人物，从印度又说到成都。"② 从语言、动作等的详细描写之中再现了老友重逢的场景，自然、真切、感人。

郑重的《林风眠传》也是新时期画家传记中的优秀之作，但其中的对话运用比较少，只是在林风眠晚年到了香港之后与友人的交谈中采用了少量的对话来表现传主的性格，比如吴棣榕，自称是"林风眠秘书"，对初到香港的林风眠了解得最多，他与林先生有一次谈话："你的画像个童话世界，越看越喜欢。"林风眠说："画一张好的画，如女人十月怀胎，是很喜欢，很疼爱的。""你为什么要卖掉呢？""我要吃饭啊。再说，儿子不能老是生活在自己的身边，要让他走出去，要让人家去享受。"……"你的画风是外国的多，还是中国的多？""我的根还在中国，所有的文化都来自人民生活，不要让人家说不中不西，我是又中又西。""评论家说你的画好，你感到怎样？""自己吹自己的儿子，不好。儿子是什么样子，让人家去批评嘛。"③ 林风眠将画作称作自己的"儿子"，可见他对绘画的珍爱，

---

① 王水照、武鸿春选编：《日本学者中国文章学论著选》，上海古籍出版社1994年版，第60页。
② 杨继仁：《张大千传》，文化艺术出版社2006年版，第288页。
③ 郑重：《林风眠传》，东方出版中心2008年版，第279—280页。

但是他并不一味地"袒护"自己的"儿子",要让众人去评说,体现了他的艺术观,同时又对自己的画风做了一个概括:又中又西。林风眠在中国美术史、中国美术教育史上占有举足轻重的地位,但是他的一生非常低调,学生席德进1978年从台湾到香港看望老师,看到年近80岁的林风眠仍在满怀信心地展望未来,非常高兴,就说:"你可以活到像齐白石一样的年纪的,看你精神多充沛,身体多硬朗啊!……你生平的业绩,我们知道得很少,我要为你写一个年谱。"林风眠非常谦虚地说:"不要,还早,等我死了再说。""死了,人言有异,会把事实歪曲,弄成虚假。尤其是你的画上仅签了一个名,没有年月,后人研究起来,颇为困难。你看齐白石还有一篇自述,是由他的学生记录下来的,使人对他的艺术更加了解……我还可以把你如何教我们的事写出来。有许多后辈非常崇敬你的艺术,渴望了解你。我相信我可以把你的伟大抱负、理想传达给他们。"林风眠把话题岔开了……①席德进回到台湾后创作了《改革中国画的先驱者——林风眠》一书,在"后记"中他写道:"我不知道林先生住在香港何处,我无法与他单独会谈,谁都无法与他取得单独联络,多少人想见他都被他婉拒了,我能三次与他会面,对我这个学生来说,已是最幸运了。"带有几分幸运而又无可奈何的话语,可以说是对林风眠这位大师级的艺术家晚年不事张扬生活的一个简要概括,也是林风眠一生的为人处事原则。人物语言、对话在传记文学的创作中发挥着重要作用,可以形成传记中生动活泼的生活氛围,凸显传主的身份与个性,就如鲍恩所讲,"观察一位作者的传主是怎么说话的,这甚至比他们的外貌问题更富挑战性"②。

钱锺书先生曾对《左传》中的对话给予了高度评价:"吾国史籍工于记言者,莫先乎《左传》,公言私语,盖无不有";"《左传》言而实乃拟言、代言,谓是后世小说、院本中对话、宾白之椎轮草创,未遽过也"。③"拟言""代言"是指作者依据历史情境和人物的身份、个性等虚构的对话。在传记文学的写作中适当地运用对话,使人物语言符合人物特定的身

---

① 郑重:《林风眠传》,东方出版中心2008年版,第274页。
② 杨正润:《现代传记学》,南京大学出版社2009年版,第566页。
③ 钱锺书:《管锥编》第1册,中华书局1986年版,第164、166页。

份、经历和当时的社会环境,既能够使文章生动活泼、通俗易懂,又能够充分表现出人物的个性特征。章学诚在《文史通义·古文十弊》中提出:"文人固能文矣,文人所书之人,不必尽能文也。叙事之文,作者之言也。为文为质,惟其所欲,期如其事而已矣。记言之文,则非作者之言也;为文为质,期于适如其人之言,非作者所能自主也。"①传记作者的叙述语言,可以由作者自己决定,不必加以过多的限制,只要写得符合历史事实就可以了;但是对于传记文学中传主所说的话,则不能由传记作者随心所欲地进行描写,语言必须要符合传记主人公本人的身份、修养、个性,符合当时的情境,这样才能够真实地再现传主独特的风貌。

第四,通过心理分析的方式来展现传主的个性。在传记文学中,传记主人公情绪情感的发展变化、心理的活动等是传记作家和读者都非常感兴趣的方面,它是传主的行为以及人格发展的内在动因。鲍恩曾说:"作家要展示传主的思想,这是正当的但也是困难的技巧,它是作家对某种具有普遍意义的真实的一种宣示,它实际上是用于表现一个人物——正在讨论的人物——此时在想些什么。在文学传记中,当主人公富有表达力和机智的时候,这是最合适的了。"②优秀的传记作家应该是心理学家,重视对传主内心丰富复杂情感的细致描摹。司马迁的《史记》注重将心理分析的手法运用于传主形象的塑造,《淮阴侯列传》对韩信的心理进行了细致的分析刻画:韩信是一位优秀的军事将领,他有野心,有建功立业、博取富贵功名的强烈愿望,但是他的性格当中又有软弱的一面,犹豫不决,左右摇摆,这也导致了他最后被处死的悲惨结局。《项羽本纪》中写项羽攻入咸阳,火烧阿房宫之后,"人或说项王曰:'关中阻山河四塞,地肥饶,可都以霸。'项王见秦宫室皆以烧破残,又心怀思欲东归,曰:'富贵不归故乡,如衣绣夜行,谁知之者!'说者曰:'人言楚人沐猴而冠耳,果然。'项王闻之,烹说者。"这一段描写非常传神地揭示了传主性格的一贯特点:刚愎自用,目光短浅,缺乏政治谋略,想到的只是富贵还乡。

在20世纪以后的传记文学创作中,心理分析手法主要是用来解释传主

---

① (清)章学诚著,叶瑛校注:《文史通义校注》,中华书局1985年版,第508页。
② 杨正润:《现代传记学》,南京大学出版社2009年版,第556页。

的行为或人格发展的动因。德国著名作家埃米尔·路德维希深受精神分析学说的影响，他的作品以心理分析见长，着重描写传记主人公的心路历程，注重人物个性形象的展示，在《拿破仑传》中详尽阐述了他的传记观："在这部书里，我试图写出拿破仑内在的历史……战争的进程无关紧要，欧洲的政局也无关紧要……甚至将军们的肖像在我的记录里也没有一席之地。这是因为只要不是烛照传主内心的东西，本传一概不收。"① 奉行这一创作宗旨，读者在这部传记中看到的是传主拿破仑日常生活中的一言一行、喜怒哀乐，他与妻子的感情纠葛、与兄弟之间的纠纷等等，这些"烛照传主内心的东西"的描写不但丝毫没有损害拿破仑在读者中的形象，反而因为传记作家致力于对传主内心世界的描摹而使得拿破仑的形象更加真实、丰满、鲜活，入木三分。恩格斯在《致斐·拉萨尔》中说："我觉得一个人物的性格不仅表现在他做什么，而且表现在他怎样做。"揭示出人物在"做什么"时的心理活动是传记文学再现人物形象的重要手段，传记作家通过对传记主人公心理的细致刻画为传主的行为动机找到了更为深刻和真实可信的依据，从而多方位地展示了传记主人公行为的各个方面，丰富了人物形象。英国传记作家斯特拉奇在《维多利亚女王》中运用心理分析的方法展示了维多利亚的丈夫阿尔伯特——这个来自日耳曼一个小公国的王子的充满矛盾的个性特征，"他严厉而又温和，他谦逊而又傲慢，他渴望温情自己却又很冷漠。他是孤寂的，这不仅只是流寓他国所带来的孤寂，还有自觉而又无人理解其优越地位的孤寂。带有着教条主义者的骄傲，既听天由命又过于自负"，从而也为主人公那"内在的、神秘的，也许是无法分析的——太深地植根于其情性的最深处，令理性的目光无法窥测的"矛盾行为找到了合乎逻辑的解释。②

  人类社会中，富于创造性的艺术家本身往往就隐含着某种奥秘，而心理分析手法的运用，为传记作家在由艺术家的个人经历而推论其艺术创作活动以及阐释作品的过程中发挥了重要作用。受弗洛伊德精神分析学说的影响，茨威格在传记中将对传记主人公生平细节的描写与对人物个性及行

---

① 赵白生：《传记文学理论》，北京大学出版社2003年版，第212页。
② 李祥年：《传记文学概论》，安徽文艺出版社1993年版，第123页。

为动机的分析阐释相结合,从心理学角度对传主进行了深层次的心理分析。在《巴尔扎克传》中,茨威格深刻地揭示了巴尔扎克早年恋爱失败时的绝望心情,分析了他的荒唐而笨拙的举止的内在成因、企图进入上流社会的动机,对其在小说创作中的理性与现实生活中的幼稚进行了对比阐释,在"纪实传真"的基础之上,再现了巴尔扎克曲折复杂而成就辉煌的一生,展现了传主多姿多彩的性格特征。荣格说:"心理学家应满足于从精神生活的起点上,也就是说,在一种更具复杂性的层次上,对所发生的心理事件作不同程度的广泛描述,对错综复杂的心理脉络作生动的描绘……如果心理学家真能发现艺术作品内部和艺术创作过程中的因果联系,他就会使艺术研究失去立足之地,把它降低为他自己那门学科中的一个专门的分支。当然,心理学家绝不会放弃要求在复杂的心理事件中研究和建立因果联系的主张,因为这样做就会否认心理学有存在的理由。然而他又绝不可能在最完美的意义上实践这一主张,因为生命中创造性的一面(它在艺术中得到了最充分的表现)挫败了一切希望建立理性程式的企图。任何一种对刺激的反应,都可以从因果性上去作出解释;但是,创造性活动与单纯的反应是完全对立的,它将永远使人类难以理解。我们只能描述其表现形式;它可能被朦胧地感受到,但不可能被完全把握住。心理学和艺术研究将永远不得不相互求助,而不会是由一方去削弱另一方。"[①] 心理学在阐释人的行为与动机之间的关系时并不是万能的,强调个性和精神对于传主生命历程中所经历的重大事件的重要性是必需的,但是并不能由此而忽略传记作者对于事件的阐释,从而影响到传记文学的史学特征。

　　欧文·斯通在《渴望生活:梵高传》中对梵高自杀前的心理进行了详尽的描述:"这一次,是结束的时候了。""他要去告别……现在,就要离开这个世界了,他要向它告别,向那些曾经帮助他,对他的一生给予过影响的朋友们告别。他要向乌苏拉告别,她对他的轻视使他脱离了那种因袭传统的生活,成了遭人遗弃的流浪汉。他要向曼德斯·德科斯塔告别,他使他相信他最终一定能表现出他内心的一切,而且那就是他一生成就的证

---

[①] [瑞士] 荣格:《心理学与文学》,冯川、苏克译,生活·读书·新知三联书店 1987 年版,第 125 页。

明。他要向凯·沃斯告别,她的'不,决不,决不!'已经深深地刻在他的心灵上。他要向丹尼斯太太、雅克·维尼和亨利·德克鲁克告别,他们促使他爱上了人世间那些横遭蔑视的人们。他要向皮特森牧师告别,他的仁慈竟使他能够容忍温森特难看的衣着和粗野的举止。他要向他的母亲和父亲告别,他们曾经尽可能地疼爱过他。他要向克丽斯汀告别,她是命运认为应当赐予他的唯一妻子。他要向毛威告别,他曾经在短短的几个令人愉快的星期里做过他的老师。他要向韦森布鲁赫和德·鲍克告别,他们是他最初的画家朋友。他要向他的叔叔温森特、约翰、科尼利厄斯·马里纳斯以及斯特里克告别,他们曾经称他是梵高家的败家子。他要向玛高特告别,她是唯一爱过他并且为了这爱情而企图自杀的女人。他要向巴黎的所有画家朋友们告别——向劳特雷克,他重又被关进了精神病院,并且死期将临;向乔治·修拉,他由于过度劳累而在三十一岁夭折了;向保尔·高更,一个流落在布列塔尼的乞丐;向罗酥,他正在巴士底附近的破屋子里变得衰弱而憔悴;向塞尚,埃克斯一座高山顶上的痛苦的隐士。他要向佩雷·唐古伊和罗林告别,他们让他看到了人世上那些纯朴的人的智慧。他要向拉舍尔和雷伊大夫告别,他们曾经在他最需要仁慈的时候给予了他仁慈。他要向奥里埃和伽赛大夫告别,他们是世界上仅有的两个认为他是个伟大艺术家的人。最后,他还要向他的好弟弟提奥,这个曾经为他经受了长久的痛苦,然而却一直爱着他,在迄今有过的兄弟之中最好、最亲爱的弟弟告别。"[1] 这一段梵高临终前的心理描写,是他对于自己的一生所做的总结,展示了他的曲折坎坷、充满艰辛而又坚持不懈的艺术之路,同时又向读者描摹出著名艺术家当时的情状。读者感动于梵高悲惨凄苦而又成就辉煌的一生,对艺术家的境遇又会发出深深的慨叹。

传记文学作家在创作的过程中,要达到小说家的匠心与历史学家的严谨的紧密结合,这样才能够真实地展现出传记主人公性格的复杂性及其内心情感的细微变化,使得读者产生高度的共鸣,增强作品的艺术感染力。茨威格的传记作品以独特的心理分析见长,着重表现的是传主在经历重大

---

[1] [美]欧文·斯通:《渴望生活:梵高传》,常涛译,北京十月文艺出版社2008年版,第515—516页。

## 第四章 艺术手法的多元化探索

历史事件过程之中的思想状态和内心活动，伴随着传记作家对传主心理分析的逐步推进，传主的形象也日渐丰满成熟，"心理学这种更精密的仪器将不断继续，一层层，一个空间一个空间地向我们新的尘世中的无限、人的心灵深处推进"①。心理分析手法的运用可以帮助读者更深层次地理解传记主人公性格形成的过程及其原因。朱晴的《赵无极传》文笔流畅生动，真实、详尽、形象地展示了法籍华裔著名画家赵无极自中到西的人生旅途和由西至中、中西合璧的艺术历程。作者写到，赵无极的画室有一个特殊之处，即所有的画室都没有窗户，如同一个个密封的水泥盒子，因为他作画时需要有绝对的安全感，要与外界完全隔绝，需要独自完全孤独地面对画布，身心完全沉浸在封闭而超然的静谧氛围之中，才能舒展开想象的翅膀，在艺术的空间自由地遨游，即使最亲近的人也需要得到允许才能进入，这种习惯的形成可能是由于传主幼年时经历的一件事情对他产生了重大影响，作者对此进行了深刻的分析和阐释。心理学家认为，童年的经历体验会持续不断地对人的一生产生影响，幼年时的赵无极一次放学回家与同伴看到了"残酷骇人"的行刑场面："随着刀光挥动的瞬间，鲜红的血花四处迸溅，人头落地后骨碌碌滚出去老远。前边的人惊恐地尖叫着躲闪，后面的人还探头探脑地想看个究竟……赵无极一口气狂奔到家门口，仍觉惊魂未定，坐在饭桌前心还怦怦地跳个不停。面对一桌子可口的饭菜，他没有一点点食欲，只觉得胃里一阵阵地往上翻。"② 这令人极度恐怖的场景深深地定格在童年赵无极的脑海之中，后来又无数次在他的梦境中重现，噩梦般的记忆永远地留在了他的心中，带给传主的是一种极度不安全感，严重影响了他的一生，从而导致了传主所有的画室都没有窗户这种特殊习惯的形成。

在新时期画家传记中运用心理分析手法来刻画传主形象的作品比较少，对传主心理的刻画往往在叙述其生平事迹时用三言两语附带提及，篇幅很短，只有极少数作品在具体阐释某一件事情时运用了心理分析手法。张大千是中国画坛最具有传奇色彩的画家，他的二哥张善孖最擅画虎，他

---

① [奥地利] 斯蒂芬·茨威格：《自画像》，袁克秀译，西苑出版社1998年版，第12页。
② 朱晴：《赵无极传》，花山文艺出版社1999年版，第10—11页。

希望二哥能够在虎画上独领风骚、画坛独步，因而有意回避很少画虎。李永翘的《张大千·画坛皇帝》中记述了张大千在一次醉酒后画虎的经过：与朋友欢宴之后，似醉非醉的大千乘兴挥毫，画出了一幅六尺中堂《虎啸图》，构图粗放，用笔放纵，威风凛凛的老虎在狂啸怒吼，令人望而生畏。二哥善孖见了之后也不禁拍案叫绝，在画上题诗、写跋，对八弟的技艺大加褒扬。此画恰巧被一位日本画商看到，惊喜异常——因为极少见到张大千画虎。经不住软磨硬泡，张善孖将"虎画"卖给了那个日本人。日本画商如获至宝，大肆炒作，一时间登门求购张大千的虎画者，络绎不绝。看到这样的情形，传记作者描写了张大千的一段心理活动："张大千一开始，见到别人竟如此喜欢他的老虎画，他当时在私心上，也不免感到欣喜，并颇有些得意。但当他听见有人说他的画虎，竟然是已经远远超过其二哥善孖时，他闻知却不禁勃然大怒。因他清楚，二哥的虎画功力极深，精妙绝伦，且二哥是自己的教师与引路人，自己这又如何能同二哥比?！张大千由此猛然醒悟，这种贬兄扬己的说法，实在是小人所为，行为卑劣，实不屑理睬。但由气生怒，大千从此对于那些求他画虎者，一概断然拒绝。"这一段心理描写，非常真实地再现了张大千当时的心理状态，由"得意"而"醒悟"到"断然拒绝"，使得张大千的形象更加真实、生动、栩栩如生。这件事情对张大千产生了很大的刺激，他在网师园的门上贴出了一副对联："大千宁受贫与苦，黄金千两不画虎！"① 自此，张大千立下了二戒：一戒饮酒，二戒画虎。直到抗战胜利，举国欢庆，张大千才开了"酒禁"，而对于"戒画虎"，张大千则保持终身，誓不画虎！

廖静文的《徐悲鸿一生：我的回忆》中提到，20岁的徐悲鸿在1915年父亲去世后不得已离开家乡独自来到大上海谋生，但是却处处碰壁，"悲鸿感到全身都在战栗，心好像突然裂开了，血不断地涌出来。一种难以遏制的痛苦和失望强烈地攫住了他，他不顾一切地狂奔到黄浦江边"。血气方刚的徐悲鸿再也忍受不了了，想投入滚滚的黄浦江结束自己的生命，他"感到呼吸困难，浑身像着了火，有一种燃烧般的痛楚。他猛力扯

---

① 李永翘：《张大千·画坛皇帝》，花城出版社1999年版，第446—448页。

## 第四章 艺术手法的多元化探索

开衣襟,让无情的风雨打在他的胸脯上"。冷风急雨的吹打使徐悲鸿渐渐清醒,想起了父亲的临终遗言,想到了自己肩上的责任和曾经的理想壮志,他低声对自己说:"一个人到了山穷水尽的地步而能够自拔,才不算懦弱呵!"① 1927 年,徐悲鸿从巴黎留学归国又一次望见黄浦江的时候,"对着这滚滚奔流的江水,悲鸿不禁想起了十二年前那个可怕的、风雨交加的日子,想起了无情的风雨怎样冷酷地打在他那年轻的胸脯上"。12 年艰辛的求学生活磨炼了他的意志,他准备"以一个战士的姿态,投入祖国的怀抱,准备战斗,准备开拓祖国的艺术事业"②。1937 年的除夕,徐悲鸿一人在嘉陵江畔踽踽而行,见到了一位身背竹篓、衣衫褴褛的妇人还在凄凄惶惶地寻找生活,引起了他极大的同情,他的眼前突然"闪现出二十多年前在黄浦江畔的那个阴冷而可怕的夜晚,他仿佛又听到了江水的呜咽和叹息"。此情此景,激发了他的创作灵感,他急匆匆地跑回宿舍,将自己的全部情感熔铸笔端,创作了国画《巴之贫妇》,并题写道:"丁丑除夕,为巴之贫妇写照。"③ 寒风中的老妇人衣衫褴褛、形容憔悴,两只饥饿的眼睛射出绝望的光芒,真实地表现了当时劳动人民生活的艰难。传记作者在作品中三次提到徐悲鸿在黄浦江畔的经历,运用动作、心理等细节描写的手法再现了传记主人公的心路历程,展现了艺术大师徐悲鸿独特的个性气质;廖静文在《徐悲鸿一生:我的回忆》后记中记述,为了创作这部传记,"我曾经在一个风雨交加的日子,伫立在黄浦江边,在滚滚的江涛声中,我仿佛听见悲鸿在说:'一个人到了山穷水尽的地步而能够自拔,才不算懦弱呵!'"深切地感受到了当年徐悲鸿的心境,来自于传记作者亲身体验的感受则更为真实、自然。

传记文学可以运用心理描写与心理分析的方法来展现传记主人公独特的个性形象,但是在具体的写作过程中应该是有节制的,过分地滥用心理描写的方法,有时也会造成传记文学的失真。"在现代传记文学的发展中,某些传记家对于心理学原理与方法的过分迷恋与滥用,也已经使我们有了

---

① 廖静文:《徐悲鸿一生:我的回忆》,中国青年出版社 1982 年版,第 23 页。
② 同上书,第 77 页。
③ 同上书,第 158 页。

不少反面的教训。一些热衷于个性心理学的传记家常常过于强调了个人性格及精神状态对于人生事件的重要性，这往往导致对人生或历史事件的带有唯心主义倾向的解释"；"另外，心理学原理在传记文学创作中的广泛运用，必然会将其衍生学科精神分析学引入人物传记写作的领域。如果能够正确地使用它，它可以成为传记家手中的法宝以对所要传写的人物做出更加完整的解释，但是，精神分析方法的滥用，也常常会造成传记文学的严肃性——确切地说是严肃的历史真实性的丧失"。① 李祥年的这一段话非常明确地指出了传记文学写作过程中应该适度运用心理分析手法的重要性。

第五，要充分表现出传主性格的发展过程。凡成功的传记作品，无一不是真实、详尽地展示了传记主人公成长、发展以及成功的过程，表现了传主思想、性格的发展变化过程，写出了他们成长过程中的喜怒哀乐，呈现在读者面前的是一个真实、生动、血肉丰满、有呼吸的人物形象。"传记，顾名思义，是为伟人或名人立传。因而它不应简单地叙述他们的事迹，而应努力挖掘、力透纸背地描摹他们的思想、趣味、行动方式等各方面品格。这是他们创建伟大业绩的动因。茨威格深入地表现了巴尔扎克对事业的执拗追求，对贵族徽章的向往，对富孀的爱慕以及在债台高筑的压迫下疲于奔命的写作生涯，所以在他笔下的巴尔扎克形象呼之欲出。《拿破仑传》的作者把笔触伸进了这个科西嘉人的灵魂深处，细致地刻画了他阴沉、冷酷、乖戾、刚愎自用的性格，因此他像活人一样跃出纸面，使读者理解了作为伟大的资产阶级人物——他能在历史的紧急关头采取果断措施、创立奇迹的根由……""作者无须夸张和虚构，只要忠实地再现他们本来的面貌，特别是那些深印着他们人格的轶事，就可以勾画出具有鲜明个性特征的典型形象。"② 美国著名传记作家欧文·斯通的成名作《渴望生活：梵高传》（北京十月文艺出版社 2008 年版），真实再现了梵高短短的一生之中对于艺术的执着追求以及艰难探索的心路历程，正是梵高悲惨而成就辉煌的人生震撼了无数的读者，产生了广泛的世界影响。

翟墨的《圆了彩虹：吴冠中传》（人民文学出版社 1997 年版）主要描

---

① 李祥年：《论传记文学与心理学的关系》，《复旦学报》（社会科学版）1994 年第 1 期。
② 王兆彤编著：《传记·回忆录写作导引》，山东文艺出版社 1987 年版，第 69 页。

述了吴冠中艺术道路的五次重大的选择，写出了传主追寻艺术的艰难曲折的路程，读者从中既可以感受到吴冠中对艺术的热爱、执着、献身精神，又可以看到艺术家生活中鲜为人知的另一面，他的日常生活细节、内心情感，出现在读者面前的是一个极具"个性"的艺术家吴冠中。张大千，20世纪中国画坛最具传奇色彩的国画大师，他的艺术生涯经历了"师古""师自然""师心"三个阶段，他曾花费大量的时间和心血临摹古代大师名迹，特别是仿石涛的作品更是惟妙惟肖，几近乱真，曾瞒过了他的老师李梅庵，瞒过了黄宾虹，被称为"石涛再生"；遍游祖国名山大川，始终把黄山推为第一，曾三次登临；敦煌面壁三年，临摹了北魏、隋、唐、五代壁画，成就辉煌；先后在印度、阿根廷、巴西、美国等地居住，并游遍欧洲、南美、北美、日本、朝鲜、东南亚等地的名胜古迹，积累了丰富的创作素材，为艺术的创新打下了坚实的基础，1976年移居台北。张大千受西方现代派绘画的影响，晚年在传统笔墨的基础之上，独创泼墨泼彩画法，墨彩辉映，独具特色。杨继仁的《张大千传》（文化艺术出版社2006年版）正是以张大千的艺术生涯为主线，描述了传主丰富多彩的传奇人生经历，走进了他绚丽多姿的内心世界，展现在读者面前的张大千是一位才华横溢、情感丰富、充满生活情趣、酷爱美食的艺术大师，让我们充分领略了这位东方画坛巨匠的艺术风采。廖静文在《徐悲鸿一生：我的回忆》（中国青年出版社1982年版）中以充满真挚情感的笔触描述了徐悲鸿为中国的美术事业和美术教育事业终生奋斗的一生，艰难的求学之路，对艺术的孜孜以求，高尚的艺术品格、爱国热忱，培养造就艺术人才，以及日常生活中的丰富情感，真实展现了艺术大师徐悲鸿这位值得作者"用一生去回忆"的"丈夫"栩栩如生的形象。林浩基在《齐白石传·后记》（学苑出版社2005年版）中谈到他创作感受时说，这部传记是他的"一个孕育了十五个春秋的梦"，"当我第一次接触到大师的生平资料时，为他历尽沧桑、奋进不已的生命力和开宗成派、独树一帜的辉煌艺术成就所激动、所折服"。十五个寒暑艰苦的资料搜集、整理，传记作者紧紧抓住齐白石生命中的主要历程，从"耕读生涯"、"卖画养家"、"五出五归"、"衰年变法"、"画品人品"、"走进光明"等人生历程的几个重要阶段中，详尽描述了齐白石从木匠成长为现代杰出画家的精神追寻的曲折历程，展现了齐白石将近一个世纪的多彩生命的全部旅程。

中国画家很早就提出了绘画中的写形与写神的关系问题。晋代著名画家顾恺之曾提出"以形写神"的观点，"人有长短、今既定远近以瞩其对，则不可改易阔促，错置高下也。凡生人亡有手揖眼视而前亡所对者，以形写神而空其实对，荃生之用乖，传神之趋失矣。空其实对则大失，对而不正则小失，不可不察也。一像之明昧，不若悟对之通神也。"[①] 写形，是指在绘画中要求得外表的形似；写神，是指要表达出物象的神态，即内心的情感，指画家在反映客观现实时，不应仅仅追求外在形象的逼真，更应该反映绘画对象的特有的精神气质，追求内在的精神本质的酷似，注重人物的内心活动与表情动态的一致性与复杂性，通过描摹物象的外表形似而最终达到本质的神似。齐白石在他62岁时画的一幅《雏鸡小鱼》上面题写道："善写意者专言其神，工写生者只重其形，要写生而复写意，写意而复写生，自能形神俱见，非偶然可得也。"绘画艺术讲究的是"写生而复写意，写意而复写生"，"以形写神""形神俱现"，这样才能达到"气韵生动"，进入艺术的一种化境，这一理论同样适用于传记文学中人物形象的塑造。在传记文学的创作中，"写生"亦即胡适先生强调的传记文学所要遵循的"纪实传真"的基本原则；"写意"也就是指传记作家要通过多样化的文学手段来展现传记中人物性格的丰富性、复杂性，塑造立体化的、丰满鲜活的人物形象。"写生而又写意"，"形神俱现"也应该是传记文学人物形象塑造所要达到的最高境界。在世界文坛，莫洛亚作为一位传记作家，"他是无与伦比的"，这是莫洛亚的传记作者基廷给他下的断语。莫洛亚曾指出，"传记在美感方面大概比小说有某种优越性。在我们阅读一位著名人物的传记时，我们早已知道主要的波折和事件的结局。初看起来会使人感到，这会削弱阅读该书的兴趣，但实际上，只要书写得好，这会产生完全相反的效果。一切都好像发生在剧院里。当我们去看一出悲剧时，我们知道，恺撒将终于被布鲁图杀死，李尔王将发疯。但是剧情向这

---

① （唐）张彦远著，俞剑华注释：《历代名画记》，江苏美术出版社2007年版，第135页。

些预先知道的事情缓慢地发展，会赋予我们的激情一种庄严的诗意，这种诗意是永远存在的命运的思想所赋予希腊悲剧的。所以，我们在阅读我们所熟悉的人物的生平历史时，就好像在熟悉的地方漫步，勾起了我们的回忆并补充这些回忆。"① 时间的流逝、岁月的打磨可能会使"记忆"出现错觉或某种暗示，并可能不自觉地修正了这个"记忆"，一部成功的传记作品应该尽可能地使叙述出来的历史文本与当时的历史真实接近，使读者如同"在熟悉的地方漫步"，能够唤起并补充其内心深处的久远的回忆，使读者享受到审美的愉悦。

---

① ［法］安德烈·莫洛亚：《传记是艺术作品》，王忠琪等译，《法国作家论文学》，生活·读书·新知三联书店1984年版，第145页。

# 结　语

　　新时期中国传记文学的创作取得了令人瞩目的艺术成就,"传记在当下浮躁的社会里成为人们关注的中心与阅读的热点,这是一个不争的事实……首先,就传主来说,时代的需要是传记发展的重要条件……其次,就传者来说,自我的需要是传记发展的内在保证"。房福贤先生深刻地阐释了新时期传记文学创作繁荣的根本原因,同时也指出了其存在的问题:一是"意义的缺失",因为"意义的发现是一部传记成功的重要标志";二是"有相当多的作者无法突破为传主讳的传统观念。严格遵循历史的真实性,不为传主讳,这是传记写作之区别于其他文体的基本原则";三是"无原则地向大众趣味投降,以至堕入媚俗的洪流"。[①] 可谓一语中的。作为新时期传记文学大家族的一员,画家传记的创作也成为文坛的新热点,作品数量逐步增多,史学价值和文学价值进一步增强,突破了传统的叙述模式,叙述形式新颖、多样,传记作者的队伍在不断扩大、作家的艺术风格逐渐形成、传主形象呈现多元化的发展倾向。伴随着社会政治经济文化的发展,人们的阅读视域将会越来越广,对传记文学的需求也会更加多样化,21 世纪的传记文学将呈现更为繁荣健康的发展态势。俄国大文豪列夫·托尔斯泰早在 19 世纪末就曾预言,伴随着时代的发展推移,一般将不再虚构

---

　① 房福贤:《新时期"中国现代文学家"传记简论》,《山东师范大学学报》(人文社会科学版) 2008 年第 6 期。

文艺作品；作家们将不再是编造而是转述他们在生活中碰巧遇到的那些有意义的、令人喜闻乐见的东西。画家传记以其独特的内容和形式将会吸引越来越多的读者去阅读，会有更多的学者走进画家传记的研究领域。综合来看，新世纪中国画家传记的创作将会呈现出以下几个方面的特点：

一是从传记作者的角度来看，我们希望看到更多画家创作的画家传记。在新时期画家传记中，虽然佳作迭现，但是由画家创作的传记数量并不是很多，已经出版的主要有杨先让的《徐悲鸿》，王家诚的《吴昌硕传》、《张大千传》、《溥心畬传》、《明四家传》、《郑板桥传》，高万佳的《张大千》，简繁的《沧海》（包括《背叛》、《彼岸》、《见证》），傅艺瑶的《我的父亲：傅抱石》，李松的《万山层林——李可染》，沈左尧的《吴作人·大漠情》，林木的《傅抱石评传》，李世南的《狂歌当哭——记石鲁》，黄苗子的《画坛师友录》等为数不多的几部；而在画家的自传方面，主要有齐白石的《白石老人自述》，吴冠中的《我负丹青——吴冠中自传》、《黄永玉自述》、《黄宾虹自述》等，数量则更少一些。从以上几部传记来看，这一部分传记的最大优势在于传记作者对传主创作的阐释比较明晰、深刻，读者在阅读传记作品的同时也领略到专业的画作欣赏理论，但是也有比较明显的缺陷就是文学性相对来讲要差一些，作品的叙事手法、语言运用等方面还需进一步提高。

传记中存在两种主体——传记作者、传记主人公，传记文学写作的成功与否，关键在于如何处理好这两个方面的关系，而处理好这两个方面的关系的关键又在于传记作者。作为传记作者首先要重视传主的主体性，在作品中要真实地再现传主的生命历程、独特的个性，同时又要充分发挥自己的主体性，要能够与传主进行更深层次的心灵的沟通和对话，以平等的而不是俯视或者仰视的态度来看待传主，进行"生命与生命的对话"，对传主有自己独到的见解和认识，这样才能塑造出一个立体的、丰富生动的、鲜活的传主的形象。画家是极具艺术个性的群体，思维活跃，情感丰富，个性张扬，不拘一格。作为普通的传记作者，要想真正全面地了解他们的思想、生活、创作还是有一定难度的，但是如果画家作为传记作者来进行创作，他们与传主的经历应该有相似之处，思维方式、生活习惯等也比较接近，沟通也比较容易一些，作品成功的概率就更大。正如杨正润先生所讲："传记文学史上那些最优秀的传记，其传主大都同作者有某些相似之处。司马迁《史记》中写得最成功的是项羽、信陵君、屈原等具有悲剧色彩的人物，而司马迁自己一生的遭遇也是悲剧。莫洛亚所写过的几十个人物中，除了少数几个是应传主家属的请求外，其余人物都是同他在经历、气质、性格、民族等方面有一点或几点相似的。"①

二是画家传记的创作应该尽量避免"为传主讳"。胡适曾在《南通张季直先生传记·序》中说："传记最重要的条件是纪实传真，而我们中国的文人却最缺乏说老实话的习惯。对于政治有忌讳，对于时人有忌讳，对于死者本人也有忌讳。圣人作史，尚且有什么为尊者讳，为亲者讳，为贤者讳的谬例，何况后代的谀墓小儒呢……故几千年的传记文章，不失于谀颂，便失于诋诬，同为忌讳，同是不能纪实传信"。"中国的传记文学，因为有了忌讳，就有许多话不敢说，许多材料不敢用，不敢赤裸裸的写一个人，写一个伟大人物，写一个值得做传记的人物"。② 传记文学中的"避讳"传统在新时期中国画家传记的创作中同样存在。我们以刘海粟传记为例作一下简要分析：在中国现代美术史上，刘海粟是一位重要的人物，他与林风眠、徐悲鸿是公认的中国美术教育的开拓者，他在油画和中国画的创作上也取得了很高的成就，与此同时，他也一直是一位争议不断的人物。在有关刘海粟的传记中，柯文辉的《艺术大师刘海粟》、石楠的《沧海人生——刘海粟传》这两部传记中的刘海粟都被塑造成20世纪中国新文化、新美术的缔造者、举世无双的艺术大师、为艺术而艺术的艺坛圣人，他的思想、行为上的一些缺点被作者有意或无意地忽略掉了，出现在读者视野中的传主几乎是一个"完人"，这主要是受传记文学"为尊者讳"传统观念的影响。在传记作者的心目中，刘海粟是一位伟大的艺术教育家、艺术家，任何一点瑕疵都有可能影响艺术大师的形象，只有将这位大师塑造得完美无缺才能够符合传主的身份和地位，而这恰恰背离了传记文学"纪实传真"的基本特点，也不利于真实地再现刘海粟这位艺术大师的

---

① 杨正润：《传记文学史纲》，江苏教育出版社1994年版，第17页。
② 耿云志、李国彤编：《胡适传记作品全编》第4卷，东方出版中心1999年版，第203页。

形象。同样的"为传主讳"的现象也存在于传主的亲朋好友所创作的一部分传记当中。

在中国传统的观念中,个人总是同群体以及国家的利益密切地联系在一起,缺乏"个人"的观念,而一个人一旦成为"英雄"便会被当作偶像来崇拜,这对传记文学的创作产生了极为不利的影响,读者所看到只是公共空间的传主的"神"的形象,而看不到私人空间的作为"人"的传主,传主的形象流于概念化、公式化,显得干瘪、呆板、单调、乏味、缺少血肉,也就更谈不上生动形象了。中国当代的画家传记要想得以健康发展,必须突破"为尊者讳"、"为亲者讳"、"为贤者讳"的传统观念的束缚,树立现代的传记观,把传记主人公当作"人"而不是"神"来看待。在西方的传记写作中,"避讳"现象也一直不同程度地存在着。古希腊传记家普鲁塔克在《卢古鲁斯传》中说:"我们认为,再现人的形体外貌的纪念像,远逊于可以使人铭记其道德品质的传记……当画家在画一个非常美丽可爱的形象时,如果这个形象有某个细小的缺点,我们要求画家既不要完全漏掉它,也不要表现得太精确,因为在后一种情况下,形象会变得不美,而在第一种情况下,形象则会失真。和作画的情形一样,因为很难或者看来甚至不可能想象那种无可指责、洁白无瑕的人类生活,那就应当在美好的事物里充分相似地描写真相。"[①] 约翰生在写作《萨维奇传》时,由于对传主的过分偏爱与同情,以致不能客观公正地评价传主的形象,只讲述了传主的优点而回避了其性格中的不足之处,对传主的描写之中充满了溢美之词,将传主塑造成作者心目中的理想形象而不是史料中记载的传主形象,严重违背了传记文学应该客观、真实地再现传主形象的基本原则;而罗曼·罗兰的《米开朗琪罗传》则实录了这位创作了《大卫》式美男子的大师却因"劳作过度,身体变形,背伛身屈而很丑陋",以致"妇人的爱与他无缘"的真实而悲惨的境遇,这非但没有损害米开朗琪罗传的"英雄"的形象,反倒增添了读者对其献身艺术的崇敬之情。

三是从传记主人公的角度来看,我们希望出现更多有关普通画家的传

---

① 李少雍:《司马迁传记文学论稿》,重庆出版社1987年版,第267页。

记。胡适是第一个提出"传记文学"这一名称的,在有关的论文、书信、演讲等活动中,积极提倡"传记文学",强调传记文学的重要性,呼吁人们进行传记文学的创作,并身体力行进行创作,为的是"给史家做材料,给文学开生路",他的《李超传》写的就是小人物,是从普通人的人生经历以及精神追求的描写中,批判封建伦理道德对人性的压抑和残害。在胡适的积极倡导之下,文坛一度出现了传记文学创作的热潮,有关普通人物的传记也陆陆续续地出版。韦勒克、沃伦在《文学理论》中讲道:"传记作者在为一个政治家、一个将军、一个建筑家、一个律师或一个不参与政事的平民作传时,都没有什么方法上的差别。柯勒律治曾经说过,任何人的生平,无论它如何没有意义,只要如实地记述出来,都将是有益或引人入胜的。"① 这是对为普通人作传的肯定。就目前新时期中国画家传记创作的整体情况来讲,我们所看到的画家传记的传主主要集中于在中国美术史上具有重要影响的画家身上,也就是画家传记中的"名人"传主现象,而有关普通画家的传记目前还没有出版。在中国美术史上,许许多多的画家并没有曲折传奇的人生经历,也没有取得辉煌的成就,有的甚至是默默无闻的,但是他们对艺术的执着追求并为之奋斗的精神是值得赞美的。"那些历史学家们笔下的历史,往往是政治家、军事家、文人墨客等大人物的历史,而且由于各种原因,经常有倾向性的取舍,这样的历史我称作'官史',并认为,它最大的缺陷就在于,忽略了同样真实的小人物的命运和感受,因而是残缺的历史。我所做的努力,就是要尽我的所能来填补那残缺的部分。"② 中国美术史的书写不能缺少普通画家的身影,画家传记的创作之中同样不能没有普通画家这个传记主人公,我们期待着传记作家们创作出更多的普普通通的画家的传记来。

　　四是更加注重对传记主人公的全面阐释。对传主的阐释将成为我国传记文学发展的新趋势,"反映了人类自我认识的深化,也反映了深化这种认识的要求,这是传记发展的必然。有人把 20 世纪称为'传记革命'的

---

① [美] 勒内·韦勒克、奥斯汀·沃伦:《文学理论》(修订版),刘象愚等译,江苏教育出版社 2005 年版,第 75 页。

② 国亚:《一个普通中国人的家族史·序》,中国广播电视出版社 2005 年版。

时代,这场'革命'的主要标志,就是'解释'进入传记理念的核心。从这个意义上说来,传记是一个人的生平及其性格发展的历史和对这一历史的解释"。对传主的阐释将会越来越全面、深刻。传记作家在创作的过程中,不仅仅要对传主的生平事迹进行阐释,还要对传主的创作进行阐释,更为重要的是对传主思想性格的阐释,要写出传主思想性格的特征、发展过程及其形成的原因,尤其是心理分析手法的运用使得读者能够走进传记主人公的内心世界,了解传主心灵深处的情绪波动,"任何严肃的传记家都不可能离开历史方法,但是单纯的历史方法难以进入传主的心理世界进行深度探索;心理方法同历史方法的自觉和科学的结合,应当是传记解释的方向。传记家们选择不同的角度、使用不同的方法、解释不同的问题,这成为现代传记风格的标志。在解释中大量使用逸事,可使传记更富故事性和趣味性,更生动、更具魅力"[1]。在对传记主人公的更加全面、深刻的阐释过程中,传主的形象也会越来越真实可信、生动丰满,更具艺术魅力。

五是画家自传将会大量出现。自传是一个人自我意识最为集中的体现,但是中国的自传文学一直不是很发达,"我在这十几年中,因为深深的感觉中国最缺乏传记的文学,所以到处劝我的老辈朋友写他们的自传";"我很盼望我们这几个三四十岁的人的自传的出世可以引起一班老年朋友的兴趣,可以使我们的文学里添出无数的可读而又可信的传记来……我们赤裸裸的叙述我们少年时代的琐碎生活,为的是希望社会上做过一番事业的人也会赤裸裸的记载他们的生活,给史家做材料,给文学开生路"[2]。中国现代自传的创作是在 20 世纪 20 年代才进入了第一个黄金期,一些著名的学者、作家如胡适、顾颉刚、郁达夫、谢冰莹、郭沫若、沈从文、巴金、卢隐等等都写出了自传作品,张扬个性,展现了自我表现、自我剖析的时代精神,"写自传,是西方特有的习惯。可是在东方,大家都知道,除了那些追随西方的人,没有一个人会去写什么自传"[3]。这一时期也没有

---

[1] 杨正润:《"解释"与现代传记理念》,杨国政、赵白生编《欧美文学论丛第四辑·传记文学研究》,人民文学出版社 2005 年版。

[2] 胡适:《四十自述·序》,安徽教育出版社 2006 年版。

[3] [日]川合康三:《中国的自传文学》,蔡毅译,中央编译出版社 1999 年版,第 1 页。

画家自传的出版。在中国的传记文学史上，出现较早的画家自传应该是人民美术出版社1962年10月出版、由张次溪笔录的齐白石的自传《白石老人自述》，随后相继出版了一部分画家自传，但数量并不是很多。新时期，中国的自传文学出现了第二个创作高峰，巴金的《随想录》开创了在自传中反思历史、剖析自我的先河，画家的自传也陆陆续续出版，比如齐白石的《白石老人自述》（山东画报出版社2000年版）、吴冠中的《我负丹青——吴冠中自传》（人民文学出版社2004年版）、黄永玉的《黄永玉自述》（河南教育出版社2004年版）、范曾的《范曾自述》（文化艺术出版社2004年版）、黄宾虹的《黄宾虹自述》（文化艺术出版社2006年版）等等，画家在叙述自己生平事迹的同时，更多地展示了绘画道路的艰辛曲折、对艺术的执着信仰、内心世界的丰富复杂、自我的价值观念，是中国传统自传文学表现自我、剖析自我、张扬自我精神的延续。

  新时期以来，传记文学的创作出现了繁荣发展的局面并一度成为文坛的热点，但是传记文学理论的研究还是相对薄弱的，尤其是对画家传记的研究更是凤毛麟角，缺乏系统性。唐弢先生在20世纪80年代初期就指出："几十年匆匆过去，传记文学依旧是学术方面薄弱的一环。"① 有的学者也讲道："在创作繁荣的背后，关于传记文学理论的研究，却相对冷落，严重滞后。"② "跟诗歌、小说和戏剧不同，传记从来没有成为精深的批评研究专题……传记文学理论的研究还需要大量的奠基性工作。"③ 传记文学的繁荣发展离不开传记理论研究的强有力的支撑。在中国传记文学的发展历程中，画家传记的创作经历了一个漫长的发展时期，一直到新时期，在思想解放运动思潮的影响下才出现了一个创作的高峰，传主的形象不断地扩大，作品的主题越来越鲜明、丰富，艺术成就逐步提高，但是也还存在一定的问题。本书依据大量的历史文献和传记文本，对中国画家传记尤其是新时期的创作进行了系统性的梳理，对新时期画家传记的本质属性、主体性、文本书写等方面的问题进行了比较全面、深入的研究和探讨，总结、

---

① 唐弢：《晦庵序跋》，湖南人民出版社1986年版，第75页。
② 陈兰村、叶志良：《20世纪中国传记文学论》，天津人民出版社1998年版，第271页。
③ 赵白生：《传记文学理论》，北京大学出版社2003年版，第3页。

概括出了新世纪画家传记的创作趋势。但是由于时间和精力所限，有些传记史料还未进行深入梳理，一部分传记文本还有待于进一步发掘，比如对画家自传的研究还未系统地整理、展开，港澳台地区的传记文学创作也没有进行系统性研究，这也是下一步的研究方向。随着传记文学理论研究的逐步深入，新世纪中国画家传记的创作也将迎来一个"百花齐放、百家争鸣"的新时代。

# 参考文献

## 一　中文专著

陈垣:《史讳举例》,中华书局 2004 年版。

陈兰村、张新科:《中国古典传记论稿》,陕西人民教育出版社 1991 年版。

陈兰村、叶志良:《20 世纪中国传记文学论》,天津人民出版社 1998 年版。

陈兰村主编:《中国传记文学发展史》,语文出版社 1999 年版。

杜维运:《史学方法论》,北京大学出版社 2006 年版。

20 世纪中国艺术史文集编委会编:《艺术的历史与事实》,四川美术出版社 2006 年版。

房福贤:《新时期中国现代文学家传记研究十六讲》,山东文艺出版社 2009 年版。

郭久麟:《中国二十世纪传记文学史》,山西人民出版社 2009 年版。

郭圣铭:《西方史学史概要》,上海人民出版社 1985 年版。

高文升主编:《纪实:文学的时代选择》,河南文艺出版社 1998 年版。

何元智、朱兴榜:《中西传记文学研究》,人民文学出版社 2003 年版。

韩兆琦:《中国传记文学史》,河北教育出版社 1992 年版。

寒山碧:《香港传记文学发展史》,香港东西文化事业公司 2003 年版。

陆侃如、冯沅君:《中国诗史》,天津百花文艺出版社 1999 年版。

(梁)刘勰:《文心雕龙》,北京燕山出版社 2001 年版。

(唐)刘知几:《史通》,黄寿成校点,辽宁教育出版社 1997 年版。

（清）李渔：《闲情偶记》，重庆出版社 2008 年版。

梁启超：《中国历史研究法》，江苏文艺出版社 2008 年版。

李祥年：《传记文学概论》，安徽文艺出版社 1993 年版。

李祥年：《汉魏六朝传记文学史稿》，复旦大学出版社 1995 年版。

李泽厚：《中国古代思想史论》，天津社会科学院出版社 2004 年版。

李泽厚：《中国近代思想史论》，天津社会科学院出版社 2004 年版。

李泽厚：《中国现代思想史论》，天津社会科学院出版社 2004 年版。

李健：《中国新时期传记文学研究》，新华出版社 2008 年版。

雷达：《文学活着》，人民文学出版社 1995 年版。

罗新璋选编：《莫洛亚研究》，漓江出版社 1988 年版。

《美术》杂志社编：《齐白石研究》，湘潭大学出版社 2007 年版。

彭刚：《精神、自由与历史——克罗齐历史哲学研究》，清华大学出版社 1999 年版。

钱穆：《中国历史研究法》，生活·读书·新知三联书店 2001 年版。

钱锺书：《管锥编》，中华书局 1979 年版。

钱锺书：《写在人生边上》，中国社会科学出版社 1990 年版。

全展：《中国当代传记文学概观》，黑龙江人民出版社 2004 年版。

伍蠡甫、胡经之主编：《西方文艺理论名著选编》，北京大学出版社 1985 年版。

王成军：《纪实与纪虚——中西叙事文学研究》，百花洲文艺出版社 2003 年版。

王兆彤编著：《传记·回忆录写作导引》，山东文艺出版社 1987 年版。

王晓明：《人文精神寻思录》，上海文汇出版社 1996 年版。

王水照、武鸿春编：《日本学者中国文章学论著选》，上海古籍出版社 1994 年版。

徐复观：《中国艺术精神》，广西师范大学出版社 2007 年版。

徐岱：《小说叙事学》，中国社会科学出版社 1992 年版。

杨正润：《传记文学史纲》，江苏教育出版社 1994 年版。

杨正润：《现代传记学》，南京大学出版社 2009 年版。

杨正润：《众生自画像——中国现代自传与国民性研究》，上海人民出版社 2009 年版。

岳仁译注：《宣和画谱》，湖北美术出版社 1999 年版。

俞樟华：《中国传记文学理论研究》，湖南文艺出版社 2000 年版。

杨仁恺主编：《中国书画》（修订本），上海古籍出版社 2001 年版。

（清）章学诚：《文史通义校注》，叶瑛校注，中华书局 1985 年版。

朱东润：《八代传叙文学述论》，复旦大学出版社 2006 年版。

朱文华：《传记通论》，复旦大学出版社 1993 年版。

朱光潜：《朱光潜全集》，安徽教育出版社 1989 年版。

张京媛主编：《新历史主义与文学批评》，北京大学出版社 1993 年版。

张新科：《〈史记〉与中国文学》，陕西教育出版社 1995 年版。

张新科：《唐前史传文学研究》，西北大学出版社 2000 年版。

赵白生：《传记文学理论》，北京大学出版社 2003 年版。

（唐）张彦远：《历代名画记》，俞剑华注释，江苏美术出版社 2007 年版。

## 二 译著

[美] 鲁道夫·阿恩海姆：《艺术与视知觉》，滕守尧等译，中国社会科学出版社 1984 年版。

[荷] 米克·巴尔：《叙述学》，谭君强译，中国社会科学出版社 2003 年版。

[日] 川合康三：《中国的自传文学》，蔡毅译，中央编译出版社 1999 年版。

[法] 阿尔贝·杜鲁瓦：《虚伪者的狂欢节》，逸尘等译，北京时事出版社 1998 年版。

[法] 丹纳：《艺术哲学》，傅雷译，人民文学出版社 1996 年版。

[奥] 弗洛伊德：《精神分析学引论》，高觉敷译，商务印书馆 1997 年版。

[英] 诺斯罗普·弗莱：《批评的解剖》，陈惠、袁宪军等译，百花文艺出版社 2006 年版。

[德] 黑格尔：《美学》，朱光潜译，商务印书馆 1979 年版。

[美] 海登·怀特：《后现代历史叙事学》，陈永国、张万娟译，中国社会科学出版社 2003 年版。

［德］海德格尔：《存在与时间》，陈嘉映、王庆节译，生活·读书·新知三联书店1987年版。

［德］伽达默尔：《真理与方法》，洪汉鼎译，上海译文出版社1999年版。

［英］柯林武德：《历史的观念》，何兆武、张文杰译，商务印书馆1997年版。

［德］恩斯特·卡西尔：《人论》，甘阳译，上海译文出版社2004年版。

［美］道格拉斯·凯尔纳、斯蒂文·贝斯特：《后现代理论：批判性的质疑》，张志斌译，中央编译出版社2004年版。

［英］托马斯·卡莱尔：《论英雄、英雄崇拜和历史上的英雄业绩》，周祖达译，商务印书馆2005年版。

［法］菲利浦·勒热讷：《自传契约》，杨国政译，生活·读书·新知三联书店2001年版。

［美］戴维·利明、埃德温·贝尔德：《神话学》，李培茱等译，上海人民出版社1990年版。

［英］罗素：《论历史》，何兆武、肖巍、张文杰译，广西师范大学出版社2001年版。

［法］罗丹、葛赛尔：《罗丹艺术论》，傅雷译，中国社会科学出版社1996年版。

［匈］乔治·卢卡契：《审美特性》，徐恒醇译，中国社会科学出版社1986年版。

［美］苏珊·朗格：《艺术问题》，滕守尧等译，中国社会科学出版社1997年版。

［美］华莱士·马丁：《当代叙事学》，伍晓明译，北京大学出版社2005年版。

［美］浦安修：《中国叙事学》，北京大学出版社1996年版。

［瑞士］荣格：《心理学与文学》，冯川、苏克译，生活·读书·新知三联书店1987年版。

［英］拉曼·塞尔登：《文学批评理论——从柏拉图到现在》，刘象愚等译，北京大学出版社2003年版。

［英］汤因比等：《历史的话语》，张文杰编，广西师范大学出版社2002年版。

［英］弗吉尼亚·伍尔芙：《伍尔芙随笔全集》，王斌、王保令等译，中国

社会科学出版社 2001 年版。

[美] 勒内·韦勒克、奥斯汀·沃伦：《文学理论》（修订版），刘象愚等译，江苏教育出版社 2005 年版。

[奥] 维特根斯坦：《哲学研究》，李步楼译，商务印书馆 1996 年版。

[美] 汪荣祖：《史传通说——中西史学之比较》，中华书局 2003 年版。

王忠琪等译：《法国作家论文学》，生活·读书·新知三联书店 1984 年版。

[英] 沃尔什：《历史哲学——导论》，何兆武、张文杰译，广西师范大学出版社 2001 年版。

[英] 艾伦·谢尔斯顿：《传记》，李永辉、尚伟译，昆仑出版社 1993 年版。

[德] 尧斯、[美] 霍拉勃：《接受美学与接受理论》，周宁、金元浦译，辽宁人民出版社 1987 年版。

[古希腊] 亚里士多德：《诗学》，罗念生译，人民文学出版社 1962 年版。

三 期刊、报纸

卞兆明：《胡适最早使用"传记文学"名称的时间定位》，《苏州大学学报》（哲学社会科学版）2002 年第 4 期。

陈兰村：《中国传记文学：一个发展着的文类》，《浙江师范大学学报》（社会科学版）1998 年第 6 期。

陈兰村：《对当代传记文学的回顾与展望》，《文艺评论》1999 年第 1 期。

陈兰村：《20 世纪中国传记文学的历史位置及其基本走向》，《学术论坛》1999 年第 3 期。

程千帆：《先唐文学源流论略》，《武汉师范学院学报》1981 年第 4 期。

董炳月：《生命与生命的对话——从几部现代作家传记谈"作家传记"观念》，《文学评论》1992 年第 1 期。

戴光中：《论中国现当代传记文学的发展轨迹》，《中国现代文学研究丛刊》2000 年第 3 期。

房福贤：《新时期"中国现代文学家"传记简论》，《山东师范大学学报》（人文社会科学版）2008 年第 6 期。

郭久麟：《传记文学的性质及功能》，《重庆广播电视大学学报》2000 年第

2 期。

郭久麟:《略谈传记文学的主题提炼》,《重庆广播电视大学学报》2001 年第 1 期。

郭久麟、吴日华:《中国新时期传记文学选评》,《渝西学院学报》(社会科学版) 2003 年第 12 期。

郭久麟:《应该给予传记文学独立的文学文体地位》,《重庆社会科学》2007 年第 3 期。

辜也平:《西学东渐与中国现代传记文学观念的诞生》,《中国比较文学》2004 年第 4 期。

辜也平:《论中国现代传记文学的民族特色》,《文学评论》2005 年第 2 期。

辜也平:《论中国现代传记文学发展进程中的"历史"重负》,《福建师范大学学报》(哲学社会科学版) 2007 年第 6 期。

辜也平:《论郁达夫传记文学的"文学"取向》,《中国现代、当代文学研究》2008 年第 3 期。

顾春华:《浅论胡适的传记文学理论》,《西北农林科技大学学报》(社会科学版) 2004 年第 6 期。

高鉴国:《关于传记文化及其意义》,《山东大学学报》(哲学社会科学版) 1998 年第 4 期。

何言宏:《传记伦理的尴尬与超越》,《江苏社会科学》2006 年第 2 期。

贺仲明:《当代作家传记写作的原则和方法》,《江苏社会科学》2006 年第 2 期。

何玉蔚:《试析传记中的一人多传现象》,《广西社会科学》2003 年第 11 期。

何元智:《简述传记文学的功能》,《荆门职业技术学院学报》2004 年第 2 期。

何元智:《论中外传记文学的主题嬗变》,《四川外语学院学报》2004 年第 7 期。

胡辛:《虚构在纪实中穿行——传记作者主体性不容忽视》,《中国现代、当代文学研究》2000 年第 11 期。

李祥年:《论传记文学与心理学的关系》,《复旦学报》(社会科学版)

1994 年第 1 期。

李祥年：《略论传记文学的伦理学因素》，《文艺理论研究》1994 年第 3 期。

李祥年：《略论传记文学的理论建设》，《学术月刊》1994 年第 9 期。

李相：《应该怎样对待传主的叙述》，《中国现代、当代文学研究》2000 年第 11 期。

李健：《论中国新时期传记文学的"史传合一"与西方传记的"史传分离"》，《当代文坛》2007 年第 4 期。

刘海峰、王成军：《莫洛亚传记美学初探》，《外国文学研究》2002 年第 2 期。

刘明银：《追忆与膜拜——对近年传记文学的多维审视》，《当代文坛》1997 年第 2 期。

刘远：《论世纪之交的传记文学》，《文艺评论》1996 年第 4 期。

焦雨虹：《消费时代传记研究三题》，《文艺评论》2007 年第 5 期。

焦雨虹：《图像、媒介与娱乐——消费文化与传记研究》，《广州大学学报》（社会科学版）2007 年第 11 期。

孟丹青：《田汉传记研究》，《中国文学研究》2003 年第 2 期。

孟丹青：《论现代文学作家传记中的"隐讳"》，《文学评论》2007 年第 4 期。

全展：《"被遮蔽的历史"的发掘——平民传记文学三题》，《荆门职业技术学院学报》2002 年第 3 期。

全展：《论中国当代传记文学的发展轨迹》，《荆门职业技术学院学报》2002 年第 5 期。

全展：《读图时代的传记文学》，《宁波大学学报》（人文科学版）2006 年第 6 期。

全展：《新世纪六年传记文学研究述评》，《荆门职业技术学院学报》2007 年第 3 期。

全展：《论中国当代传记文学的成就、问题与经验教训》，《镇江高专学报》2007 年第 3 期。

全展：《传记文学创作的若干理论问题》，《浙江师范大学学报》（社会科学版）2007 年第 5 期。

石万鹏：《中国"现代性"传记文学的形成及其在当代的发展》，《聊城大学学报》（社会科学版）2003年第5期。

邵东方：《当代人物传记写作状况述评》，《河北学刊》1997年第1期。

吴炫、王干等：《我们需要怎样的人文精神》，《读书》1994年第6期。

吴晓明：《论中国当代传记文学的创作》，《上海师范大学学报》1997年第1期。

王成军：《"事实正义论"：自传（传记）文学的叙事伦理》，《外国文学研究》2005年第3期。

许菁频：《百年传记文学理论研究综述》，《学术界》2006年第5期。

肖峰：《魂兮归来——怀林风眠老师》，《新美术》1992年第3期。

晓华、汪政：《作家传记与文学研究》，《江苏社会科学》2006年第2期。

姚雅欣：《近年林徽因传记写作及其研究理路》，《齐鲁学刊》2005年第1期。

杨正润：《论传记的要素》，《江苏社会科学》2002年第6期。

杨正润：《传记的界线——史学、文学与心理学的考察》，《荆门职业技术学院学报》2007年第6期。

俞樟华、詹漪君：《论传记文学的"不虚美，不隐恶"》，《浙江师范大学学报》（社会科学版）2005年第3期。

俞樟华：《论传记文学的艺术加工》，《浙江师范大学学报》（社会科学版）2007年第5期。

叶志良：《新中国初期的英雄传记》，《浙江师范大学学报》（社会科学版）2000年第2期。

邹溱：《新历史主义、精神分析学说与海明威传记》，《北京大学学报》（哲学社会科学版）1999年第3期。

赵白生：《传记里的故事——试论传记的虚构性》，《国外文学》1997年第2期。

赵白生：《一沙一世界——论传记主人公的选择与整体性》，《北京大学学报》（哲学社会科学版）1998年第5期。

赵白生：《自传就是别传吗？——论自传叙述中事实的三要素》，《国外文学》2001年第4期。

赵白生：《武断的理念——心理分析传记的阐释陷阱》，《国外文学》2002年第3期。

赵山奎：《传记文学的移情问题探讨》，《国外文学》2005年第1期。

赵山奎：《传记伦理及其现代转向》，《外国文学研究》2006年第1期。

赵志义：《历史叙事中的"真实"与"虚构"问题》，《文艺理论》2008年第5期。

朱上瑞：《传记分类理论的新思考》，《丽水师范专科学校学报》2003年第1期。

朱东润：《论传记文学》，《复旦学报》（社会科学版）1980年第3期。

朱东润：《传记文学》，《人物》1982年第1期。

朱东润：《我怎样写〈张居正大传〉的》，《社会科学战线》1983年第3期。

朱文华：《传记文学作品的史学性质与文学手法的度》，《理论与创作》2004年第3期。

张慧芳：《"张爱玲传记"不同文本之比较》，《荆门职业技术学院学报》2005年第4期。

张瑷：《论当代传记文学的文体品格》，《集美大学学报》（哲学社会科学版）1999年第3期。

张光芒：《当代作家宜"评"不宜"传"》，《江苏社会科学》2006年第2期。

张新科：《消费与接受：传记终极目标的实现》，《文学评论》2004年第5期。

张木荣：《漫谈文学批评中的传记学方法》，《学术交流》1999年第5期。

张文飞：《苦涩的丰收——对我国新时期以来传记文学"热潮"的粗略考察》，《文艺评论》1999年第3期。

朱旭晨：《传记事实中的真实与伪真实》，《中国现代、当代文学研究》2006年第4期。

郑笑平：《新时期传记文学社会作用管窥》，《延安大学学报》（社会科学版）2004年第2期。

郑笑平：《我国新时期传记文学创作成就述评》，《东北大学学报》2004年第3期。

郑笑平：《韵流空外　别具仙骨——我国新时期传记文学美学特征浅析》，《河北师范大学学报》（哲学社会科学版）2004年第5期。

郑笑平：《新时期传记文学论略》，《中州学刊》2004年第5期。

《传记文学的科学性和文学性——北京十月文艺出版社召开现代作家传记作者座谈会》，《中国现代文学研究丛刊》1984年第2期。

梅江海、刘可译：《传记文学——〈新大英百科全书〉条目》，《传记文学》1984年第1期。

［英］崔瑞德：《中国的传记写作》，张书生译，《史学史研究》1985年第3期。

［法］安德烈·莫洛亚：《传记作品的艺术性》，刘可、程为坤译，《传记文学》1988年第4期。

［美］塞缪尔·皮尔逊：《传记在思想史中的地位》，张旭霞译，《国外文学》1997年第2期。

普希金：《茶余饭后的漫谈》，《文艺理论译丛》1958年第3期。

［英］哈罗德·尼科尔森：《现代英国传记》，刘可译，《传记文学》1984年第3期。

李辉：《发现隐私与传记写作》，《中华读书报》1998年6月24日。

钱理群：《不敢写传记》，《中华读书报》1998年6月24日。

林木：《谁是识齐白石之伯乐》，《光明日报》1999年10月29日。

洪治纲：《生命是永远解读不尽的》，《扬子晚报》2001年2月24日。

鲁彦周：《〈沧海〉沉浮》，《文艺报·艺术周刊》2002年11月28日。

张树：《传记文学：真实地记载生活》，《中华读书报》2005年8月30日。

韩小蕙：《艺术赤子吴冠中》，《光明日报》2007年4月5日。

## 四　主要参考博士论文

孟丹青：《近二十年中国现代作家传记研究》。

朱旭晨：《秋水斜阳芳菲度——中国现代女作家传记研究》。

王永：《还原·想象·阐释——中国现当代诗人传记研究》。

# 后 记

当我写下"后记"这两个字时,心中真是感慨万千。这本著作是在我的博士论文的基础上修改而成的。毕业二十年我又重新回到了校园攻读博士学位,感慨颇多。三年的学习生活,常常使我回想起二十多年前的校园生活,回想起曾经给予了我温馨甜美回忆的老师、同学。我常常在校园中漫步,寻找往昔的生活留给我的诸多记忆,感受曾经的令人难以忘怀的点点滴滴。

感谢我的导师房福贤先生。先生的宽厚、仁慈,博大的心胸、气度,都化作日常生活的一言一行,潜移默化地影响着学生,对学生的人格产生了深刻的影响,令学生心怀感激、今生难忘。先生的扎实丰厚的学术素养、睿智的学术眼光、严谨的治学态度更使我获益匪浅,受益终生。我的毕业论文从选题到建构一直到最后的成文都离不开先生的悉心指导,先生三言两语的点拨常常使我茅塞顿开。在修改书稿准备出版的过程中,先生又给予了宝贵的指导意见,这对我之后的学术研究也将产生深远的影响,有着重要的指导作用。

感谢山东工艺美术学院学术著作出版基金的赞助,使我的这部著作能够顺利出版。

感谢中国社会科学出版社的郭晓鸿老师,她对待工作严谨、负责的态度,给我留下了深刻的印象,也促成了我的这部著作的顺利出版。

真诚地感谢所有曾经给予我热情帮助的人们!